E-Commerce und Wirtschaftspolitik

Juergen B. Donges/Stefan Mai (Hrsg.)

Schriften zur Wirtschaftspolitik

Neue Folge · Band 8

Herausgegeben von
Juergen B. Donges und Johann Eekhoff

E-Commerce und Wirtschaftspolitik

Herausgegeben von
Juergen B. Donges und Stefan Mai

mit Beiträgen von

Anne Buttermann, Gralf-Peter Calliess, Juergen B. Donges,
Heinz Hauser, Dominik K. Heger, Norbert Herzig,
Ulrich Hübner, Henning Klodt, Stefan Mai, Mark Oelmann,
Arnold Picot, Cara Schwarz-Schilling, Günther Strunk,
Sacha Wunsch-Vincent

Mit 7 Abbildungen und 5 Tabellen

 Lucius & Lucius · 2001

Die Deutsche Bibliothek – CIP-Einheitsaufnahme

E-Commerce und Wirtschaftspolitik : mit 5 Tabellen / hrsg. von Juergen B. Donges und Stefan Mai. Mit Beitr. von Anne Buttermann .... – Stuttgart : Lucius und Lucius, 2001
  (Schriften zur Wirtschaftspolitik ; N. F., Bd. 8)
  ISBN 3-8282-0182-2

© Lucius & Lucius Verlagsgesellschaft mbH Stuttgart 2001
  Gerokstr. 51, D-70184 Stuttgart

Das Werk einschließlich aller seiner Teile ist urheberrechtlich geschützt. Jede Verwertung außerhalb der engen Grenzen des Urheberrechtsgesetzes ist ohne Zustimmung des Verlages unzulässig und strafbar. Das gilt insbesondere für Vervielfältigung, Übersetzungen, Mikroverfilmungen und die Einspeicherung, Verarbeitung und Übermittlung in elektronischen Systemen.

Druck und Einband: Rosch-Buch, Scheßlitz

Printed in Germany

Vorwort

Die Bedeutung der Neuen Ökonomie, verstanden als Querschnittstechnologie, ist mittlerweile unübersehbar geworden. Unternehmen ändern ihre Strukturen, wirtschaftliche Prozesse werden neu organisiert. Beschleunigt durch die Globalisierung wird auch die Arbeitswelt andere Formen aufweisen. In enger Verbindung damit steht der elektronische Handel, welcher im Rahmen dieser Schrift unter verschiedenen Facetten diskutiert wird. Leitend ist dabei die Thematik: *„Wirtschaftspolitik vor neuen Herausforderungen durch elektronischen Handel"*. Hierzu hat das Institut für Wirtschaftspolitik an der Universität zu Köln eine Fachtagung vom 14. bis 16. Februar 2001 durchgeführt.

Im Beitrag von Arnold Picot, Anne Buttermann und Dominik K. Heger (Universität München) wird deutlich, dass elektronischer Handel weit mehr als eine digitalisierte Abwicklung von Handelstransaktionen ist. Elektronischer Handel beeinflusst die Wertschöpfungsketten und führt zu neuen Organisationsstrukturen für Märkte und Unternehmen. Die Wettbewerbspolitik ist zentraler Gegenstand im Beitrag von Henning Klodt (Institut für Weltwirtschaft, Kiel). Hier wird unter anderem die Forderung nach der Offenheit der Netze unter netzwerkökonomischer Sicht diskutiert. Der Beitrag von Stefan Mai (Institut für Wirtschaftspolitik, Köln) und Mark Oelmann (Wirtschaftspolitisches Seminar der Universität zu Köln) befasst sich ebenfalls mit wettbewerbspolitischen Aspekten. Dabei werden elektronische Märkte im

Lichte ihrer Bestreitbarkeit analysiert. Cara Schwarz-Schilling (Regulierungsbehörde für Telekommunikation und Post, Bonn) zeigt in ihrem Beitrag die Bedeutung der Logistik im elektronischen Handel auf. Rechtliche Aspekte und Datensicherheit werden von Ulrich Hübner (Rechtswissenschaftliche Fakultät der Universität zu Köln) sowie Gralf-Peter Calliess (Freie Universität Berlin) erörtert.

Da elektronischer Handel ein globales Phänomen ist, bedarf er auch einer Unterstützung durch eine aktive internationale und nationale Wirtschaftspolitik. Der Rolle internationaler Gremien und Organisationen auf elektronischen Märkten wird besondere Aufmerksamkeit im Beitrag von Heinz Hauser und Sacha Wunsch-Vincent (Universität St. Gallen) beigemessen. Eng mit der internationalen Dimension der Wirtschaftspolitik im elektronischen Handel zeigt sich auch die Problematik grenzüberschreitender elektronischer Handelstransaktionen bei digitalen Gütern. Norbert Herzig (WiSo-Fakultät der Universität zu Köln) und Günther Strunk (Technische Universität Illmenau) stellen darauf in ihrem Beitrag ab.

Diese Schrift soll dazu beitragen, den notwendigen Diskussionsbedarf um die Rolle der Wirtschaftspolitik in der Neuen Ökonomie zu intensivieren, und gleichzeitig die Punkte aufzuzeigen, die sich aus ordnungspolitischer Sicht für elektronischen Handel als wichtig erweisen. Gedankt sei an dieser Stelle der Volkswagen-Stiftung, welche uns im Rahmen des Forschungsvorhabens „Der Ordnungsrahmen für den grenzüberschreitenden elektronischen Handel: Zur Notwendigkeit internationaler Koordination" finanziell unterstützt und die Fachtagung dazu ermöglicht hat. Die redaktionelle Schlussbearbeitung wurde mit enormem Einsatz von Gabriele Bartel und Pia Weiß durchgeführt. Dafür bedanken wir uns recht herzlich.

Köln, im Mai 2001

Juergen B. Donges
Stefan Mai

Inhaltsverzeichnis

Vorwort	V
Inhaltsverzeichnis	VII
Verzeichnis der Abbildungen	XIII
Verzeichnis der Tabellen	XV

I. Elektronischer Handel im Kontext der Wirtschaftspolitik 1

Juergen B. Donges und Stefan Mai

II. Elektronischer Handel – Wandel unter Marktorganisations- und Wettbewerbsgesichtspunkten – 9

Arnold Picot, Anne Buttermann und Dominik K. Heger

    1. Elektronischer Handel 9
        a) E-Value Chain 10
        b) Transaktions- und Marktbereiche 11
        c) Arten des E-Commerce 12
        d) Entbündelung der Handelsketten und Ansatzpunkte für neue Leistungen 14
    2. Marktorganisationsformen 17
        a) Einkäufer- versus Verkäufer-Website 18
        b) Einkaufs- versus Distributionsplattform 20

        c)   Commerce Plattform..21
        d)   Virtueller Marktplatz...22
   3. Wettbewerb..23
        a)   Wettbewerb durch das Internet.............................23
        b)   Wettbewerb um das Internet..................................25
        c)   Wettbewerb im Internet..26
   4. Fazit..26
   5. Literaturverzeichnis:..27

III. Und sie fliegen doch: Wettbewerbsstrategien für die Neue Ökonomie 31

Henning Klodt

   1. Hummeln können nicht fliegen 31
   2. Wettbewerbsstrategien für Informationsgüter.................33
   3. Wettbewerbsstrategien für Netzwerkgüter.......................37
   4. Wettbewerbsstrategien für Erfahrungsgüter....................41
   5. Wettbewerbspolitik für die Neue Ökonomie...................44
   6. Literaturverzeichnis 47

IV. Elektronischer Handel im Lichte der Bestreitbarkeit von Märkten 49

Stefan Mai und Mark Oelmann

   1. Einleitung..49
   2. Zur Relevanz des elektronischen Handels.......................51
        a)   Einige begriffliche Bestimmungen und Entwicklungen........52
        b)   Struktur und Merkmale der gehandelten Güter......55
   3. Wettbewerbspolitische Bedeutung des elektronischen Handels 57
        a)   Mögliche Auswirkungen elektronischer Märkte auf den Wettbewerb..57
        b)   Theorie bestreitbarer Märkte als wettbewerbspolitisches Leitbild...60
   4. Friktionsfreier Marktzugang im Elektronischen Handel?.............63
        a)   Die Rolle von Standards...65
        b)   Private Marktzutrittsschranken...............................68

c) Staatliche Marktzutrittsschranken – Die EU-Richtlinie über den elektronischen Geschäftsverkehr 78

5. Wettbewerbspolitische Implikationen – Zur Notwendigkeit internationaler Koordination 83

6. Literaturverzeichnis 87

V. Eine WTO E-Commerce Initiative? 93
Heinz Hauser und Sacha Wunsch-Vincent

1. Einführung 93
2. Nicht ausgeschöpftes Potential aus E-Commerce 95
3. Bestehende WTO-Verträge und Initiativen zum E-Commerce und ihre Schwachstellen 104
   a) Das WTO Arbeitsprogramm zum elektronischen Handel ... 104
   b) E-Commerce relevante Bestimmungen in den bestehenden WTO-Abkommen 112
4. E-Commerce Initiative der WTO 131
   a) Inhaltliche Bestandteile einer E-Commerce Initiative 133
   b) Anforderungen an eine E-Commerce Initiative 136
   c) Möglichkeiten einer E-Commerce Initiative 138
5. Literaturverzeichnis 142

VI. Fragen der Besteuerung des elektronischen Handels 149
Norbert Herzig und Günther Strunk

1. Einleitung 149
2. Besonderheiten des Electronic Commerce und sich hieraus ergebende steuerliche Problemfelder 150
   a) Neuartigkeit von Geschäftsmodellen durch technische Möglichkeiten 151
   b) Digitalisierung führt zur zunehmenden Immaterialisierung von Geschäftsinhalten 151
   c) Virtualisierung 152
   d) Weltweite Mobilität 152
   e) Vernetzung 152
3. Offene Fragen und Probleme des Status Quo der Besteuerung des Electronic Commerce 152
   a) Gleichbehandlung der Steuerpflichtigen wie der Geschäftsformen 153

b) Schwierigkeiten bei der Bestimmung der Einkunfts- bzw. Umsatzart 155

  c) Fehlende Kenntnis über steuerrelevante Transaktionen 157

  d) Durchsetzung bestehender Steueransprüche und Kontrolle der eingereichten Steuererklärungen 157

  e) Schwierigkeiten bei der Bestimmung örtlicher Anknüpfungspunkte 157

  f) Schwierigkeiten bei der Bestimmung der Angemessenheit von Verrechnungspreisen 158

  g) Gefahr der Überbesteuerung bei Quellensteuerabzug 158

 4. Handlungsoptionen 159

  a) Keine Änderung der Tatbestandsvoraussetzungen für eine Quellensteuer nach § 49 EStG 161

  b) Beibehaltung des Betriebsstättenprinzips, aber Vornahme von Änderungen 161

  c) Ausweitung des Betriebsstättenbegriffs 163

  d) Einschränkung des Betriebsstättenbegriffs 164

  e) Beibehaltung des Betriebsstättenprinzips ohne Änderung aber Ergänzung der Tatbestandsvoraussetzungen „Gewerbliche Einkünfte" um einen Nutzungs- und Verwertungstatbestand 164

  f) Änderungen bei der Umsatzsteuer 165

  g) Änderungen im Verfahrensrecht 166

 5. Fazit 166

 6. Literaturverzeichnis 167

VII. Rechtliche Aspekte und Datensicherheit 169
Ulrich Hübner

 1. Einführung – Bedeutung von Datenschutz und Datensicherheit für den elektronischen Handel 169

 2. Datensicherheit als Wirksamkeitsvoraussetzung für formbedürftige Verträge im Internet 171

  a) Formvorschriften - Funktionselemente der eigenhändigen Unterschrift 171

  b) Die digitale Signatur 173

  c) Änderung der Formvorschriften 175

		d)	Die Beweiskraft digital erstellter Dokumente 176
	3.	Datenschutz im Internet 177
		a)	Rechtsgrundlagen 178
		b)	Einzelfragen: Cookies, CRM 180
	4.	Haftungsfragen 181
		a)	Haftung bei Verletzung datenschutzrechtlicher Bestimmungen 182
		b)	Haftung bei Hackerangriffen, Computerviren (Zerstörung oder Ausspähung) 183
	5.	Schlussbemerkung 184
	6.	Literaturverzeichnis 186

VIII. Rechtssicherheit und Marktbeherrschung im elektronischen Welthandel: die Globalisierung des Rechts als Herausforderung der Rechts- und Wirtschaftstheorie 189

Gralf-Peter Calliess

1. Einleitung 189
2. Elektronischer Handel: jenseits von Transaktionskosten 191
3. Die Bedeutung rechtlicher Transaktionskosten im grenzüberschreitenden Handel 193
4. Recht für den elektronischen Weltmarkt: institutionelle Experimente jenseits des Staates 197
5. Programme als Recht: die neue Macht der Marktbeherrscher 200
6. Fazit 201
7. Literaturverzeichnis 203

IX. „Wie virtuell ist E-Commerce?" oder „Ohne Logistik läuft auch im Internet nichts" 207

Cara Schwarz-Schilling

1. Auswirkungen des Internet auf die Organisation des Handels 207
2. Auswirkungen von E-Commerce auf den Paket- und Logistikbereich 208
   a) B2B-Handel 210
   b) B2C-Handel 212
3. Das Zustellungsproblem auf der "letzten Meile" 214

        a) Intelligente Zustellsysteme 214
        b) Abholdepots 215
   4. Literaturverzeichnis 216

Verzeichnis der Abbildungen

Abbildung II.1: Konzept der E-Value Chain 10
Abbildung II.2: Transaktions- und Marktbereiche des E-Commerce 11
Abbildung II.3: Arten des E-Commerce 13
Abbildung II.4: Entbündelung der Handelsfunktionen 15
Abbildung V.1: Die vier GATS-Modi 107
Abbildung V.2: Vier WTO-E-Commerce Aktionen 139
Abbildung IX.1: B2B und B2C Umsätze Europa 211

Verzeichnis der Tabellen

Tabelle IV.1: Internetnutzer ausgewählter Länder in Prozent der
              Bevölkerung 54
Tabelle V.1: E-Commerce Infrastruktur und
              Dienstleistungskomponenten 98
Tabelle V.2: Aufgaben internationaler Organisationen im elektronischen
              Handel 102
Tabelle V.3: Zusammenstellung der Verbesserungsmöglichkeiten
              bestehender Verträge 134
Tabelle IX.1: B2C-Shops und ihre Logistik 218

I.
Elektronischer Handel im Kontext der Wirtschaftspolitik

Juergen B. Donges und Stefan Mai

Dem elektronischen Geschäftsverkehr wird allgemein eine große Bedeutung für die zukünftige Wettbewerbsfähigkeit und das Wachstum von industrialisierten Volkswirtschaften innerhalb der globalen Informationsgesellschaft bescheinigt. Eine Ursache für diese Entwicklung ist in den rasanten technologischen Veränderungen der Daten- und Informationsverarbeitung zu sehen. Der technische Fortschritt im Bereich der Informations- und Kommunikationstechnologie kommt als Querschnittstechnologie in fast allen Bereichen der Wirtschaft und in der Arbeitswelt zur Anwendung. Über eine Verringerung der Transaktionskosten sowie sinkende Markteintrittsbarrieren wird das Wachstumspotential vergrößert. Die Liberalisierung der internationalen Telekommunikationsmärkte ist dabei eine wichtige Triebfeder.

Durch das Zusammenspiel von Globalisierung und Neuer Ökonomie verändert sich die Wirtschaft schneller als andere Bereiche der Gesellschaft. Politik und Bildungssysteme werden dadurch auf ihre Anpassungsfähigkeit hin getestet. Eine der signifikantesten Veränderungen geht dabei von elektronischem Handel aus. Er wird nicht nur die Kommunikation zwischen Handelspartnern erleichtern, sondern es können darüber hinaus auch zahlreiche Waren und Dienstleistungen in grenzüberschreitenden Kommunikationsnetzen ausgetauscht werden. Die internationale Arbeitsteilung erfährt damit eine neue Dimension. Der Spielraum für wohlstandssteigernde Spezialisierungen wird ausgeweitet. Angesichts der gesamtwirtschaftlichen Vorteile des elektronischen Handels sowie dessen erwarteter Entwicklung stellt sich jedoch die Frage, ob und gegebenenfalls wie der ordnungspolitische Rahmen von Seiten der Wirtschaftspolitik für einen derartigen Prozess auszugestalten wäre: Verlangt der elektronische Handel nach einer neuen Wirtschaftspolitik?

Die Relevanz dieser Fragestellung ergibt sich grundsätzlich aus drei Überlegungen:

Grundlegende Hemmnisse im elektronischen Handel

Da elektronischer Handel ein globales Phänomen ist und seine Entfaltung nach wie vor bestimmten Hemmnissen unterliegt, bedarf es in einigen Bereichen einer Unterstützung durch eine aktive internationale und nationale Wirtschaftspolitik. So fordert die Wettbewerbspolitik offene Netze, der Verbraucherschutz international anwendbare rechtliche Regeln und Datensicherheit. Dem ist nachzukommen. Gleichzeitig muss auch der Informationsstand über die neuen Technologien mit entsprechenden Fort- und Weiterbildungskursen in Betrieben, Universitäten und Schulen verbessert werden.

Struktureller Wandel und wirtschaftliche Entwicklung sind eng mit der Gründung neuer Unternehmen verbunden. Die Ausprägung unternehmerischer Gründungstätigkeiten knüpft sich an eine Reihe von Voraussetzungen. Als Beispiel sei hier die Finanzierung genannt. So entstehen beispielsweise im Aufbau eines elektronischen Handelssystems zunächst einmal hohe Investitionskosten, denen nicht sofort Erträge gegenübergestellt werden können. Dies geschieht insbesondere dann, wenn ein völlig neues Ablaufsystem im Unternehmen implementiert werden muss. Ferner entstehen Kosten für Provider, Internetservice sowie für die Schulung der Mitarbeiter. Dies stellt vor allem für kleine Unternehmen oder Neugründer einen immensen Kostenfaktor dar. Eine Wirtschaftspolitik, die gute Rahmenbedingungen für Neugründungen schafft,

Elektronischer Handel im Kontext der Wirtschaftspolitik 3

insbesondere die Bereitstellung von Risikokapital und die Funktionstüchtigkeit der Kapitalmärkte sichert, spielt dabei eine wichtige Rolle.

Da es sich bei dem Internet um ein Netz mit relativ offenen Standards handelt, sind elektronische Handelstransaktionen oft mit Unsicherheit behaftet. Dies gilt besonders für den Bereich des Handels zwischen Unternehmen und Konsumenten. Informationen können häufig von Dritten abgefangen und genutzt werden. Daher ist die Gewährleistung von Vertraulichkeit in den Netzen eine der wichtigsten Voraussetzungen dafür, dass sich der elektronische Handel dynamisch ausweiten kann. Die Wirtschaftspolitik muss die notwendigen Vorkehrungen treffen. Digitale Signaturen müssen international geschaffen und anerkannt werden. Daneben gibt es jedoch noch eine Reihe weiterer Hindernisse, welche die Entwicklung elektronischer Handelstransaktionen bremsen können und damit auch neue Aufgaben für die Wirtschaftspolitik definieren. Zu nennen sind beispielsweise haftungsrechtliche Probleme, der Schutz des geistigen Eigentums, Schutz der Jugend oder auch die Zahlungssicherheit.

Standardisierung und Netzwerkeffekte

Die Frage nach einer neuen Wirtschaftspolitik im elektronischen Handel ergibt sich auch aus dem Ziel, durch elektronischen Handel einen möglichst hohen Wohlfahrtseffekt zu erzielen. Dafür gilt es, die geeigneten institutionellen Rahmenbedingungen zu schaffen.

Eine mangelnde Kompatibilität der Netze kann besonders für den Marktzugang im elektronischen Handel ein Problem darstellen. So leuchtet es unmittelbar ein, dass die Standardisierung der Datenübertragung in Form des Internet-Protokolls eine ganz zentrale Voraussetzung für die Entwicklung des Internet und des elektronischen Handels ist. Gäbe es hier unterschiedliche Standards, so würden möglicherweise die versandten Daten nicht mehr auf Seiten des Empfängers entschlüsselbar sein. Ähnlich ist zu argumentieren, wenn es um Anwendungssoftware oder betriebliche Software geht. In all diesen Fällen bemisst sich der Wert dieser Güter nach anderen Regeln als dies bei materiellen Gütern der Fall ist. Während bei Letzteren ein direkter Zusammenhang zwischen Seltenheit (Knappheit) und Wert besteht, ist bei Standards genau das Umgekehrte der Fall. Nimmt man den Fall einer digitalisierten Ware oder einer digitalisierten Dienstleistung, so lassen sich durch Standards positive Netzwerkexternalitäten realisieren, d.h. der Wert der Ware oder Dienstleistung nimmt zu, je mehr Menschen den jeweiligen Standard nutzen. Je schneller es folglich einem Anbieter gelingt, sein Produkt am Markt als Standard zu etablieren, desto eher mag es ihm möglich werden, in einem zweiten Schritt durch Produkt- und Preisdifferenzierung Erlöse zu generieren. Finanzielle Hemmnisse könnten damit also ebenfalls vermieden werden.

Wie am Beispiel der Softwareindustrie vielfach untersucht wurde, bilden sich auf Märkten, auf denen Güter mit Netzwerkeffekten gehandelt werden, fast zwangsläufig monopolistische Strukturen heraus. Nach klassischen Wettbewerbskonzepten würde die Analyse der Marktstruktur ein wettbewerbspolitisches Eingreifen zwingend erforderlich machen. Orientiert man sich an dem Leitbild bestreitbarer Märkte, so besteht wettbewerbspolitischer Handlungsbedarf jedoch nur dann, wenn ein Markt einerseits nicht ausreichend bestreitbar ist, gleichzeitig aber durch wettbewerbspolitisches Handeln eine Verbesserung zu erzielen wäre.

Zielkonflikte in der Regulierung

Die Zukunft des Internet, und damit verbunden auch das zukünftige Volumen elektronischen Geschäftsverkehrs, ist entscheidend davon abhängig, wie sich in den einzelnen Ländern der rechtliche und institutionelle Rahmen verändern wird. So werden grenzüberschreitende Transaktionen im elektronischen Handel vielfach noch mit Zöllen belegt oder durch andere Protektionsmaßnahmen behindert. Eine Orientierung an den Prinzipien der Diskrimierungsfreiheit und der Wettbewerbsneutralität fordert aber, den elektronischen Handel und den traditionellen Handel gleich zu behandeln. Die wohlfahrtsreduzierende Wirkung von Zöllen spricht generell nicht dafür, nun auch den elektronischen Handel mit Zöllen zu belegen. Darüber hinaus gestaltet sich eine etwaige Besteuerung elektronisch gehandelter Güter als relativ schwierig.

Elektronischer Handel im Kontext der Wirtschaftspolitik

Besonders bei digitalisierten Waren und Diensten ist mit Problemen zu rechnen, da aufgrund der Anonymität elektronischer Handelspartner der Nachweis einer steuerpflichtigen Transaktion mit großen Schwierigkeiten verbunden ist. Auch die Problematik der Besteuerung elektronischer Betriebsstätten (Server) stellt die internationale Wirtschaftspolitik vor neue Aufgaben.

Insgesamt lässt sich anhand dieser drei Punkte festmachen, dass die Existenz von elektronischem Handel in der wirtschaftspolitischen Diskussion seine Berechtigung hat. Er bedarf gewisser Regulierungen, um seine Entwicklung nicht zu behindern, und gleichzeitig die Funktionsfähigkeit anderer Bereiche nicht zu beeinträchtigen. Dabei ist jedoch eine zu frühe Regulierung abzulehnen. Die Schnelligkeit, mit der sich die Neue Ökonomie verändert, spricht auch weniger für eine Regulierung im Detail als mehr für eine Regulierung im Sinne der Festlegung grundsätzlicher Prinzipien. Dieser Prozess würde, so steht zu vermuten, bereits bestehende Regulierungsansätze überprüfen und Ineffizienzen bisheriger Wirtschaftspolitiken immer mehr unter Druck setzten. Inflexible Rahmenbedingungen wären dann entsprechend anzupassen. Dabei kann es auch als gesichert angesehen werden, dass aufgrund des globalen Charakters des elektronischen Handels nationale Wirtschaftspolitik in diesem speziellen Bereich an Bedeutung verlieren wird und das Gewicht der internationalen Politik zunimmt.

Doch auch wenn elektronischer Handel als globales ordnungspolitisches Problem die Notwendigkeit einer institutionellen Verankerung der Regeln aufwirft (z.B. im Rahmen einer WTO E-Commerce Initiative), erfordert elektronischer Handel keine grundsätzlich neue wirtschaftspolitische Weichenstellung und schon gar keine neue Institution. Auch in der Neuen Ökonomie gelten die Gesetze und Regeln der Alten Ökonomie. Makroökonomische Zusammenhänge bilden auch weiterhin den Rahmen für die Wirtschaftspolitik. Geldpolitik und Finanzpolitik bleiben die zentralen Politikbereiche. Ohne ein hohes Maß an Geldwertstabilität, eine auf Dauer tragbare Finanzlage der öffentlichen Hand (Nachhaltigkeit der Finanzpolitik) und eine Begrenzung der Steuer und Abgabenbelastungen von Investoren und privaten Haushalten, kann auch elektronischer Handel das Wachstum und die Entwicklung von Volkswirtschaften nicht fördern. Gleiches gilt für die Lohnpolitik. Moderate Lohnabschlüsse, orientiert an der mittelfristigen Produktivitätsentwicklung, und auch ergänzt um erfolgsorientierte Entlohnungskomponenten, helfen die positiven Impulse der Neuen Ökonomie nachhaltig zu nutzen.

Versteht man die Neue Ökonomie und elektronischen Handel als einen strukturellen Wandel, so muss eine sinnvolle Wirtschaftspolitik flankierend sein und günstige Vorraussetzungen für die notwendigen Anpassungen schaffen. Versucht man vor diesem Hintergrund wirtschaftspolitische Prinzipien für elektronischen Handel zu erstellen, sollten zusammenfassend folgende Punkte bedacht werden:

1. Die Neue Ökonomie (Querschnittstechnologie) wird Unternehmensstrukturen, wirtschaftliche Prozesse und die Arbeitswelt grundlegend verändern. Die internationale Arbeitsteilung wird ebenfalls ganz neue Facetten aufweisen. Die Globalisierung wird sie noch verstärken.

2. Die Wirtschaftspolitik steht vor neuen Herausforderungen durch elektronischen Handel und unter steigendem Effizienzdruck.

3. Die neuen Aufgaben müssen insbesondere von internationalen Organisationen übernommen werden. Internationale Koordination ist notwendig.

4. Die internationale Politik muss elektronischem Handel gezielt auf die Sprünge helfen (z.B. Offenheit der Netze, Besteuerung, Datensicherheit, Verbraucherschutz). Nationale Politiken sind anzupassen, häufig in Verbindung mit einer Liberalisierung der Märkte.

5. Der Wettbewerb ist bei der Gestaltung neuer institutioneller Rahmenbedingungen stets im Auge zu behalten.

6. Das Recht der Handlungsfreiheit muss respektiert, der institutionelle Wettbewerb ermöglicht werden.

7. Der Zugang zum elektronischen Handel muss allen Nationen geöffnet werden (Vermeidung des Digital-Divide-Phänomens).

8. Elektronischer Handel kann eine Jobmaschine für alle Beteiligten sein. Ein Produktivitätssprung ist wahrscheinlich.

9. Ökonomische Grundzusammenhänge wirken weiter (Konjukturzyklus, Wechselkursschwankungen, Auf- und Abwärtsbewegungen auf den Aktienmärkten). Durch eine höhere Elastizität des Wirtschaftssystems werden Schocks leichter verarbeitet.

10. „Alte" Politikfelder wie Geldpolitik, Finanzpolitik und Lohnpolitik verlieren in der Neuen Ökonomie nicht an Bedeutung. Eine zentrale Rolle spielt die Bildungspolitik im weiteren Sinne. Besonders in Deutschland sind grundlegende Reformen unabdingbar.

Die Ausweitung des elektronischen Handels ist ein unumkehrbarer Prozess. Die neuen Informations- und Kommunikationstechnologien bestimmen maßgeblich die künftige wirtschaftliche Entwicklung. Was zählt, um das Potential für mehr Wachstum und Beschäftigung auszuschöpfen, sind: Flexibilität, Schnelligkeit, Mobilität, Anpassungsbereitschaft. Das Meiste muss von den Unternehmen und den Erwerbstätigen direkt bewältigt werden. Aber die Wirtschaftspolitik ist ebenfalls gefordert: zu mehr ordnungstheoretisch Rationalität und zur dauerhaften Stärkung der Anreizsysteme in einer freien Wettbewerbswirtschaft.

Prof. Dr. Juergen B. Donges
Dipl. Volksw. Stefan Mai
Institut für Wirtschaftspolitik
an der Universität zu Köln
Pohligstr. 1

D-50969 Köln
email: juergen.donges@uni-koeln.de
mai@wiso.uni-koeln.de

II.
Elektronischer Handel
– Wandel unter Marktorganisations- und Wettbewerbsgesichtspunkten –

Arnold Picot, Anne Buttermann und Dominik K. Heger

1. Elektronischer Handel

Das bisher rasante und weiterhin stark fortschreitende Wachstum des Internet hat die Aufmerksamkeit von Wirtschaft, Wissenschaft, Politik und Gesellschaft zunehmend auf die Entwicklung elektronischer Märkte und in Folge dessen auf den elektronischen Handel gelenkt. Bereits in den 70er Jahren setzte die Entwicklung elektronischer Märkte mit dem Aufbau von Reservierungssystemen beispielsweise bei Fluglinien, Autovermietungen und Hotelketten, ein. Der Fortschritt der Informations- und Kommunikationstechnologien, insbesondere die Etablierung der Infrastruktur des Internet, ermöglicht eine weitgehend vollständige elektronische Unterstützung, teilweise auch Automatisierung von Geschäftsprozessen. Die umfassende elektronische Abbildung und Handhabung von Geschäftsprozessen eines Unternehmens kann als Electronic Business (E-Business) bezeichnet werden, wobei anzumerken ist, dass diesem Begriff in der Wissenschaft keine einheitliche

Definition zugrunde liegt. Eine Abgrenzung zu Electronic Commerce (E-Commerce) und Electronic Procurement (E-Procurement) lässt sich am besten anhand der „Elektronischen Wertschöpfungskette" vornehmen.

a) E-Value Chain

Zur Darstellung der Wertschöpfung eines Unternehmens, die auf einen Großteil der Organisationen in ihrer Allgemeinheit zutrifft, kann eine grobe Untergliederung in Beschaffung, interne Leistungsprozesse und Vertrieb vorgenommen werden (vgl. Abbildung II.1).

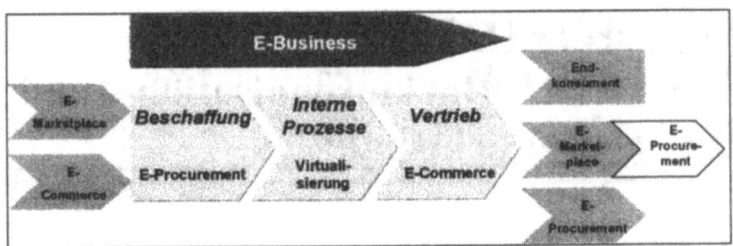

Abbildung II.1: Konzept der E-Value Chain

Bezogen auf die Vision der durchgängigen elektronischen Abbildung dieser Geschäftsprozesse wird hier E-Procurement als elektronische Abwicklung des Beschaffungsprozesses, Virtualisierung als die vom Unternehmen koordinierte Erstellung der Leistungen und E-Commerce als der elektronische Vertrieb der erstellten Leistungen angesehen. Die Gesamtheit lässt sich als E-Business verstehen. Als End-to-End E-Commerce wird die durchgängige elektronische Abbildung der Geschäftsprozesse über die Gesamtheit der an der Wertschöpfung beteiligten Organisationen bis hin zum Endkunden verstanden.

E-Procurement kann hierbei jeweils entweder direkt über die Verknüpfung mit E-Commerce-Applikationen von Produzenten erfolgen oder über Handelsintermediäre auf elektronischen Marktplätzen[1] (Bakos, 1991) abgewickelt werden. Auch die Produktion erfolgt hier auf elektronischer Ebene und mündet

---

[1] Unter elektronischen Marktplätzen ist allgemein eine informationstechnische Infrastruktur zur Ermöglichung von Markttransaktionen zu verstehen.

Elektronischer Handel

schließlich im E-Commerce, der entsprechend der erstellten Leistung die Schnittstelle direkt zum Endkonsumenten, zu weiterverwertenden Organisationen oder zu Handelsintermediären darstellt.

b) Transaktions- und Marktbereiche

Die einzelnen Schnittstellen der E-Value Chain bzw. die sich dort vollziehenden Transaktionen können nach der Art der Anbieter wie Nachfrager jeweils in drei Gruppen, Konsumenten (Consumer), Unternehmen (Business) und öffentliche Verwaltung (Administration), unterschieden werden. Durch die Gegenüberstellung ergibt sich nachfolgende Neunfeldermatrix, wobei jedes Feld für einen möglichen Transaktionsbereich zwischen zwei Akteuren steht (vgl. Abbildung II.2).

		NACHFRAGER		
		Consumer	Business	Adminstration
ANBIETER	Consumer	Consumer-to-Consumer Bsp.: Auktion wie E-Bay Kleinanzeigen wie AutoScout 24	Consumer-to-Business Bsp.: Jobbörsen mit Anzeigen von Arbeitssuchenden	Consumer-to-Administration Bsp.: Einkommenssteuer Anmeldung von Wohnsitz
	Business	Business-to-Consumer Bsp.: Kundenbestellung bei BOL	Business-to-Business Bsp.: E-Procurement wie Beschaffung bei Zulieferern	Business-to-Administration Bsp.: Steuerabwicklung von Unternehmen wie Umsatzsteuer
	Administration	Administration-to-Consumer Bsp.: Abwicklung von Unterstützungsleistungen wie Arbeitslosenhilfe	Administration-to-Business Bsp.: Beschaffung für öffentliche Institutionen wie Büromaterial	Administration-to-Administration Bsp.: Transaktionen zwischen öffentlichen Institutionen im In- und Ausland

Abbildung II.2: Transaktions- und Marktbereiche des E-Commerce (Hermanns/Sauter, 1999, Mai, 2000)

Insbesondere im Administration-Bereich wurde mit der Schaffung rechtlich notwendiger Grundlagen, wie beispielsweise mit der Digitalen Signatur, erst in jüngster Vergangenheit ein wichtiger Startschuss zur Nutzung der erheblichen Potenziale des Interneteinsatzes gegeben. Jedoch gab es bereits Ende der 80er bzw. Anfang der 90er Jahre einige Volkswirtschaften, die ihr öffentliches

Verwaltungswesen mittels EDI[2] (Neuburger, 1994) auf eine elektronische Ebene verlagert haben. Betrachtet man die absoluten Zahlen, so ist nach dem Business-to-Business (B2B) der Business-to-Consumer-Bereich (B2C) der transaktionsvolumenstärkste Bereich.

An den Transaktionsbereichen können auch Entwicklungsphasen des Internet festgemacht werden. Die erste Internetnutzungsphase brachte ab 1994 die weltweite, multimediale Kommunikation bzw. auch den globalen Informationszugriff für die Allgemeinheit. In der zweiten Phase, ab 1996, hielt das Internet als neue IT-Infrastruktur in Unternehmen Einzug und wurde in Form von Electronic Commerce (B2B und B2C) als neuer Zugang zum Kunden gesehen. In dieser Phase waren es insbesondere Newcomer im B2C-E-Commerce, welche mit neuen Geschäftsmodellen in den Markt strömten und zeitweise phantastische Aktienbewertungen erhielten. In der bereits angebrochenen dritten Entwicklungsphase gehen etablierte Old Economy-Unternehmen, insbesondere im B2B-Bereich, zielstrebig daran, ihre Geschäftsprozesse unter Nutzung der Potenziale des Internet, ihrer bestehenden Logistiksysteme sowie der Kundenkontakte neu zu definieren (Pagé/Ehring, 2001).

Eine entscheidende Grundlage für die Funktionsfähigkeit des elektronischen Handels in allen Transaktionsbereichen waren und sind in allen Entwicklungsphasen des Internet die öffentlich-rechtlichen und privat-rechtlichen Gesetzesgrundlagen, deren Anpassung für die Weiterentwicklung zur unabdingbaren Notwendigkeit geworden sind. Diese Erfordernis stellt im zwischenstaatlichen Bereich eine besondere Herausforderung dar.

c) Arten des E-Commerce

Bei genauerer Betrachtung des Schlagwortes E-Commerce zeigt sich, dass unter diesem Begriff häufig unterschiedliche Grade an elektronischer Unter-

---

[2] EDI steht für Electronic Data Interchange und dient dem interorganisationalen Informationsaustausch. Es stellt einen Vorläufer der heutigen internetbasierten Realisationsformen dar.

Elektronischer Handel

stützung der Geschäftsprozesse subsumiert werden. Beim Versuch einer Systematisierung der einzelnen Formen eröffnet sich ein Kontinuum, das den Übergang vom konventionellen Handel (conventional commerce oder c-commerce) zum vollständig elektronisch unterstützten Handel (direct commerce) in sich trägt (vgl. Abbildung II.3).

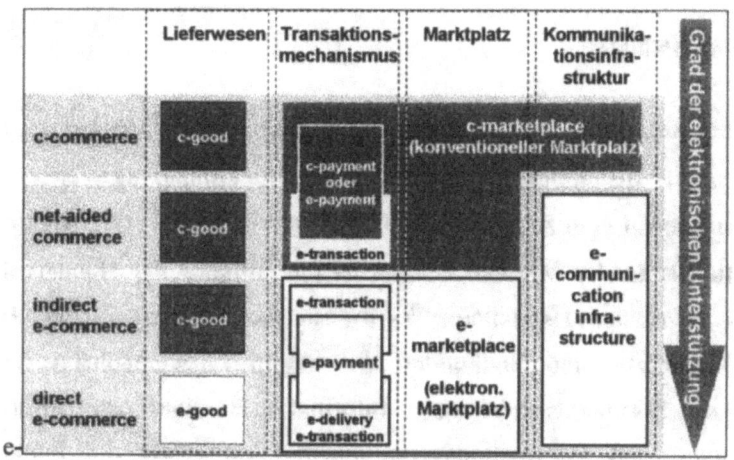

Abbildung II.3: Arten des E-Commerce (in Anlehnung an Murase/Bar, 1998)

Während im c-commerce keine Unterstützung des elektronischen Handels gegeben ist, erfolgt im net-aided commerce bereits auf der Ebene des Transaktionsmechanismus und der Kommunikationsinfrastruktur elektronische Unterstützung. Wird zusätzlich ein elektronischer Marktplatz als Grundlage für das Zusammentreffen von Anbieter und Nachfrager verwendet, so wird diese Form als indirect e-commerce bezeichnet. Im Fall des durchgängigen E-Commerce (direct e-commerce) handelt es sich bei den zu vertreibenden Gütern um mediatisierte bzw. digitalisierbare Güter. Diese können direkt über das Internet vertrieben werden. Folglich entfällt hier jegliche physische Distribution, so dass alle Transaktionsphasen über elektronische Medien abgewickelt werden können (Zerdick/Picot/Schrape et al, 2001).

Somit ist auch der mögliche Grad der elektronischen Unterstützung direkt von dem gehandelten Gut abhängig. Für die Güter bedeutet dies, dass sie umso geeigneter für den elektronischen Handel sind, je mehr Phasen der Transaktion durch Informations- und Kommunikationssysteme unterstützt werden können (Picot/ Reichwald/Wigand, 2001).

Das Internet als technologische Grundlage bzw. Infrastruktur für den Handel bietet hier nicht nur die Möglichkeit der räumlichen und zeitlichen Entkoppelung sowie der integrierten medienbruchfreien Abwicklung, sondern auch insbesondere die Möglichkeit zur Entkoppelung der einzelnen Funktionen des Handels.

d) Entbündelung der Handelsketten und Ansatzpunkte für neue Leistungen

Die bereits ausgeführten Transaktionsbereiche können als Wertschöpfungskette; ausgehend vom B2B-Bereich bis hin zum B2C bzw. B2A als Endpunkte der Kette verstanden werden. Hierbei ist die Aufgabe des Handels die eines Mittlers zwischen Herstellern, Vertriebsnetzen, weiteren Handelsmittlern sowie Geschäfts- und Endkunden. In diesem Zusammenhang erfüllt der Handel die Sortimentsgestaltungs-, Informationsbeschaffungs-, Informationsbewertungs- und Informationsverteilungsfunktion sowie die Funktion der physischen Distribution, der finanziellen Transaktion und der Verbunddienstleistung (Korb, 2000; Malone/Yates/Benjamin, 1987). Diese Funktionen können ebenfalls als Wertschöpfungskette abgebildet werden (vgl. Abbildung II.4). Die Veränderungen, welche sich durch die Digitalisierung von Märkten für Anbieter wie Nachfrager ergeben, weisen Auswirkungen auf den Handel als Intermediär[3] auf. Die Funktionen des Handels können entbündelt und von neuen Intermediären (Sarkar/Butler/Steinfield, 1995), den Produzenten als auch den Nachfragern, übernommen werden. Hierbei wird die Übernahme von Funktionen durch neue Mittler in der Wertschöpfungskette als Intermediation und der Wegfall von Zwischenstufen, wie beispielsweise bei der Funktionsübernahme durch den Anbieter, als Disintermediation (Strauß/Schoder, 1999) bezeichnet.

---

[3] Unter „Intermediären" sind Akteure auf Märkten zu verstehen, die weder als Anbieter noch als Nachfrager auftreten, sondern die Funktionsfähigkeit des Marktes ermöglichen bzw. erleichtern und dafür Kompensation erhalten. Beispiele hierfür sind Groß- und Einzelhändler, Makler, Auktionshäuser, spezifische Dienstleister etc.

Im Bereich der Sortimentsgestaltung ist die Übernahme der Funktion durch den Nachfrager möglich. Basierend auf dem breiten Angebot im Internet kann der Kunde sich sein Sortiment mit geringem Aufwand selbst zusammenstellen bzw. stellt das gesamte Angebot im Internet das Sortiment dar. Der Mehrwert der Sortimentsgestaltung durch den Handel ist in der Möglichkeit zur gleichzeitigen Deckung mehrerer heterogener Bedarfe, orientiert an den konkreten Kundenbedürfnissen, zu sehen. Viele Unternehmen gehen mittels Desktop Purchasing Systemen dazu über, durch ihre Einkaufsabteilung ein internes Sortiment zusammenstellen zu lassen, welches dann für die intra-organisationale, dezentrale Beschaffung bereit steht und welches auf das Unternehmen und seine Bedürfnisse zugeschnitten ist. Hier wird aktiv die Sortimentsgestaltungsfunktion übernommen. In Anbetracht der Tatsache, dass mit dem Internet das „Global Sourcing" zunehmend Realität geworden ist, gilt es, aus einer großen, schwer überschaubaren Zahl an weltweit verteilten Produktangeboten auszuwählen. Dies ist Ansatzpunkt für neue Intermediäre, die beispielsweise mehrere Anbieter zu einem speziellen Marktplatz oder Portal bündeln. Hierbei steht die Qualität des vorausgewählten Sortiments und nicht die physische Präsenz der Produkte im Vordergrund. Um die kundenspezifische Sortimentsgestaltung zu gewährleisten, ist die Sammlung und Verarbeitung von Kundendaten und –bedürfnissen von zentraler Bedeutung.

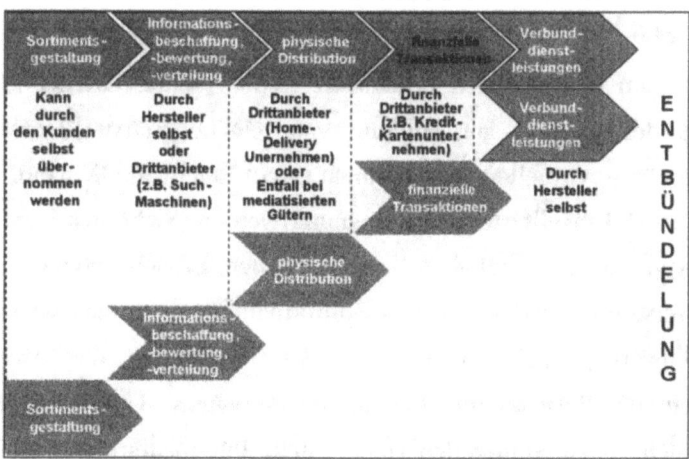

Abbildung II.4: Entbündelung der Handelsfunktionen (Zerdick/Picot/Schrape et al, 2001)

Insbesondere im Bereich der Informationsfunktion ist aufgrund der gesunkenen Kosten eine zunehmende Disintermediation möglich, da Konsumenten und Produzenten direkt miteinander in Kontakt treten können. Bei der Anbahnung dieses Kontaktes spielen Suchmaschinen zunehmend eine bedeutende Rolle. Dies stellt die Informationsfunktion des Handels und damit seine diesbezügliche Aufgabe als Intermediär zunehmend in Frage (Wigand/Crowston, 1999). Angemerkt sei, dass für eine solche Direktbeziehung auf der Seite der Produzenten zunächst der Aufbau von Kompetenzen erforderlich ist, was ein kurz- bis mittelfristiger Ansatzpunkt für neue Intermediäre sein kann.

Die Entbündelung der physischen Distribution sowie der finanziellen Transaktion zeichnete sich bereits im traditionellen Handel ab. So haben Logistikdienstleister, wie beispielsweise United Parcel Service, die physische Distribution und Kreditkartenunternehmen die finanzielle Transaktion übernommen. Die Übernahme von Verbunddienstleistungen wie z.B. Umtausch, Garantieleistungen etc., kann ebenfalls durch Rückdelegation auf den Hersteller entbündelt werden (Picot/Heger, 2001).

Folglich stellt sich im Rahmen der zunehmenden Funktionsspezialisierung von Intermediären für den Handel in der Zukunft verstärkt die Frage, welche Aufgaben selbst übernommen und welche auf Spezialisten ausgelagert werden sollten (Albers/Peters, 1997). Zudem gewinnt die Frage an Bedeutung, wie die Onlinekoordination der zur Bewältigung der Transaktionen notwendigen Funktionen am effizientesten organisiert werden sollte. Hierbei können die Potenziale des Internet zur Bildung von telekooperativen Unternehmensnetzwerken bzw. virtuellen Unternehmen (Picot/Reichwald/Wigand, 2001) zur Bündelung der Einzelleistungen ausgenutzt werden. Sicherlich wird auch das Angebot von neuen zusätzlichen Services (Scheer/Erbach/Thomas, 2000), wie beispielsweise die Abwicklung von Zollformalitäten etc., eine wichtige Rolle im Wettbewerb einnehmen. Insbesondere im Bereich der Anbieter von Suchmaschinen, Portalen und Community-Anbietern, Trust-Centern, welche im Vergleich zum traditionellen Handel neue Intermediäre darstellen und im

Informations-, Sicherheits- und Vermittlungsbereich ihren Schwerpunkt haben, werden Gewinne erwartet (Schneider/Gerbert, 1999).

2. Marktorganisationsformen

Im Elektronischen Handel ist eine Entkoppelung von Raum und Zeit möglich. Dennoch ist nach wie vor ein Zusammentreffen von Anbietern und Nachfragern einer Leistung notwendig (Schmid, 2000). Wie bereits ausgeführt, kann dieser Prozess ebenfalls elektronisch abgebildet werden. Ein elektronischer Marktplatz ist in diesem Zusammenhang als Informations- und Kommunikationsinfrastruktur mit der Eignung zur marktmäßig organisierten Leistungskoordination zu verstehen. Auf der Grundlage eines elektronischen Marktplatzes kann ein elektronischer Markt durch Transaktionsprozesse zwischen Anbietern und Nachfragern entstehen (Bieberbach/Hermann, 1999). Hierbei kristallisiert sich nicht nur eine breite Vielfalt an Realisationsformen heraus, sondern auch an deren Kategorisierungsmöglichkeiten. So kann beispielsweise anhand des Zugangs in öffentliche und private Marktplätze[4] oder auch, orientiert an der Funktion, in horizontale bzw., orientiert an der Branche, in vertikale Marktplätze unterschieden werden (Kollmann, 2000; Pagé/Ehring, 2001; Picot/Reichwald/Wigand, 2001).

Eine weitere Einteilungsmöglichkeit stellt die Differenzierung nach Zahl der Anbieter und Nachfrager (one/some/many) bzw. nach der Sicht der Transaktionsrichtung (Anbieter-/Nachfragersicht) dar. Werden diese beiden Sichtweisen einander gegenübergestellt, so ergibt sich folgende Matrix (vgl. Abbildung II.5).

---

[4] Ähnlich ist die Unterscheidung in offene und geschlossene Marktplätze zu sehen, wobei diese Unterscheidung auch die technologischen Grundlagen des Marktplatzes mitberücksichtigt. Hierbei zeichnen sich offene bzw. öffentliche Marktplätze durch Zugangsmöglichkeit für alle potenziellen Marktteilnehmer aus, während geschlossene bzw. private Marktplätze den Nutzerkreis limitieren bzw. den Zugang von qualifizierenden Bedingungen, z.B. im Rahmen eines Extranets, abhängig machen.

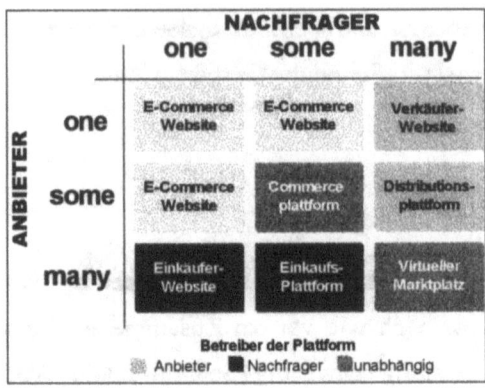

Abbildung II.5: Ausprägungen von Marktorganisationsformen

Diese Gegenüberstellung spannt ein Feld von neun Möglichkeiten auf, wobei nicht die Betrachtung aller Möglichkeiten von Bedeutung erscheint. Insbesondere der Bereich „one-to-one", der über eine Website mit E-Commerce-Funktionalität abgewickelt werden kann, ist mit Hilfe der Peer-to-Peer-Technologien (McAfee, 2000) besser abzubilden.

Im Bereich „some-to-one" bzw. „one-to-some" ist aufgrund der gehandelten Transaktionsvolumina häufig eine Abwicklung über eine E-Commerce Website die geeignete Form. Zudem sind die definitorischen Grenzen zu „many-to-one" und „one-to-many" fließend. Die verbleibenden sechs Ausprägungsformen werden nachfolgend näher beleuchtet.

a) Einkäufer- versus Verkäufer-Website

Zunächst werden die beiden Marktformen „many-to-one" (Einkäufer-Website) und „one-to-many" (Verkäufer-Website) einander gegenübergestellt. Charakteristisch für die Einkäufer-Website ist ein Kunde, der spezifische Bedürfnisse hat und versucht, diese über einen breiten Markt zu befriedigen. Das bedeutet, dass eine Vielzahl an Verkäufern ihre Waren einem bestimmten Kunden auf der Website des Kunden anbieten. Eine solche Website wird aus dem Blickwinkel des Kunden als Procurementsystem bezeichnet. Der Nachfrager ist somit auch der Betreiber dieser Handelsplattform. Eine Eignung solcher Systeme ist in der Regel nur für vom Kunden vorher spezifizierte

Leistungen zu konstatieren. Vorteile eines solchen kundenspezifischen Systems sind zum einen die Schnelligkeit, mit der Anbieter auf Kundenwünsche reagieren können, zum anderen kann hierdurch eine effizientere Realisation von Ausschreibungen ermöglicht werden. Auch hier können mit E-Procurement bestehende Transaktionskosten zum Teil erheblich gesenkt werden (Nenninger/Gerst, 1999). Allerdings besteht die Gefahr eines marktbeherrschenden Status des Kunden, eines so genannten Nachfrager-Monopols. Zudem kann es zu Kollusionen, zu Absprachen auf Anbieterseite kommen, die es auch bereits in der „alten" Welt gab.

Beispiele für solche Einkäufer-Websites finden sich im öffentlichen Bereich bei der Bundeswehr als alleinigem Beschaffer von Bundeswehrausrüstung oder bei der Bundesbank als Nachfrager für das Drucken von Geldscheinen. Aber auch in anderen Teilmärkten kann der Nachfrager seinen Marktbeherrschungsvorteil und somit den Vorteil der Reduktion von Transaktionskosten nutzen, indem er selbst diese Plattform betreibt.

Das „Gegenstück" ist die Situation „one-to-many" im Vertrieb: ein Verkäufer, der eine Website mit E-Commerce-Funktionalität für seinen Vertrieb aufbaut, auf die potenziell viele verschiedene Kunden zugreifen können. Dieses Konzept ist auch für spezifische Leistungen oder spezifische Leistungsbündel geeignet, wenn es für diese spezifischen Konfigurationen eine Reihe von potenziellen Kunden gibt. Meistens ist das anbietende Unternehmen selbst der Betreiber eines solchen Marktplatzes. Die Vorteile sind auf Seiten des Anbieters in einer sehr schnellen und individuellen Reaktion auf die Entwicklung des Marktes zu sehen. Dabei kommt der Manipulation in Form des Branding[5] eine sehr hohe Bedeutung zu, denn der Kunde muss zunächst die Website finden und dem Betreiber dieser Handelsplattform auch vertrauen. Die Bekanntheit eines elektronischen Marktplatzes ist demnach ein entscheidendes Kriterium für einen erfolgreichen Betrieb (Schmid, 1999).

---

[5] Unter Branding wird die Bemühung eines Unternehmens verstanden, mit Hilfe eines starken Markennamens die Kunden an sich zu binden und deren Wechselbereitschaft zu verringern.

Derartige Websites können vor allem Unternehmen organisieren, die auf ihrem jeweiligen spezifischen Markt eine hervorragende Reputation besitzen. Nachteile können in nicht vorhandenen Schnittstellen zu Kundensystemen gesehen werden, solange keine generell akzeptierten E-Commerce-Standards erarbeitet sind. Das impliziert, dass der Kunde mit seinem System die Schnittstelle zum Anbietersystem kompatibel gestalten muss, was zu eher geringen Prozesskostenersparnissen auf Kundenseite führt, während der Anbieter die Prozesskosten reduzieren kann. Dieses Problem kann beispielsweise mit Hilfe von elektronischen Katalogen gelöst werden, die die Anbieter bei ihren Kunden einstellen. Diese dienen als interner Beschaffungskatalog des Kunden, wodurch die Durchgängigkeit dieser Beschaffungskette, wie bereits ausgeführt, wesentlich erleichtert wird. Beispiele hierfür sind Dell mit dem Verkauf von individuell konfigurierbaren PCs und die Takkt AG als Versandhändler im B-to-B-Bereich, die ihren Produktkatalog über eine medienneutrale Datenbank betreibt (Zimmermann, 2000).

b) Einkaufs- versus Distributionsplattform

Kennzeichen einer Einkaufsplattform sind viele Anbieter für wenige Kunden, die gemeinsam eine Einkaufsorganisation betreiben. Die Nachfrager, die den Marktplatz oder die Einkaufsplattform organisieren, nutzen die schnelle kundenspezifische Reaktion der Anbieter. Hier können vor allem Ausschreibungen, Auktionen, aber auch andere Services abgewickelt werden. Auch hier kann es zu Schnittstellenproblemen kommen. Ebenso liegt die Gefahr des Einkaufskartells auf der Hand. Covisint als gemeinsame elektronische Einkaufskooperation der Automobilhersteller DaimlerChrysler, Ford und GM ist ein Beispiel, das international sehr stark diskutiert wird. Die FTC hat diese Initiative vorläufig unter der Auflage einer zeitlichen Befristung genehmigt, weil in diesem Fall das Problem des Einkaufsmonopols oder des Einkaufskartells bestehen könnte. Die Realisation erweist sich allerdings als schwieriger als antizipiert; die ersten Transaktionen sollen voraussichtlich im

Elektronischer Handel 21

Herbst 2002 erfolgen. Weitere Bemühungen sind beispielsweise econia.com, ein Handelsplatz für öffentliche Institutionen und Unternehmen.[6]

Betrachtet man das Marktgeschehen aus umgekehrter Perspektive, entsteht die Marktorganisationsform „some-to-many" (Distributionsplattform). Wenige Anbieter, die in einem bestimmtem Marktbereich tätig sind, bedienen eine große Anzahl von Kunden mit standardisierten Leistungen eines bestimmten Spezialmarktes. Vorteilhaft an einer solchen Plattform ist, dass die Anbieter schnell reagieren und ihren Kunden ein breiteres Sortiment zur Auswahl stellen können. In der Regel ist der Betreiber einer solchen Distributionsplattform eines der anbietenden Unternehmen, das andere Unternehmen als Kooperationspartner hinzunimmt, die ihre Leistungen ebenfalls über diese Plattform offerieren. Conrad.de, ein Elektronik-Bauteile-Spezialist, der Bauteile von verschiedenen Herstellern verkauft, ist hierfür ein Beispiel. Nachteilig kann, wie auch bei der Verkäufer-Website, eine mangelnde Schnittstellenkompatibilität zum Kundensystem sein. Auch hier muss sich der Plattformbetreiber durch Branding letztlich im Wettbewerb differenzieren.

c) Commerce Plattform

Die Marktorganisationsform „some-to-some" – hier spricht man auch von einem so genannten vertikalen Marktplatz – bringt ausgewählte Anbieter und ausgewählte Kunden, meist aus derselben Branche, zusammen. Dieser Marktplatz ist für vom Kunden definierte Leistungen oder Leistungsbündel geeignet. Mit Hilfe dieser Plattform lassen sich Schnittstellen und Transaktionskosten sowohl für Anbieter als auch für Nachfrager reduzieren. Vorteilhaft ist in diesem Zusammenhang, dass die Schnittstellen nur auf die jeweilige Branche angepasst werden müssen, womit Transaktionskosten erheblich reduziert werden können. Die Vorteile für den meist unabhängigen

---

[6] Econia ist ein Kölner Internetauktionshaus, das den teilnehmenden Unternehmen und öffentlichen Institutionen eine offene Einkaufsplattform für die Beschaffung standardisierbarer Güter bietet. Econia will für seine Kunden die einzige Schnittstelle zur Abwicklung ihres Einkaufsbedarfs per Internet darstellen (Schneider/Schnetkamp, 2000).

Plattformbetreiber liegen in der Skalierbarkeit, also der Abwicklung variabler Mengen, und möglichen branchenspezifischen Zusatzservices, die relativ leicht eingerichtet werden können. Meist sind die auf dieser Commerce Plattform agierenden Unternehmen mit einer Minderheitsbeteiligung, z.B. einigen Prozent, an dieser Plattform beteiligt. Sie sind also Shareholder dieser Plattform. Beispiele hierfür gibt es in der Chemie- (cheop.com) oder in der Papier-Branche (paperx.com), aber auch in vielen anderen Industriezweigen. Nachteile einer solchen Commerce Plattform bestehen in einer möglicherweise begrenzten Markttransparenz und der Gefahr von „closed shops", weil die meisten Commerce Plattformen in Form eines Extranets organisiert sind. Jeder Teilnehmer, ob Anbieter oder Nachfrager, muss sich in der Regel zunächst einer Bonitätsprüfung unterziehen, bevor er die Plattform nutzen kann.

d) Virtueller Marktplatz

Das klassische Marktmodell ist der Fall „many-to-many", der virtuelle Marktplatz, auf dem vielen Anbieter und Nachfrager zusammentreffen. Diese Marktform ist insbesondere für standardisierte Leistungen geeignet. In der Regel wird ein solcher Marktplatz von einem unabhängigen Betreiber zur Verfügung gestellt, bei dem Vorauswahl der Marktteilnehmer erfolgt und damit auch zur Markttransparenz und Transaktionseffizienz beiträgt. Dies ist auch die Folge von Zusatzservices, weil ein solcher Marktbetreiber beispielsweise dafür sorgt, dass die verschiedenen Kennungssysteme der Kunden und der Anbieter durch Metadaten kompatibel gemacht werden, die definiert und standardisiert sind. Das kann durch akzeptierte Standards wie zum Beispiel XML oder auch durch spezifische Vorleistungen des Marktbetreibers gelingen (Picot, 2000). Weitere Vorteile von virtuellen Marktplätzen sind die hohe Skalierbarkeit und die Möglichkeit, spezifische Zusatzservices, wie beispielsweise Lieferdienste, anzubieten. Besonders durch die Umstellung von analogen auf digitale Beschaffungsprozesse lassen sich erhebliche Kostensenkungspotenziale realisieren (vgl. Schmidt, 2001). Von Nachteil kann bei solchen Marktplätzen aus Anbietersicht ein erhöhter Wettbewerbsdruck aufgrund gestiegener Markttransparenz sein. Zudem besteht die Gefahr von Kapazitätsengpässen bei reger Beteiligung der Akteure.

Vor allem solche Anbieter, die auf einen intensivierten Wettbewerb hoffen, werden bereit sein, nachhaltig und langfristig bei einem virtuellen Marktplatz mitzuwirken. Umgekehrt können bei solchen Marktplätzen auch Kunden, die bisher Effizienzvorteile im Marktgeschehen in geringerem Maße wahrnehmen konnten, jetzt von der gestiegenen Markttransparenz profitieren. Der horizontale Marktplatz dci.com ist ein Beispiel. Hier können mittlere und kleinere Handwerker sowohl Aufträge und Angebote als auch die Nachfragen an Beschaffungsgütern ausschreiben, was bisher aus Gründen von prohibitiven Transaktionskosten nicht realisierbar war. Somit können auch diese über elektronische Ausschreibungen an einem effizienteren Markt teilnehmen.

3. Wettbewerb

Veränderungen durch die Einführung und stark wachsende Nutzung des Internet wirken sich sowohl auf die Organisation des Marktes als auch auf den Wettbewerb zwischen den Marktteilnehmern aus. Die herrschende Unübersichtlichkeit der Wettbewerbsverhältnisse wird durch die Unzulänglichkeit der vorhandenen Rechtsmittel noch verstärkt. So herrscht rechtliche Unklarheit bei der Durchsetzung von Ansprüchen, sei es bezüglich Urheberrecht, Kartellrecht oder Besteuerung. Diese und viele andere Rechtsbereiche werden durch das Internet erhebliche Veränderungen erfahren. Aber auch die Geldmärkte werden entschieden durch die Globalität des Internet verändert. In den Vordergrund bei der Betrachtung des Wettbewerbs rücken Begriffe wie Netzwerkexternalitäten oder Preisbildungsverfahren wie Tausch und Versteigerung. Im Folgenden sollen drei unterschiedliche Auswirkungen von Wettbewerbsveränderungen betrachtet werden.

a) Wettbewerb durch das Internet

Aufgrund der internetbasierten, steigenden Markttransparenz liegt die Vermutung einer zunehmenden Intensivierung der Märkte nahe. In der bisherigen Wertschöpfungskette lässt sich eine vermehrte Disintermediation klassischer Handelsintermediäre der traditionellen Wertschöpfungskette feststellen (Schmidt, 2001), was zu einer Wettbewerbsintensivierung führt. Daneben lassen sich aber auch eine konträre Entwicklung beobachten: neue Intermediäre treten auf, die es vorher nicht gab. Beispiele für solche neuen Intermediäre sind Suchmaschinen (Hypermediation) oder Handelsplattformbetreiber (Reintermediation), die den Nachfragern bei der Suche nach den gewünschten Gütern bzw. Dienstleistungen durch Übernahme der Sortimentsgestaltungsfunktion behilflich und dem eigentlichen Einkaufsprozess vorgeschaltet sind. Auch dadurch wird der Wettbewerb eher angeregt, da eine Platzierung unter den erstgenannten Suchergebnissen hohe Bedeutung hat bzw. das Teilnehmen an erfolgreichen Marktplätzen strategisch relevant wird.

Daneben lassen sowohl eine Tendenz zur zunehmenden vertikalen Integration, aber auch eine Entwicklung in Richtung Disintegration beobachten. Beispiel für eine vertikale Integration ist der Zusammenschluss von Time Warner und AOL. Vertikale Disintegration bedeutet eine Ausdifferenzierung der Marktakteure, was beispielsweise zu einer effizienteren Abwicklung von Dienstleistungen führen kann. So haben sich zur Application Service Providern (ASP) etabliert, deren Geschäftsmodell, angelehnt an das traditionelle Outsourcing-Modell, das Mieten von Software über das Internet oder Virtual Private Networks (VPN) ist (Liess, 2000). Hier entsteht ein neues Marktsegment, auf dem aufgrund der vielfältigen Marktteilnehmer (traditionelle Software-Anbieter, Telekommunikationsunternehmen, neugegründete Start-Ups) Wettbewerb herrscht (Picot/Buttermann/Walters, 2000).

Die Zunahme von Auktionsverfahren oder Preisvergleichen stellt ebenso eine Erleichterung und Förderung des Wettbewerbs dar. Solche Verfahren konnten, basierend auf gesunkenen Transaktionskosten, in der New Economy realisiert werden. So wird durch Reverse Auction-Verfahren der Preiswettbewerb zwischen verschiedenen Anbietern deutlich erhöht, da dadurch ein direkter Preisvergleich (erhöhte Markttransparenz) entsteht. Folglich verändert das Internet bestehende Strukturen und kann zur Intensivierung des Wettbewerbs zwischen den Marktteilnehmern beitragen.

b) Wettbewerb um das Internet

Neben dem Wettbewerb durch das Internet existiert auch ein Wettbewerb um das Internet. Es handelt sich um den Wettbewerb um den Internetzugang, d.h. die Bereitstellung der Infrastruktur des Internet, wobei verschiedene Ebenen unterschieden werden müssen (Hutter, 2000). Zum einen konkurrieren Zugangsenabler wie verschiedene Netze (Glasfaser, Kabel, drahtlos) zur Überbrückung der letzten Meile miteinander. Auf einer weiteren Ebene kommen Server und Router hinzu. Ein intensiv umkämpfter Markt ist auch der Markt der Endgeräte. Der klassische festinstallierte PC bekommt zunehmend Konkurrenz von mobilen Endgeräten mit Internetzugang. Folglich intensiviert sich der Wettbewerb um den Internetzugang.

Nach Ansicht von Hutter ist der zentrale Preis, der sich im Wettbewerb um das Netz bildet, der Preis für den Zugang zum Netz (Hutter, 2000). Dabei folgt die Preisgestaltung für den Internet-Zugang klassischen Preisbildungsmechanismen. Solange es keinen Engpass gibt, beträgt der Preis für den Zugang Null bzw. eine Pauschalgebühr. Besteht dagegen ein Engpass, herrscht also Knappheit, und es wird der Zugang zum Internet in verschiedenen Qualitäten (Verfügbarkeit von unterschiedlich hohen Bandbreiten) angeboten. Es werden sich dann differenzierte Preise bilden (z.B. erhöhte Preise für „quality access") und am Markt durchsetzen.

Ein interessanter Aspekt in diesem Zusammenhang ist auch der Zielkonflikt zwischen Content- und Service-Providern. Auf der einen Seite wird angenommen, dass derjenige, der ständig online ist, den Anteil seiner Transaktionen im Internet erhöht. Das Internettransaktionsvolumen steigt demnach mit steigender Online-Zeit. Somit sind die Content-Provider an einem möglichst günstigen, im Idealfall sogar kostenlosen Internetzugang interessiert, was verständlicherweise nicht im Interesse der Service-Provider liegt. Auf der anderen Seite wollen diese einen möglichst hohen Zugangspreis durchsetzen, was aber bei steigenden Zugangskosten zu einer Abnahme der Online-Zeit und damit auch zu einem geringeren Transaktionsvolumen im Internet führt. Wie sich diese gegensätzlichen Tendenzen und die damit verbundenen Implikationen für den Wettbewerb entwickeln werden, bleibt abzuwarten.

c) Wettbewerb im Internet

Das dritte hier betrachtete Wettbewerbfeld stellt der Wettbewerb im Internet dar. Zum einen herrscht, aufgrund des biologisch begrenzten Aufmerksamkeitsbudgets eines Menschen, Wettbewerb um die Aufmerksamkeit, die einer Website gewidmet wird (Zerdick/Picot/Schrape et al, 2001). Die Konkurrenz ist nur einen Mausklick entfernt, so dass versucht werden muss, den Besucher einer Website von diesem Klick abzuhalten. Aufgrund des stetigen Wachstums an Websites nimmt dieser Wettbewerb um den Kundenkontakt stetig zu. Die Gefahr, der sich viele Websites ausgesetzt sehen, ist, dass sie gar nicht gefunden werden, selbst wenn explizit, z.B. per Suchanfrage, nach Inhalten dieser Website gesucht wird. Es geht demnach zukünftig um den Verkauf der Wahrscheinlichkeit von Aufmerksamkeit (Franck, 1998).

Neben diesem Wettbewerb kommt es auch zu einem Wettbewerb um zeitlich begrenzte Monopolgüter. Viele aktuelle Informationen altern rasch, technische Lösungen werden durch neue Erfindungen überholt. Somit findet der eigentliche Wettbewerb systematisch um die zeitlich begrenzten Monopolgüter der Zukunft statt. Hierbei gewinnen Faktoren wie Glaubwürdigkeit und Reputation der Anbieter stark an Bedeutung, deren Zahl aufgrund geringer Zutrittsbarrieren sich ständig verändern.

4. Fazit

Der Einfluss des zunehmenden Einzugs der Informations- und Kommunikationstechnologien, insbesondere auch in Form der Infrastruktur des Internet, führt zur Veränderung des Wettbewerbs auf unterschiedlichen Ebenen. Zum einen auf der, im Gegensatz zur Old Economy, neuen Ebene des technischen Zugangs zum Handel, der durch einen starken Preiswettbewerb unter den Zugangsenabler sowie durch einen Zielkonflikt zwischen Zugangsenabler und Inhalte-/Produktanbietern gekennzeichnet ist. Zum anderen auf der Ebene des Wettbewerbs innerhalb bzw. durch den internetbasierten Handel. Im Vergleich zum traditionellen Handel ist hier zunehmende Disintermediation (z.B. Direktbeziehung zwischen Produzent und Nachfrager) bei gleichzeitiger

Notwendigkeit zur Hyper- bzw. Reintermediation (z.B. Marktplätze, Suchmaschinen, Intelligente Agenten, etc.) im Kampf um die Aufmerksamkeit des Nachfragers zu beobachten. Diese Entwicklung führt tendenziell zu steigender Markttransparenz und folglich zur Wettbewerbsintensivierung. Von „tendenziell" wird in diesem Zusammenhang aus zwei Gründen gesprochen. Zum einen versuchen die Anbieter, welche sich der steigenden Transparenz bewusst sind, dieser Markttransparenz gezielt entgegenzuwirken (z.B. Individualisierungsstrategien, Angebot von Leistungspaketen, Zusatzservices etc.). Zum anderen tritt das aus der Markttransparenz resultierende Wissen um den günstigsten Anbieter in zahlreichen Unternehmen als Kriterium in den Hintergrund, da Aspekte wie Logistikkompetenz, Zuverlässigkeit und dauerhafte Einhaltung von Qualitätsstandards bei der Entscheidungsfindung im Vordergrund stehen (Zerdick/Picot/Schrape et al, 2001). Wo aber der Endpunkt der Wettbewerbsveränderung liegen könnte, ist in Anbetracht der beständigen Weiterentwicklung sowohl im technischen Bereich als auch im Bereich der Value Added Services nicht antizipierbar.

5. Literaturverzeichnis:

Albers, Sönke und Kay Peters (1997), „Die Wertschöpfung des Handels im Zeitalter des Electronic Commerce", *Marketing ZFP*, Nr. 2, S. 69-80.

Bakos, Yannis. J. (1991), "A Strategic Analysis of Electronic Marketplaces", *MIS Quarterly*, Nr. 15, S. 295-309.

Bieberbach, Florian und Michael Herrmann (1999), „Die Substitution von Dienstleistungen durch Informationsprodukte auf elektronischen Märkten", Electronic Engineering, 4. internationale Tagung Wirtschaftsinformatik, Heidelberg.

Franck, Georg (1998), Ökonomie der Aufmerksamkeit – ein Entwurf, München.

Hermanns, Arnold und Michael Sauter (1999), „Electronic Commerce – Grundlagen, Potentiale, Marktteilnehmer und Transaktionen", in: Arnold Hermanns und Michael Sauter (Hrsg.), *Management-Handbuch Electronic Commerce*, S. 13-29.

Hutter, Michael (2000), „Wettbewerb und Preisbildung in der Internet-Ökonomie", *Frankfurter Allgemeine Zeitung*, Ausgabe vom 09.11.2000.

Kollmann, Tobias (2000), „Elektronische Marktplätze – Die Notwendigkeit eines bilateralen One to One-Marketingansatzes", in: Friedhelm Bliemel, Georg Fassott und Theobald Axel (Hrsg.), *Electronic Commerce – Herausforderungen – Anwendungen – Perspektiven*, 3. Aufl., Wiesbaden.

Korb, Jasmin C. (2000), Kaufprozesse im Electronic Commerce – Einflüsse veränderter Kundenbedürfnisse auf die Gestaltung, Wiesbaden.

Liess, Anita (2000), "ASP: Service Realität in Deutschland 2000", *Information Management & Consulting*, Jg. 15, Sonderausgabe November 2000, S. 7-13.

Mai, Stefan (2000), „Prognosen zum E-Commerce – Ungewißheiten über das zukünftige Potenzial des elektronischen Handels", *Zeitschrift für Wirtschaftspolitik*, Jg. 49, Nr. 3, S. 276-284.

Malone, Thomas. W., Jo Anne Yates und Robert I. Benjamin (1987), "Electronic Markets and Electronic Hierarchies", *Communications of the ACM*, Vol. 30, Nr. 6, S. 484-497.

McAfee, Andrew (2000), "The Napsterization of B2B", *Harvard Business Review*, Vol. 78, Nr. 6, S. 18-19.

Merz, Michael (1999), Electronic commerce: Marktmodelle, Anwendungen und Technologien, Heidelberg.

Murase, Emily M. und François Bar (1998), "Charting Cyberspace: A U.S.-European-Japanese Blueprint for Electronic Commerce", Presentation at the 48th Annual Converence of the International Communication Association, Jerusalem.

Nenninger, Michael und Martina H. Gerst (1999), „Wettbewerbsvorteile durch Electronic Procurement – Strategien, Konzeption und Realisierung", in: Arnold Hermanns und Michael Sauter (Hrsg.), *Management-Handbuch Electronic Commerce*, S. 283-295.

Neuburger, Rahild (1994), *Electronic Data Interchange*, Wiesbaden.

Pagé, Peter und Thomas Ehring (2001), Electronic Business und New Economy – Den Wandel zu vernetzten Geschäftsprozessen meistern, Berlin.

Picot, Arnold (2000), „Die Bedeutung von Standards in der Internet-Ökonomie", *Frankfurter Allgemeine Zeitung*, Ausgabe vom 16.11.2000, S. 29.

Picot, Arnold und Dominik Heger (2001), „Handel in der Internet-Ökonomie – Entbündelung von Wertschöpfungsstufen des Handels", *Zeitschrift Führung und Organisation*, im Erscheinen.

Picot, Arnold, Anne Buttermann und Robert Walters (2000), „Erfolgsfaktoren für Application Service Providing", *Information Management & Consulting*, Jg. 15, Sonderausgabe November 2000, S. 45-51.

Picot Arnold, Reichwald Ralf und Rolf T. Wigand (2001), *Die grenzenlose Unternehmung – Information Organisation und Management*, 4. Auflage, Wiesbaden.

Sarkar, Mitra B., Brian Butler und Charles Steinfield (1995), "Intermediaries and Cybermediaries: A Continuing Role for the Mediating Players in the Electronic marketplace", *Journal of Computer-Mediated Environment*, Special Issue on Electronic Commerce, Vol. 3, Nr. 3.

Schmid, Beat F. (1999), „Elektronische Märkte – Merkmale, Organisation und Potentiale", in: Arnold Hermanns und Michael Sauter (Hrsg.), *Management-Handbuch Electronic Commerce*, München, S. 31-48.

Schmid, Beat F. (2000), „Die marktbezogene Basis des Electronic Commerce – Merkmale und Funktionen elektronischer Märkte", in: Christoph Wamser (Hrsg.), *Electronic Commerce: Grundlagen und Perspektiven*, München, S. 51-67.

Schmidt, Holger (2001), „Die wahre „New Economy" findet auf den Gütermärkten statt", *Frankfurter Allgemeine Zeitung*, Ausgabe vom 15.02.2001, Serie „Internet-Ökonomie", Nr. 14.

Scheer, August W., Fabian Erbach und Oliver Thomas (2000), „E-Business – Wer geht? Wer bleibt? Wer kommt?", in: Wilhelm A. Scheer (Hrsg.), E-Business – Wer geht? Wer bleibt? Wer kommt?, Heidelberg.

Schneider, Dirk und Gerd Schnetkamp (2000), *E-Markets: B2B-Strategien im Electronic Commerce*, Wiesbaden.

Schneider, Dirk und Philipp Gerbert (1999), E-Shopping: Erfolgsstrategien im Electronic Commerce: Marken schaffen, Shops gestalten, Kunden binden, Wiesbaden.

Strauß, Ralf E. und Detlef Schoder (1999), „Electronic Commerce – Herausforderungen aus Sicht der Unternehmen", in: Arnold Hermanns und Michael Sauter (Hrsg.), *Management-Handbuch Electronic Commerce*, S. 61-74.

Wigand, Rolf T. und Kevin Crowstone (1999), "Real-estate War in Cyberspace – An Emerging Electronic Market?", *Journal of Electronic Markets*, Nr. 1-2, 1999, S. 1-8.

Zerdick, Axel, Arnold Picot und Klaus Schrape, et al (2001), *Die Internet-Ökonomie*, 3. erw. und überarb. Auflage, Berlin.

Zimmermann, Felix A. (2000), „Zielgerichtetes Management von Kundenbeziehungen via Internet am Beispiel des B2B-Versandhandels", Internet: http://www.uni-stuttgart.de/fkbw/dateien/zimmermann.pdf.

Professor Dr. Arnold Picot
Dipl.-Kff. Anne Buttermann
Dipl.-Kfm. Dominik K. Heger
Institut für Organisation
Ludwig Maximilians Universität München
Ludwigstr. 28

D – 80539 München
e-mail: picot@bwl.uni-muenchen.de
e-mail: buttermann@bwl.uni-muenchen.de

III.
Und sie fliegen doch: Wettbewerbsstrategien für die Neue Ökonomie

Henning Klodt

1. Hummeln können nicht fliegen*

Das zentrale Merkmal des Strukturwandels von der alten zur Neuen Ökonomie ist das Vordringen von Informationsgütern in praktisch alle Bereiche der Wirtschaft. Dieser Strukturwandel ist kein auf wenige dot.coms beschränktes Phänomen, das mit der Ernüchterung an den neuen Märkten als vorübergehendes Börsenereignis zu interpretieren wäre. Die Volkswirtschaften hochentwickelter Länder befinden sich derzeit in einem grundlegenden Umbruch, dessen Dimensionen durchaus an die Dimensionen industrieller Revolutionen früherer Jahrhunderte heranreichen. Das Vordringen von e-commerce und e-business stellt gleichsam die Spitze des Eisberges dar, unter dem sich ein fundamentaler technologischer Wandel verbirgt. Dieser Wandel erfasst zwar nicht

---

* Dieser Beitrag entstand im Rahmen des Projekts „Die Neue Ökonomie – Erscheinungsformen, Ursachen und Auswirkungen", das von der Heinz Nixdorf Stiftung gefördert wird.

alle Branchen zum gleichen Zeitpunkt und in gleichem Ausmaß, aber er beschreibt einen Prozess, dessen Bedeutung weit über Branchengrenzen hinausreicht. Welcher Anpassungsdruck daraus für die Wettbewerbsstrategien von Unternehmen resultiert und wie sie diese Aufgaben bewältigen, ist Thema dieses Beitrags.

Naturwissenschaftler haben eindeutig bewiesen, dass Hummeln nicht fliegen können: Sie wiegen im Durchschnitt knapp ein Gramm, haben eine Flügeloberfläche von 1 cm^2 und eine durchschnittliche Reisegeschwindigkeit von 1 m/Sekunde. Diese drei Merkmale sind für Flugobjekte technisch unvereinbar (Zeit, 1996). Nur gut, dass die Hummeln nichts davon wissen.

In gewissem Sinne sind Informationsgüter wie Hummeln:

Sie sind öffentliche Güter, bei denen effiziente Preissetzung eine individuelle Preisdiskriminierung nach dem jeweiligen Grenznutzen der einzelnen Nachfrager erfordert, und auch das Ausschlussprinzip ist oftmals nur schwer durchsetzbar. Ein rein privatwirtschaftliches Angebot für derartige Güter wird nach dem Lehrbuch der Mikroökonomie gar nicht erst entstehen.

Sie sind oftmals auch Netzwerkgüter, bei denen das Entstehen funktionsfähiger Märkte die Überwindung kritischer Massen erfordert und bei denen die Gefahr ineffizienter Pfadabhängigkeiten besteht.

Sie sind Erfahrungsgüter, die vor dem Kauf nicht inspiziert werden können und für die nach der Inspektion niemand mehr einen Preis zu zahlen bereit ist.

Genau wie die Hummeln die Sorgen der Naturwissenschaftler ignorieren, scheinen sich auch die Märkte für Informationsgüter nicht um die Probleme des potentiellen Marktversagens zu kümmern. Während dem Wirtschaftswissenschaftler viele Gründe einfallen, die dem Entstehen funktionsfähiger Märkte für Informationsgüter entgegenstehen, expandieren diese Märkte in der Realität kräftig. Allenthalben wird nicht der Mangel an Informationen, sondern im Gegenteil der „information overload" beklagt. Es gehört zu den interessantesten Forschungsfragen im Zusammenhang mit der Neuen Ökonomie, wie die

Unternehmen mit diesen Schwierigkeiten fertig werden und wie sie es schaffen, das potentielle Marktversagen zu überwinden.

2. Wettbewerbsstrategien für Informationsgüter

Nach Samuelson (1954; 1955) sind öffentliche Güter dadurch gekennzeichnet, dass sie keiner Rivalität in der Verwendung unterliegen. Dieses Kriterium trifft auf Information wie auf kaum ein anderes Wirtschaftsgut zu. Wenn eine Information von einem Wirtschaftssubjekt genutzt wird, dann wird sie dadurch nicht verbraucht, sondern steht weiteren Nutzern in uneingeschränktem Maße zur Verfügung. Außerdem nutzt sie sich – anders als private Güter – durch Gebrauch nicht ab. Sie kann zwar technologisch veralten und damit für die Nutzer im Wert sinken, aber sie bleibt auch nach Gebrauch physisch unverändert und für alle Zeiten erhalten.

Eingewendet werden könnte, dass die Nutzung von Information stets eines Informationsträgers bedarf, und diese Informationsträger sind oftmals private Güter. Beispiele dafür sind Bücher und Zeitschriften, CDs oder andere Datenträger, die notwendig sind, um Informationen zu speichern und zu transferieren, und die durchaus einer Rivalität in der Verwendung unterliegen. Rein gedanklich ist es aber möglich, die Information selbst von den Informationsträgern zu trennen. Und wer bereit ist, diese gedankliche Unterscheidung nachzuvollziehen, wird kaum noch bestreiten können, dass Information selbst ein lupenreines öffentliches Gut darstellt. Hinzu kommt, dass die Kosten der Duplizierung und Verbreitung der Informationsträger von der Erfindung des Buchdrucks über die Erfindung der Rotationspresse bis zur Erfindung des Internet immer billiger geworden ist. Insofern weisen auch die auf Informationsträgern gespeicherten Informationen in der Praxis nahezu die Eigenschaften von öffentlichen Gütern auf.

Als weiteres Kriterium für öffentliche Güter wird oftmals das Versagen des Ausschlussprinzips genannt. Dieses Problem ist allerdings weniger grundsätzlicher als technischer Natur, da es vielfältige – wenn auch nicht kostenlose – Möglichkeiten der Verschlüsselung von Informationen gibt. In der neueren mikroökonomischen Literatur wird dieses Kriterium denn auch kaum noch als konstituierend für ein öffentliches Gut angesehen.

Die übliche Maximierungsregel, nach der der Grenzerlös eines Wirtschaftsgutes den Grenzkosten entsprechen sollte, lässt sich auf Informationsgüter nicht anwenden. Wenn die Kosten der Duplizierung der Informationsträger vernachlässigt werden und allein auf das Wirtschaftsgut Information abgestellt wird, liegen die Grenzkosten bei Null. Die Anwendung der traditionellen Preissetzungsregeln würde also ein kostenloses Angebot von Informationsgütern implizieren, und zu einem Preis von Null käme ein privatwirtschaftliches Angebot nicht zustande. Bei öffentlichen Gütern lautet die Maximierungsregel deshalb, dass der Preis für das jeweilige Gut dem individuellen Grenznutzen des einzelnen Nachfragers entsprechen muss. Effiziente Märkte für Informationsgüter könnten also nur entstehen, wenn den Anbietern eine perfekte persönliche Preisdiskriminierung der Nachfrager möglich wäre (Varian, 1984 S. 253ff.). Dies würde voraussetzen, dass die Nachfrager tatsächlich ihre wahren Präferenzen für Informationsgüter offenbaren würden und dass Arbitragegeschäfte zwischen den verschiedenen Nachfragern verhindert werden könnten (eine derartige Preissetzung ist in der Literatur als Lindal-pricing bekannt).

Wo die Nachfrage in Relation zu den Produktionskosten für Informationsgüter groß genug ist, können funktionsfähige Märkte auch ohne Preisdifferenzierung entstehen. Beispiele sind die Märkte für Bücher oder Tageszeitungen, die zu einem einheitlichen Preis angeboten werden, obwohl manche Nutzer einen höheren und andere Nutzer einen niedrigeren Reservationspreis haben. Wäre es den Anbietern möglich, diese individuellen Präferenzunterschiede bei ihrer Preissetzung auszunutzen, könnte die Produktion von Büchern und Tageszeitungen erhöht werden, doch dies scheint eher ein akademisches Problem zu sein. Von einer Unterversorgung mit Büchern oder Tageszeitschriften kann keine Rede sein, und es gibt keinen Grund, sich über die Funktionsfähigkeit dieser Märkte ernsthaft Gedanken zu machen. In Nischenmärkten dagegen oder in jungen innovationsintensiven Märkten können unzureichende Erlösaussichten durchaus einen Hinderungsgrund für die Aufnahme der Produktion darstellen.

Um diese Schwierigkeiten zu überwinden, sind insbesondere im Softwarebereich Wettbewerbsstrategien verbreitet, die zumindest eine gruppenweise Preisdiskriminierung unterschiedlicher Konsumentenkreise ermöglichen. So werden Textverarbeitungsprogramme als Vollversion für gewerbliche Nutzer und als billigere Schulungsversion für studentische und andere weniger zahlungskräftige oder zahlungswillige Nutzer angeboten. Ein weiteres Beispiel ist das preislich stark differenzierte Angebot von Windows NT für Workstations einerseits und für Server andererseits, obwohl die Programme im Kern weitgehend identisch sind. Derartige Strategien werden von Varian (1999) als *versioning* bezeichnet. Sie beruhen letztlich darauf, dass die Qualität des angebotenen Informationsgutes für Kundenkreise mit niedriger Zahlungsbereitschaft künstlich verschlechtert wird, selbst wenn der Hersteller dafür zusätzliche Kosten in Kauf nehmen muss.

Dabei ist die Strategie des versioning keineswegs so neu wie die Neue Ökonomie. Im Buchhandel beispielsweise wird sie schon seit vielen Jahrzehnten praktiziert, indem Neuerscheinungen zunächst nur als teure Hardcover-Ausgaben angeboten werden, während breiteren Leserkreisen erst zu einem späteren Zeitpunkt preiswerte Paperback-Ausgaben zur Verfügung stehen. Wenn auch diese Nachfrage bedient ist, bleibt als dritte, nochmals billigere Version das moderne Antiquariat. Die Preisunterschiede zwischen Hardcover und Paperback sind nur zum geringen Teil durch Unterschiede in den Produktionskosten bedingt; in erster Linie sind sie ein Instrument der Preisdiskriminierung für Informationsgüter. Es kann damit gerechnet werden, dass mit dem weiteren Wachstum der Märkte für Informationsgüter weitere Geschäftsmodelle der individuellen Preisdiskriminierung entwickelt werden. Welche Ansatzpunkte privaten Anbietern dafür grundsätzlich zur Verfügung stehen, wird ausführlich diskutiert bei Shapiro und Varian (1999, S. 61ff.).

Eine notwendige Bedingung dafür, dass Preisdifferenzierung nicht nur einzelwirtschaftlich vorteilhaft ist, sondern auch die gesamtwirtschaftliche Wohlfahrt erhöht, ist erfüllt, wenn der Gesamtabsatz infolge der Preisdifferenzierung steigt (Varian, 1985). Zumindest in jenen Fällen, in denen es ohne Preisdifferenzierung gar nicht möglich wäre, ein privatwirtschaftliches Angebot zu erstellen, ist diese Bedingung eindeutig erfüllt.

Die zweite zentrale Wettbewerbsstrategie zur Vermarktung von Informationsgütern ist die *Bündelung*. In der Praxis verbreitet ist vor allem die Bündelung kostenlos angebotener Informationsgüter mit dem privaten Wirtschaftsgut Werbung. Vorgemacht wurde dies von privaten Fernsehsendern, und fortgesetzt wird es heute von Informationsanbietern im Internet, die sich ausschließlich über Werbebanner finanzieren. Das Marktpotential in diesem Bereich ist nicht zu unterschätzen. So wird berichtet, dass Amazon.com, ein Online-Buchhändler, pro Quartal 300 Mio. US-$ an das Internetportal Yahoo gezahlt hat, um sein Werbebanner auf der Startseite plazieren zu können.

Ebenfalls weit verbreitet und theoretisch interessanter ist die Bündelung verschiedener Informationsgüter. Wie Bakos und Brynjolfsson (1999, 2000) gezeigt haben, erlaubt das gebündelte Angebot von Informationsgütern das Erzielen von Aggregationsvorteilen (economies of aggregation), die bei privaten Gütern nicht möglich wären. Diese Art von Größenvorteilen beruht letztlich darauf, dass die Streuung der Zahlungsbereitschaft der Konsumenten für einzelne Informationsgüter in aller Regel größer ist als für ein ganzes Bündel von Informationsgütern. Die Bündelung wirkt damit wie eine personelle Preisdifferenzierung für jedes einzelne dieser Güter. Die Autoren zeigen, dass eine derartige Wettbewerbsstrategie sowohl einzel- als auch gesamtwirtschaftlich vorteilhaft ist, wenn die Grenzkosten der betreffenden Güter nahe Null sind. Diese Bedingung ist bei Informationsgütern erfüllt.

Ein einfaches Zahlenbeispiel soll das Argument von Bakos und Brynjolfsson verdeutlichen: Wenn es einen Kunden gibt, der bereit ist, für ein Textverarbeitungsprogramm einen Preis von 2 und für ein Tabellenkalkulationsprogramm einen Preis von 1 zu zahlen, und wenn es zugleich einen anderen Kunden gibt, bei dem die relative Zahlungsbereitschaft genau umgekehrt ist, dann wird jeder von ihnen bereit sein, ein Bündel aus Textverarbeitungs- und Tabellenkalkulationsprogramm zum Preis von 3 zu erwerben. Ohne Bündelung dagegen wäre die gleiche Absatzmenge nur zu erzielen, wenn jedes Programm einzeln zum Preis von 1 angeboten würde. Die Bündelung erlaubt es dem Anbieter also, seinen Gesamterlös von 4 auf 6 zu steigern. Falls die Produktionskosten für jedes der Programme bei 2,5 liegen, ist die Bündelung sogar eine notwendige Voraussetzung dafür, dass überhaupt ein rentables privates Angebot erstellt werden kann.

Ebenso wie beim versioning ist bei der Bündelung in Zukunft mit weiteren Marketing-Innovationen zu rechnen, die dazu beitragen können, das potentielle Marktversagen bei öffentlichen Gütern zu überwinden. Sicherlich sind all diese Strategien im wohlfahrtstheoretischen Sinne nicht als perfekt anzusehen, und sie können das potentielle Marktversagen nicht vollständig überwinden. Doch darauf kommt es letztlich auch gar nicht an. Eine funktionsfähige Marktwirtschaft ist nicht dadurch gekennzeichnet, dass sie immer und überall allen Kriterien der Pareto-Optimalität genügt, sondern schlichtweg dadurch, dass sie funktioniert und ohne weitreichende staatliche Markteingriffe überlebensfähig ist. Genauso kommt es für die Hummeln nicht darauf an, einen technisch perfekten Flugkörper zu entwickeln, sondern darauf, überhaupt fliegen zu können.

3. Wettbewerbsstrategien für Netzwerkgüter

Auf Märkten für Informationsgüter spielen Netzwerkeffekte eine deutlich größere Rolle als auf traditionellen Märkten. Nicht alle Informationsgüter sind Netzwerkgüter, aber unter den Informationsgütern ist der Anteil von Netzwerkgütern weitaus größer als unter traditionellen Gütern (Sachverständigenrat, 2000). Das potentielle Marktversagen bei Netzwerkgütern rührt im Kern daher, dass der Nutzen eines solchen Gutes für den Konsumenten nicht nur von den technischen Eigenschaften dieses Gutes und von seinen individuellen Präferenzen abhängt, sondern auch davon, wieviele weitere Konsumenten dieses Gut nutzen. Jeder zusätzliche Nutzer erhöht den Nutzen aller anderen, ohne dafür ein Entgelt zu erhalten. Da er diese Netzwerkexternalität in seinem individuellen Kalkül nicht berücksichtigt, werden existierende Netze in aller Regel zu klein sein; und die Entstehung neuer Netze kann behindert werden, solange es nicht gelingt, gewisse kritische Massen zu überwinden.

Das klassische Beispiel für ein Netzwerkgut aus der alten Ökonomie ist das Telefon. Wenn nur ich allein ein Telefon besitze, hat es keinerlei Nutzen für mich, da es niemanden gibt, den ich mit diesem Gerät anrufen kann. Erst wenn genügend weitere Personen ebenfalls über ein Telefon verfügen, schafft dieses Produkt überhaupt einen positiven Nutzen. Falls sich niemand findet, der als Erster ein Telefon kauft, wird der Markt für Telefone gar nicht erst entstehen. Nun zeigt die historische Erfahrung, dass die Telefongesellschaften sehr wohl in der Lage gewesen sind, diese kritische Masse zu überwinden. Daraus folgt aber nicht, dass das Problem der Netzwerkexternalitäten in der Praxis irrelevant wäre, sondern es folgt nur, dass die Anbieter es offenbar geschafft haben, geeignete Wettbewerbsstrategien zu entwickeln, mit denen eine Überwindung der kritischen Massen möglich ist.

Insbesondere im Softwaremarkt setzen viele Anbieter darauf, zahlungsunwillige Free Riders aktiv anzulocken, anstatt sie an der Nutzung des betreffenden Wirtschaftsgutes zu hindern. Ein klassisches Beispiel dafür bieten die Betriebssysteme für PCs: Obwohl in den Augen vieler Nutzer das Betriebssystem von Mackintosh technisch überlegen ist gegenüber dem Betriebssystem DOS/Windows, hat sich Windows am Markt durchgesetzt. Eine wesentliche Ursache dafür dürfte darin liegen, dass es technisch sehr schwer ist, illegale Raubkopien des Mackintosh-Systems anzufertigen. Die Hersteller dieses Systems verfolgten die Strategie, möglichst jeden Nutzer zur Zahlung der Lizenzgebühr heranzuziehen, und wer dazu nicht bereit war, blieb vom System ausgeschlossen. Windows hingegen ist relativ leicht kopierbar und wird von nicht-gewerblichen Nutzern auch recht eifrig illegal kopiert.

Auf diese Weise hat sich die installierte Basis von Windows-Betriebssystemen derart stark verbreitet, dass Microsoft hier mittlerweile über eine monopolähnliche Position verfügt. Viele Nutzer trauern zwar immer noch dem Mackintosh-System von Apple nach, aber wenn sie die Wahl haben zwischen einem Betriebssystem, dessen technische Eigenschaften sie hoch schätzen, und einem anderen Betriebssystem, das es ihnen besser ermöglicht, mit vielen anderen PC-Nutzern zu kommunizieren, entscheiden sie sich in der Regel doch für das Windows-System.

Viel zitierte weitere Bespiele für die Verdrängung technisch überlegener, aber weniger verbreiteter Netzwerkgüter sind die Dominanz des QWERTY-Systems bei Schreibmaschinentastaturen und der Sieg des VHS-Systems über Betamax bei Videorecordern. Liebowitz und Margolis (1994; 1999) haben allerdings detailliert herausgearbeitet, dass die vermeintliche technische Überlegenheit der verdrängten Produkte in der Realität gar nicht gegeben gewesen sei. So hätten Schreibtests mit ergonomisch günstigeren Tastaturen keine höhere Schreibgeschwindigkeit ergeben als mit dem QWERTY-System, und das Betamax-System bei Videorecordern sei mit dem Nachteil behaftet gewesen, dass die Anbieter nicht in der Lage waren, Kassetten in voller Spielfilmlänge auf den Markt zu bringen. Offensichtlich haben die Betamax-Anbieter die Komplementaritäten zu den Produkten der Fernseh-Anbieter nicht genügend beachtet. Mit anderen Worten: sie haben zu wenig Rücksicht darauf genommen, dass der Markt für Videorecorder in das Netzwerk der Märkte rund um das Fernsehen eingebunden ist.

Auf Märkten für Netzwerkgüter spielen *Normen und Standards* eine ganz entscheidende Rolle. Anbieter, die bereits über eine dominante Marktposition verfügen, werden stets darauf drängen, Standards zu setzen, die anderen Anbietern den Zugang zu ihrem Netzwerk erschweren. Ein prägnantes Beispiel dafür liefert wiederum das Betriebssystem Windows, das auf einem Quellcode aufgebaut ist, der offensichtlich nicht allen Anbietern verfügbar ist. So hatte der Hersteller des Tabellenkalkulationsprogrammes Lotus stets große Schwierigkeiten, sein Produkt auf der Basis von Windows fehlerfrei zum Laufen zu bringen. Obwohl Windows per Gerichtsurteil dazu gezwungen wurde, den Quellcode an Lotus zu liefern, hat Lotus seine Probleme letztlich nie in den Griff bekommen, und sein Programm wurde letztendlich von dem Konkurrenzprodukt Excel der Firma Microsoft verdrängt. Windows ist also offenbar nach wie vor eher als geschlossener Standard anzusehen, das Microsoft in starkem Maße vor der Außenseiterkonkurrenz schützt.

Wie die Theorie der bestreitbaren Märkte lehrt, ist allerdings selbst ein Monopolist nie sicher vor der Erosion seiner Marktposition. In jüngster Zeit häufen sich die Meldungen, nach denen immer mehr gewerbliche Nutzer auf das Betriebssystem Linux umsteigen, dessen Quellcode jedermann frei zugänglich ist und an dessen Fortentwicklung und Verbesserung zahllose Programmierer rund um den Erdball ständig weiterarbeiten. Die jeweils neueste Version ist für jedermann kostenfrei über das Internet verfügbar, und die Programmstruktur ist außerordentlich transparent. Die eher anarchisch organisierten Programmentwickler des Linux-Systems haben sicherlich zum Teil altruistische Motive, weil sie sich durch das Microsoft-Monopol herausgefordert fühlen. Es gibt aber zunehmend auch Anbieter von Linux-Komponenten, die ihre Programmmodule kostenfrei zur Verfügung stellen, weil sie sich davon profitable Anschlussgeschäfte versprechen.

Hier wird Microsoft also gleichsam mit den eigenen Waffen geschlagen: Die Rolle, die früher die Möglichkeit zum kostenlosen Raubkopieren des Windows-Systems gespielt hat, wird abgelöst durch die Möglichkeit, das Linux-System kostenlos aus dem Internet herunterzuladen. Linux scheint auf bestem Wege zu sein, seine installierte Basis so zu verbreitern, dass das Quasi-Monopol von Windows ernsthaft gefährdet werden könnte.

Die Offenheit oder Geschlossenheit von Standards ist natürlich auch immer eine technische Frage, aber je weiter die Technik voranschreitet, desto bessere Möglichkeiten gibt es, die relative Offenheit von Standards als strategischen Wettbewerbsfaktor einzusetzen. Wie die diskutierten Beispiele gezeigt haben, geht es dabei stets um eine Gratwanderung, bei der geschlossene Standards das

Abschöpfen temporärer Monopolrenten ermöglichen, andererseits aber auch Umgehungsstrategien der Konkurrenten initiieren können, die langfristig zu einer ernsthaften Gefährdung der Monopolstellung führen können (Besen/ Farrell, 1994). Auch bei Netzwerkgütern werden die Unternehmen also vor völlig neue Herausforderungen gestellt, wenn sie sich erfolgreich im Markt behaupten wollen.

4. Wettbewerbsstrategien für Erfahrungsgüter

In der Literatur kaum beachtet worden sind bislang die Probleme, die daher rühren, dass Informationsgüter in ausgeprägtem Maße die Eigenschaften von Erfahrungsgütern aufweisen. Nach Nelson (1970) unterscheiden sich Erfahrungsgüter von Inspektionsgütern dadurch, dass ihre Eigenschaften nicht vor dem Kauf inspiziert werden können, sondern dass sie sich erst bei der Nutzung der betreffenden Güter im Wege der individuellen Erfahrung herausstellen. Dies trifft in besonderem Maße für das Wirtschaftsgut Information zu. Die Qualität einer Information kann ich nicht im vorhinein beurteilen, da ich die Information vor dem Kauf noch nicht kenne. Wird mir dagegen die Information zur Verfügung gestellt, damit ich mir vor Abgabe des Kaufgebots ein Urteil über den Nutzen des betreffenden Produkts bilden kann, dann habe ich die Information damit schon erworben, ohne noch zur Zahlung herangezogen werden zu können.

Dieses sogenannte Informations-Paradoxon wurde schon von Kenneth Arrow (1962, S. 171) beschrieben: „There is a fundamental paradox in the determination of demand for information; its value for the purchaser is not known until he has the information, but then he has in effect acquired it without cost". Der Käufer muss damit seinen Reservationspreis formulieren, bevor er das Produkt, um das es geht, überhaupt kennt.

Aus diesem Grunde hat beispielsweise die industrielle Vertragsforschung ein relativ geringes Gewicht. Die meisten Unternehmen ziehen es vor, Forschungs-

und Entwicklungsarbeiten innerhalb des eigenen Unternehmens ausführen zu lassen, da die Märkte für technisches Wissen – das ohne Zweifel als Informationsgut anzusehen ist – nur unvollständig funktionieren. Die Möglichkeiten der externen Vertragsforschung werden deshalb fast nur von kleineren Unternehmen genutzt, die die hohen Fixkosten des Aufbaus einer eigenen Forschungsabteilung scheuen. Auch die vor Jahren noch weit verbreitete Euphorie über das Potential strategischer Allianzen im Bereich von Forschung und Entwicklung hat sich merklich abgekühlt. Viele dieser Allianzen sind längst zerbrochen, oder sie haben sich dadurch aufgelöst, dass die beteiligten Unternehmen mittlerweile fusioniert sind. Eine Möglichkeit, das Informations-Paradoxon zu überwinden, ist somit die *vertikale Integration*.

Überwindbar ist das Informations-Paradoxon auch dann, wenn Käufer und Verkäufer in einer ständig *wiederkehrenden Vertragsbeziehung* stehen. Wer beispielsweise heute eine Tageszeitung kauft, der bemisst das Preis-Leistungs-Verhältnis nicht danach, welchen Inhalt die heutige Tageszeitung hat, denn diesen Inhalt kann er ja nicht kennen, und wenn er ihn kennen würde, bräuchte er die Zeitung nicht mehr zu kaufen. Er stützt sich in seiner Kaufentscheidung vielmehr auf die Erfahrungen, die er mit früheren Ausgaben der Zeitung gemacht hat; und wenn er den Eindruck hat, dass ältere Ausgaben ihren Preis wert waren, wird er auch bereit sein, für die neue Ausgabe den Marktpreis zu entrichten.

Wiederkehrende Vertragsbeziehungen spielen auch in der neuen Ökonomie eine wichtige Rolle. So werden die Entscheidungen darüber, welche Werbeagenturen oder Consulting-Firmen einen Auftrag erhalten, häufig anhand der Erfahrungen getroffen, die bei früheren Gelegenheiten mit diesen Anbietern gemacht wurden. Auf diese Weise sorgen wiederkehrende Vertragsbeziehungen dafür, dass Märkte für Informationsgüter überhaupt funktionieren können, obwohl sie dem Informations-Paradoxon unterliegen. Als Nebeneffekt schränken sie allerdings die Bestreitbarkeit dieser Märkte ein, denn neue Anbieter von Informationsgütern haben es schwer, sich erfolgreich gegen jene Anbieter durchzusetzen, die in früheren Zeiten die betreffenden Informationsgüter zur

Verfügung gestellt haben und deshalb über etablierte Kundenbeziehungen verfügen.

Verallgemeinernd kann festgestellt werden, dass bei Informationsgütern das Vertrauen zwischen Kunden und Lieferanten eine weitaus höhere Rolle spielt als bei traditionellen Gütern. Unternehmen haben also in der Neuen Ökonomie weitaus stärkere Anreize als in der alten Ökonomie, in ihre *Reputation* zu investieren. Das klassische Instrument, mit dem die Reputation von Unternehmen erhöht wird, ist die Pflege eines Markennamens. Einschlägigen Schätzungen zufolge sind allein die Markennamen von Coca Cola oder von Marlboro jeweils rund 40 Mrd. US-$ wert (Kleinert/Klodt, 2000, S. 172). Da im Zuge des Strukturwandels zur Neuen Ökonomie auch der Informationsgehalt traditioneller Wirtschaftsgüter steigt, werden selbst die Kaufentscheidungen für Automobile oder Waschmaschinen immer mehr von der Reputation des Anbieters und immer weniger von der eigenen Inspektion des Wirtschaftsgutes durch den Kunden geleitet. Reputation wird in der Neuen Ökonomie zum überragenden strategischen Wettbewerbsfaktor.

Speziell im e-commerce gibt es darüber hinaus Bestrebungen, mehrere Anbieter unter gemeinsamen *trust marks* zusammenzuschließen. Diese trust marks, die gleichsam das lex mercatoria des e-commerce darstellen (Calliess, 2001), geben auch kleineren Anbietern die Möglichkeit, das Vertrauen des Kunden zu gewinnen, auch wenn ihr eigener Markenname keine hohe Reputation genießt. Ungelöst scheint dabei allerdings das Problem zu sein, wie dominante Anbieter von den übrigen Mitgliegern sanktioniert werden können, wenn sie die freiwillig akzeptierten Gewährleistungspflichten der trust mark verletzen.

Insgesamt gesehen gibt es eine Reihe innovativer Wettbewerbsstrategien, mit denen es die Anbieter von Informationsgütern immer wieder schaffen, das potentielle Marktversagen zu überwinden. Nicht alle dieser Strategien gehen auf, und viele Geschäftsmodelle, mit denen in der Neuen Ökonomie experimentiert wird, verschwinden nach kurzer Zeit wieder vom Markt. Die Märkte für Informationsgüter befinden sich offensichtlich in einer trial and error-Phase, die angesichts des tiefgreifenden Strukturwandels wohl unvermeidlich ist und die das Wissen aller darüber, wie funktionsfähige Märkte für Informationsgüter strukturiert sein müssen, erhöht. Man könnte sagen, den Hummeln ist klar geworden, dass sie nicht wie Vögel fliegen können, und sie sind derzeit darum bemüht, spezielle Techniken zu entwickeln, die ihnen trotzdem das Abheben ermöglichen. Für den mikroökonomisch ausgerichteten Wirtschaftsforscher werden sich auch in Zukunft vielfältige interessante Forschungsaufgaben stellen, um herauszufinden, wie es die Hummeln genau machen.[1]

5. Wettbewerbspolitik für die Neue Ökonomie

In den vorangegangenen Abschnitten sind vielfältige Aspekte herausgearbeitet worden, weshalb es auf Märkten für Informationsgüter zu Marktversagen kommen kann. Anders als in vielen anderen Fällen von Marktversagen liegt die Lösung allerdings nicht bei korrigierenden Staatseingriffen, sondern die privatwirtschaftlichen Anbieter müssen die Probleme letztlich selbst lösen. Selbst wenn der Staat durch gezielte Markteingriffe die statische Effizienz verbessern könnte (was bezweifelt werden kann), würde er damit die dynamische Effizienz beeinträchtigen, auf die es langfristig ankommt (Sachverständigenrat, 2000).

Genau wie in der Natur, wo die Hummeln selbst geeignete Techniken entwickeln müssen, um allen Widrigkeiten zum Trotz fliegen zu können, müssen die Unternehmen geeignete Wettbewerbsstrategien für Informationsgüter entwickeln. Sie müssen erkennen, dass die Märkte für Informationsgüter nicht von traditionellen ökonomischen Prinzipien wie steigenden Grenzkosten geprägt werden, sondern von Faktoren wie kritische Massen, Bündelungen, Standards und Reputation. Da die Neue Ökonomie erst in den Anfängen steckt, folgt

---

[1] Wie es die Hummeln schaffen, sich trotz ihrer technischen Handicaps in die Luft zu

dieser Prozess notwendigerweise dem Prinzip des trial and error. Vielfältige neue Wettbewerbsstrategien werden derzeit erprobt, weitere Innovationen in diesem Bereich werden hervorgebracht, und manchen Anbietern wird die schmerzliche Erfahrung nicht erspart bleiben, dass gerade ihre Wettbewerbsstrategie keine geeignete Antwort auf die Herausforderungen der Neuen Ökonomie darstellt.

Das heißt natürlich nicht, dass sich nicht auch die Wirtschaftspolitik dem Strukturwandel stellen müsste. Welche Herausforderungen beispielsweise auf den Steuerpolitiker zukommen, ist an anderer Stelle in diesem Heft nachzulesen (vgl. Strunk, 2001). Auf die Bildungspolitik, die Arbeitsmarktpolitik und die Systeme der sozialen Sicherung kommen ebenfalls grundlegend neue Herausforderungen zu. Und die veränderten Wettbewerbsstrategien von Unternehmen – die im Zentrum dieses Beitrags stehen – legen schließlich auch für die Wettbewerbspolitik eine Anpassung an die Herausforderungen der Neuen Ökonomie nahe.

Schwieriger wird die Aufgabe der Wettbewerbspolitik zunächst einmal dadurch, dass in der Neuen Ökonomie verschiedene Tendenzen angelegt sind, die zu einer verstärkten Unternehmenskonzentration führen können:

- Erstens gibt es erhebliche Skalenerträge, die große Unternehmen begünstigen, da die Grenzkosten von Informationsgütern nahe Null sind.

- Zweitens werden Großunternehmen durch die oben diskutierten Aggregationsvorteile begünstigt, d.h durch die Wettbewerbsvorteile, die sich für Anbieter ganzer Bündel von Informationsgütern gegenüber Anbietern einzelner Informationsgüter ergeben.

- Drittens fällt die Überwindung kritischer Massen, die bei Netzwerkgütern eine Voraussetzung für die Etablierung funktionsfähiger Märkte darstellt, größeren Unternehmen ohne Zweifel leichter als kleineren.

---

erheben, ist nachzulesen bei Heinrich (1979).

- Viertens haben es Großunternehmen leichter, sich auf Märkten für Erfahrungsgüter zu behaupten, da die Ausnutzung einer hohen Reputation im Markt ebenfalls Skalenerträge aufweist.

Insgesamt ist also damit zu rechnen, dass Marktmacht in der Neuen Ökonomie ein größeres Problem darstellen könnte als in der alten Ökonomie. Derzeit wird dieses Problem noch dadurch überdeckt, dass sich die Märkte der Neuen Ökonomie insgesamt in einer äußerst dynamischen Wachstumsphase befinden, in der etablierte Marktstrukturen immer wieder auf- und umgebrochen werden. Gleichwohl sollte die Wettbewerbspolitik schon heute die Gefahr einer verstärkten Oligopolbildung im Auge haben.

Wenn der Wettbewerb auf Informationsgütermärkten einen Alles-oder-Nichts-Charakter aufweist (winner-take-all-competition), kann die Aufgabe der Wettbewerbspolitik nicht länger darin liegen, die Entstehung marktbeherrschender Positionen im Wege der Fusionskontrolle verhindern zu wollen. Wichtiger als die Kontrolle der Marktstruktur wird dann die Kontrolle der Markteintrittsbarrieren, d.h. das Offenhalten der Märkte für potentielle Konkurrenten. Bei Informationsgütern heißt dies vor allem, die Netze offenzuhalten, seien es physische oder virtuelle Netze. Stichworte dazu sind etwa die Open Network Provision aus der Telekommunikation oder der Third Party Access aus der Energiewirtschaft. Ein weiteres Stichwort ist die Offenlegung des Quellcodes für Computer-Betriebssysteme, die in den juristischen Auseinandersetzungen um das Quasi-Monopol von Microsoft eine so dominierende Rolle gespielt hat.

Natürlich kann es nicht darum gehen, für jede Branche, in der Informationsgüter eine dominierende Rolle einnehmen, eine eigenständige Regulierungsbehörde einzurichten. Die Notwendingkeit dafür ist selbst in den stark netzwerkgebundenen Bereichen der Telekommunikation oder der Energiewirtschaft alles andere als unumstritten. Vielmehr muss es die allgemeine Wettbewerbspolitik schaffen, Ansatzpunkte und Regelungen dafür zu finden, wie marktbeherrschende Unternehmen ohne übermäßigen bürokratischen Aufwand dazu gebracht werden können, die von ihnen etablierten Netzwerke und Standards offen zu gestalten, damit potentieller Wettbewerb möglich bleibt.

6. Literaturverzeichnis

Arrow, K. (1962), „Economic Welfare and the Allocation of Resources for Invention", in: National Bureau of Economic Research (Hrsg.), *The Rate and Direction of Inventive Activity: Economic and Social Factors.* Princeton, N. J

Bakos, J.Y. und E. Brynjolfsson (1999), „Bundling Information Goods: Pricing, Profits and Efficiency", *Management Science*, Dezember.

Bakos, J.Y. und E. Brynjolfsson (2000), „Bundling and Competition on the Internet", *Marketing Science*, Januar.

Besen, S.M. und J. Farrell (1994), „Choosing How to Compete: Strategies and Tactics in Standardization", *Journal of Economic Perspectives* 8 (2), S. 117-131.

Callies, G.-P. (2001), „Rechtssicherheit und Marktbeherrschung im elektronischen Welthandel: die Globalisierung des Rechts als Herausforderung der Rechts- und Wirtschaftstheorie", in: J. B. Donges und S. Mai (Hrsg.), *E-Commerce und Wirtschaftspolitik*, Stuttgart, S. 189-206 (in diesem Band).

Heinrich, B. (1979), *Bumblebee Economics*, Cambridge, Mass., Harvard University Press.

Kleinert, J. und H. Klodt (2000), „Megafusionen: Auf dem Weg in die Unternehmensstrukturen der Zukunft?", *Zeitschrift für Wirtschaftspolitik* 49 (2), S. 169-176.

Liebowitz, S.J. und S.E. Margolis (1994), „Network Externality: An Uncommon Tragedy", *Journal of Economic Perspectives* 8 (2), S. 133-150.

Liebowitz, S.J. und S.E. Margolis (1999), Winners, Losers and Microsoft. Competition and Antitrust in High Technology, Oakland, Cal.

Nelson, P. (1970), „Information and Consumer Behavior", *Journal of Political Economy* 78 (2), S. 311-329.

Sachverständigenrat zur Begutachtung der gesamtwirtschaftlichen Entwicklung (2000), *Chancen auf einen höheren Wachstumspfad*, Jahresguachten 2000/01, Stuttgart.

Samuelson, P.A. (1954), „"„A Diagrammatic Exposition of a Theory of Public Expenditure", *Review of Economics and Statistics* 36, S. 350-356.

Samuelson, P.A. (1955), „The Pure Theory of Public Expenditure", *Review of Economics and Statistics* 37, S. 387-389.

Shapiro, C. und H.R. Varian (1999), Information Rules. A Srategie Guide to the Network Economy, Boston, Mass.

Varian, H.R. (1984), *Microeconomic Analysis,* Second edition, New York, Norton.

Varian, H.R. (1985), „Price Discrimination and Social Welfare", *American Economic Revue* 75 (4), S. 870-875.

Varian, H.R. (1999a), „Markets for Information Goods", *IMES Discussion Papers* E 99-9. Institute for Monetary and Economic Studies, Tokio.

Varian H.R. (1999b), „Market Structure in the Network Age", in E. Brynjolfsson und B. Kahin (Hrsg.), *Understanding the Digital Economy,* Cambridge, Mass.

Professor Dr. Henning Klodt
Institut für Weltwirtschaft
an der Universität Kiel
Forschungsabteilung I
Düsternbrooker Weg 120

D – 24105 Kiel
e-mail: *h.klodt@ifw.uni-kiel.de*

IV.
Elektronischer Handel im Lichte der Bestreitbarkeit von Märkten

*Stefan Mai und Mark Oelmann**

1. Einleitung

Zentrales Ziel dieser Arbeit ist es, die wirtschaftspolitischen Vorraussetzungen dafür zu erarbeiten, dass elektronischer Handel die allgemein zu erwartenden positiven gesamtwirtschaftlichen Wirkungen entfalten kann. Der globale Charakter elektronischer Handelstransaktionen erfordert, dass die Analyse globaler Art ist. Durch den Einsatz des Internets und seiner globalen Strukturen dehnt sich der Aktionsradius von Unternehmen und Konsumenten weltweit aus. Die Preise elektronisch angebotener Güter sind durch den Einsatz spezifischer Suchmaschinen nicht nur miteinander unmittelbar vergleichbar, sondern geben auch eine Orientierung, inwieweit identische Produkte im stationären Handel überteuert erscheinen. Dadurch steigt die Konsumentensou-

---

[*] Diese Arbeit wurde gefördert von der Volkswagen-Stiftung im Rahmen des Forschungsvorhabens „Der Ordnungsrahmen für den grenzüberschreitenden elektronischen Handel: Zur Notwendigkeit internationaler Koordination."

veränität. Außerdem wird es für nationale Regierungen zunehmend schwieriger, den Konsumenten den Zugang zu gewünschten Gütern und Dienstleistungen zu erschweren. Zum anderen gibt es aber Regeln, deren Beachtung auch in der Zukunft gewünscht ist. Zu denken ist hier beispielsweise an die Erhebbarkeit von Steuern oder den Jungendschutz. Dabei spielt die Etablierung und Sicherung eines funktionsfähigen Wettbewerbs auch auf institutioneller Ebene eine herausragende Rolle. Wettbewerb ist dabei nie Selbstzweck. Dessen Legitimation leitet sich aus den Funktionen von Wettbewerb ab (Kantzenbach, 1967, S. 15ff.).

Neben der Sicherstellung einer optimalen Faktorallokation, einem sich entwickelnden Angebot gemäß der Konsumentenpräferenzen und einer primären Einkommensverteilung nach Marktleistung begünstigt Wettbewerb die dynamische Entwicklung einer Volkswirtschaft. So wird technischer Fortschritt dergestalt gefördert, dass einerseits ansonsten unbekannt bleibendes Wissen entdeckt und bislang nicht genutztes Wissen verstärkt eingesetzt wird (von Hayek, 1969, S. 249). Der stete Prozess schöpferischer Zerstörung zieht die Notwendigkeit einer laufenden Anpassung von Produkten und Produktionskapazitäten nach sich, die unter Wettbewerbsverhältnissen zeitnah erfolgt. Die sich aus den dargestellten Funktionen ergebenden wohlfahrtsfördernden Effekte begründen die normative Implikation, dass die Schaffung von Wettbewerb im Bereich des E-Commerce ein zu verfolgendes wirtschaftspolitisches Ziel darstellt.

Unter Bezugnahme auf das wettbewerbspolitische Leitbild bestreitbarer Märkte, werden elektronische Märkte auf mögliche Marktzutrittsschranken hin untersucht. Der Theorie folgend, dass sich der Wettbewerb mit abnehmenden Marktzutrittsschranken intensiviert, fragen wir, wo derzeit Marktbarrieren im elektronischen Handel existieren oder sich aufzubauen drohen. Vor diesem Hintergrund soll dann die Frage nach der Notwendigkeit internationaler Koordination beantwortet werden.

Dabei wird wie folgt vorgegangen: In Abschnitt 2 wird zunächst ein kurzer Überblick über das Ausmaß und die Struktur des elektronischen Handels gegeben. Es wird sowohl auf die Entwicklung elektronischer Handelstransaktionen eingegangen als auch in Verbindung mit einer begrifflichen Bestimmung die Struktur gehandelter Güter näher betrachtet. Damit werden die Grundlagen für die sich anschließenden Überlegungen des Abschnitts 3 gelegt. Einer kurzen Darstellung der wettbewerbspolitischen Relevanz elektronischer Märkte folgt die Analyse der Theorie bestreitbarer Märkte. Als wettbewerbspolitisches Leitbild erscheint dieser Ansatz für den konkreten Anwendungsfall des elektronischen Handels geeignet. Bei Anwendung des Leitbilds bestreitbarer Märkte auf etablierte Branchen werden die sich über die Zeit herausgebildeten institutionellen Rahmenbedingungen daraufhin untersucht, ob sie *ex post* ungerechtfertigte Marktbarrieren begründen. Zur Beeinflussung von Marktstruktur, Marktverhalten und Marktergebnis werden wettbewerbspolitische Handlungsoptionen analysiert. Der sich gerade erst entwickelnde elektronische Handel eröffnet hingegen die Möglichkeit einer *ex ante* Analyse. Vor dem Hintergrund der Modellannahmen der Theorie bestreitbarer Märkte wird gefragt, ob elektronische Märkte überhaupt einer Regulierung bedürfen. Dazu wird in Abschnitt 4 untersucht, ob – sei es bewusst oder unbewusst - von Seiten des Staates oder von Seiten Privater bereits Marktbarrieren errichtet wurden. Während wir für die Herausbildung von Standards – den Voraussetzungen für elektronischen Handel - ex ante keinen Regulierungsbedarf sehen, stellt sich die Situation für den konkreten elektronischen Handel anders dar. Die wettbewerbspolitischen Implikationen in Abschnitt 5 leiten sich wesentlich aus den Ergebnissen der Analyse der privaten und staatlichen Marktbarrieren ab. Dabei mögen die als notwendig erachteten Maßnahmen auch Elemente einschließen, die in der EU-Richtlinie über den elektronischen Geschäftsverkehr, anhand derer die staatlichen Marktzutrittsschranken in 4.c) untersucht werden, nicht enthalten sind.

2. Zur Relevanz des elektronischen Handels

Ein elektronischer Markt ist ein elektronisches Medium, das einen virtuellen Platz des Tausches schafft (Brandtweiner, 1999, S. 420). Findet auf einem solchen Markt Handel statt, so wird allgemein von elektronischem Handel gesprochen.[1] Im Mittelpunkt steht damit die Neuartigkeit der Art und Weise, in der sich der Handel mit Gütern und Dienstleistungen gestaltet. In der Fülle von existierenden Abgrenzungen dessen, wo nun genau elektronischer Handel beginnt und wo er endet, erscheint uns die Gewinnerzielungsabsicht der Handelspartner für eine engere Abgrenzung geeignet.[2] Deshalb orientiert sich die Arbeit an der begrifflichen Bestimmung des European Information Technology Observatory (EITO). Danach ist elektronischer Handel eine kommerzielle Aktivität, die über elektronische Netzwerke (oft über das Internet) mit dem Ziel ausgeführt wird, Güter zu kaufen oder zu verkaufen und Dienstleistungen anzubieten und abzufragen (EITO, 1999, S. 169).

a) Einige begriffliche Bestimmungen und Entwicklungen

Transaktionspartner im elektronischen Handel können Unternehmen, Konsumenten und öffentliche Verwaltungen bzw. Institutionen sein. Unter Bezugnahme auf die Gewinnerzielungsabsicht interessiert uns hier vor allem der elektronische Handel zwischen Unternehmen („Business To Business" oder BTB) und der Handel zwischen Unternehmen und Haushalten („Business To Consumer" oder BTC). Am Rande ist darüber hinaus der Handel zwischen Konsumenten („Consumer To Consumer" oder CTC) zu erwähnen. Eine durch Tauschbörsen im Internet steigende Fungibilität privater Güter beeinflusst indirekt natürlich auch die Nachfrage nach neuen Gütern.

Der Hauptanteil elektronischen Handels entfällt bisher und wohl auch in Zukunft auf den BTB-Bereich. So wurden im Jahr 1999 laut Angaben der EITO bei einem geschätzten Gesamtvolumen von 17 Milliarden Euro rund 71vH im Handelssegment des BTB abgewickelt. Dies entspricht einem Wert von rund 12,1 Milliarden Euro, während lediglich 4,9 Milliarden Euro, also 29vH in den BTC-Bereich fielen. Im Jahr 2002 soll sich dieses Verhältnis noch

---

[1] Die Begriffe electronic commerce, E-Commerce und elektronischer Geschäftsverkehr werden im Weiteren synonym zum Begriff des elektronischen Handels verwandt.

Elektronischer Handel im Lichte der Bestreitbarkeit von Märkten

weiter in Richtung des BTB verschieben. Allerdings ist die geschätzte Steigerung des gesamten Handelsvolumens zu berücksichtigen. Die EITO geht für das Jahr 2002 von einem Handelsvolumen in Westeuropa von 199 Milliarden Euro aus (EITO, 2000, S. 37). Trotz eines Sinkens des BTC-Anteils auf rund 20vH würde sich der absolut auf den BTC-Bereich entfallende Handelsanteil von 4,9 Milliarden auf rund 40 Milliarden Euro verachtfachen. Auch nach dem Jahr 2002 wird ein weiterhin exponentielles Anwachsen des über das Internet abgewickelten Handelsvolumens erwartet. Einer weiteren Prognose folgend werden im Jahr 2004 jährlich Geschäfte im Volumen von bis zu 500 Milliarden Euro direkt oder indirekt elektronisch abgewickelt (Bielfeld/Slink, 1999, S. 8).

Grundlage für die prognostizierte Entwicklung des elektronischen Geschäftsverkehrs ist eine durchdringende Integration mit Informationstechnologien in möglichst vielen Bereichen der Volkswirtschaft. Ohne diese technische Vorleistung kann sich das hoch einzuschätzende Potenzial des elektronischen Handels nicht entwickeln (Mai, 2000a). Interessant ist daher die Betrachtung der Entwicklung der Internetzugänge eines Landes. Zum einen ist deren Zahl in Europa in den vergangenen Jahren stark angestiegen. Einer weiteren Studie der EITO zufolge haben 82vH aller Internetnutzer in Europa ihren Zugang zum Netz erst zwischen den Jahren 1996 und 1998 installiert EITO (1999, S. 166). Zum anderen ist – wie Tabelle VI.1 veranschaulicht - in vielen Ländern auch in den kommenden Jahre mit einem rasanten Anstieg der Internetnutzung zu rechnen.

Deutschland nimmt im Grad der Internetpenetration derzeit zusammen mit dem Vereinigten Königreich die Spitzenplätze in Europa ein. Absolut betrachtet wird die Zahl der Internetnutzer zwischen 1997 und 2005 in Deutschland um rund 20 Millionen Personen ansteigen. Trotz dieser rasanten Entwicklung werden die Vereinigten Staaten von Amerika in der Internetdurchdringung auch im Jahre 2005 noch führend sein. Nach Berechnungen der

---

2 Eine eingehende Analyse der unterschiedlichen Definitionen von elektronischem Handel liefert Haertsch (2000, S. 12f.) und auch Einsporn/Wiegand (1999, S. 11).

Tabelle IV.1: Internetnutzer ausgewählter Länder in Prozent der Bevölkerung[3]

	1997	1998	1999	2000	2001	2002	2003	2004	2005
Deutschland	6,99	9,80	13,29	16,52	19,69	22,79	25,85	28,90	31,63
Frankreich	3,13	5,85	9,26	13,05	17,17	21,95	26,94	31,47	35,32
Italien	1,93	3,04	5,26	8,31	12,14	16,41	19,97	22,81	25,30
Spanien	2,38	3,94	6,06	8,71	11,87	15,30	17,54	19,99	21,09
Ver. Königreich	8,36	11,88	16,09	20,76	25,81	29,51	33,07	36,40	39,41
USA	18,79	23,96	28,78	32,94	36,68	40,09	43,03	45,43	47,53

Quelle: EITO (2000, S. 441f.), eigene Berechnungen.

EITO verringert sich die Prozentpunktedifferenz zwischen den USA und Deutschland zwischen 2000 und 2005 nicht. Während im Jahr 2000 in Deutschland lediglich 16,5vH der Bevölkerung das Internet nutzen, weisen die USA einen bereits doppelt so hohen Anteil auf. Für 2005 ist eine Internetpenetration von rund 32vH respektive 48vH zu erwarten.

Es bleibt festzuhalten, dass trotz regionaler Unterschiede von stark steigenden Nutzerzahlen ausgegangen werden kann. Unter den Annahmen, dass zum einen derzeitige Probleme wie Datensicherheit oder Bezahlung über das Internet sich im Zeitverlauf entschärfen werden und dass zum zweiten durch technischen Fortschritt elektronischer Handel weitere Güter und Dienstleistungen beinhalten wird, erscheinen die prognostizierten Wachstumsraten des Handelsvolumens über das Internet zumindest von der Tendenz her realistisch.[4]

---

[3] Bei der Berechnung der Anteile wurde von einer konstanten Bevölkerungsgröße des jeweiligen Landes ausgegangen. Zugrundegelegt wurden Zahlen aus dem Jahr 1998 (EITO, 2000, S. 442).

[4] Hierbei wirkt nach Zerdick et al. (1999, S. 145f.) der technische Fortschritt von der Angebotsseite. Eine zunehmende Digitalisierung, eine Leistungssteigerung im Preis-Leistungs-Vergleich, fortschreitende Miniaturisierung und Standardisierung „drücken" neue Produkte in den Markt. Dieser sogenannte „Technology Push" aber ist stets im Zusammenspiel mit der Entwicklung auf der Nachfrageseite zu sehen. Elemente des sogenannten „Market Pulls" sind nach Zerdick et al. (1999, S. 146) Interaktivität – Individualisierung, Unmittelbarkeit des Zugriffs, Senkung der Transaktionskosten und die multimediale Angebotsform. Im Zusammenhang mit einem sich verstärkenden „Market Pull" ist beispielsweise die Diskussion um die Flat Rate zu verstehen (Beck/Prinz, 1999, S. 41ff.; auch Hutter, 2000, S. 1662f.). Setzt sich tatsächlich eine von der Nutzungsdauer des Internets unabhängige Gebühr durch, so ist

b) Struktur und Merkmale der gehandelten Güter

Je nach Güterkategorie und Struktur der Geschäftspartnerschaft erscheint der elektronische Handel unterschiedlich relevant. Im Bereich des BTC werden vor allem Computerprodukte (Hard- und Software) sowie Bücher, Magazine, Musik und in zunehmendem Maße auch touristische Dienstleistungen gehandelt. Eine Studie der Burda Medienforschung zeigt, dass Internetnutzer zudem verstärkt Produkte der Elektronikbranche oder auch Sportartikel auf elektronischem Weg nachfragen (Fritz, 1998, S. 10f.). Während im BTC-Bereich der konkrete Verkauf im Vordergrund steht, ist er im elektronischen Handel zwischen Unternehmen von untergeordneter Bedeutung. Der besondere Reiz im Bereich des BTB besteht darin, Einsparpotenziale dergestalt zu generieren, dass bei Zulieferern nicht nur einzelne Vorleistungen in Gestalt von Waren oder Dienstleistungen bezogen werden, sondern eine umfangreichere Vernetzung - beispielsweise der Warenwirtschaftssysteme - zwischen den Handelspartnern realisiert wird. Auf diese unterschiedlichen Elemente, welche die Geschäftspartnerschaft in den Bereichen des BTC und des BTB kennzeichnen, werden wir im weiteren Verlauf der Arbeit noch häufiger zurückkommen. Ebenso zentral für die weitere Analyse wird die Kategorisierung der Waren und Dienstleistungen sein.

Theoretisch ist zwischen tangiblen und digitalen Waren sowie Dienstleistungen zu unterscheiden. Tangible Güter sind physisch greifbar, müssen also über traditionelle Distributionswege gehandelt werden. Unter einer tangiblen Dienstleistung soll hier beispielsweise ein gebuchter Flug verstanden werden. Zum Erbringen der Dienstleistung „Transport des Kunden von A nach B" bedarf es des physischen Gutes „Flugzeug". Kennzeichen sowohl der tangiblen Ware als auch der tangiblen Dienstleistung ist damit, dass lediglich der Bestellvorgang elektronisch abgewickelt wird (Offline Handel). Variable Kosten einer geographischen Präsenz von Unternehmen in Form von Filialen entfallen, was eine Einsparung von Miet- und Personalkosten zur Folge hat.

---

zu erwarten, dass die Nachfrage nach umfangreichen Datensätzen, wie beispielsweise Videofilmen, zunehmen wird.

Transaktionskosten werden möglicherweise gesenkt. Das elektronisch bestellte Gut – sei es nun ein CD-Player oder ein Flugschein – wird beispielsweise über ein postalisches Vertriebsnetz dem Käufer zugestellt.[5]

Bei digitalisierten Gütern stellt sich die Situation anders dar. Eine Leistung muss nicht physisch erbracht werden. Das Internet ist bei Gütern dieser Kategorie sowohl Bestell- als auch Liefermedium. Digitalisierte Inhalte sind nun nicht mehr an ein bestimmtes Speichermedium gebunden, sondern lassen sich entkoppelt über das Internet versenden (Online Handel). Beispiele für digitalisierte Waren sind Audio-, Video-, Textdateien oder Software. Unter einer digitalisierten Dienstleistung sollen diejenigen Dienstleistungen verstanden werden, zu deren Erbringung keine unmittelbar physische Ware mehr benötigt wird. Zu denken ist hier beispielsweise an den „Wertpapierkauf" über einen Online-Broker. Grundsätzlich folgt damit aus der Analyse der Güterkategorien, dass vor allem bei digitalisierbaren Waren und Dienstleistungen sowie tangiblen Dienstleistungen Einsparpotenzial durch die Nutzung neuer Distributionswege generiert werden können. Die OECD sieht hier Kostensenkungspotenziale zwischen 50 und 90vH OECD (1999, S. 14).

Wie sich in Zukunft die Welt des Internets entwickelt und damit verbunden auch das zukünftige Volumen elektronischen Geschäftsverkehrs wird jedoch

---

[5] Während das Versenden der Bestätigung einer gekauften tangiblen Dienstleistung zu sehr geringen Kosten geschehen kann, bedarf es für den Vertrieb tangibler Waren eines umfangreichen Logistikkonzepts. Eingesparten Miet- und Personalkosten könnten damit ungleich höhere Portoaufwendungen gegenüberstehen. So ist es offensichtlich, dass das Liefern von hundert, von Kunden vorbestellten Büchern an einen stationären Buchhändler mit geringeren Kosten verbunden ist, als wenn hundert einzelne Lieferungen postalisch durchgeführt werden müssten. Für Vertreiber tangibler Waren kommt zudem erschwerend das neue Fernabsatzgesetz im Internet hinzu. So hat der Kunde nach dem Fernabsatzgesetz schon seit dem 30.06.2000 bei jedem Versandhandelskauf regelmäßig 2 Wochen Widerrufsrecht oder Rückgaberecht. Die Händler, die im klassischen Versandhandel oder auch im Internet ihre Kunden nicht richtig oder gar nicht über das Widerrufsrecht informieren, riskieren sogar 4 Monate Rückgaberecht für die Kunden, wobei die Kosten der Rückgabe vom Versender zu tragen sind. Gemäß § 6 (2) des Fernabsatzgesetzes dürfen Verkaufsprospekte, die vor dem 1. Oktober 2000 hergestellt wurden und die § 2 Abs. 2 nicht genügen, noch zum 31. März 2001 aufgebraucht werden. Die Kosten der Umstellung sind ebenfalls vom Versender zu tragen. Der BTB Bereich ist aber nicht betroffen.

entscheidend davon abhängen, wie sich in den einzelnen Ländern oder auch auf internationaler Ebene der rechtliche und institutionelle Rahmen ausgestaltet. Gegenwärtig befinden sich die Märkte für elektronischen Handel aufgrund technologischer, ökonomischer und auch politischer Entwicklungen in einem unsicheren institutionellen Umfeld. Die Rahmenbedingungen für elektronische Handelstransaktionen sind in einer ersten Entwicklungsphase. Die derzeit geführte Diskussion, wie elektronisch gehandelte Güter umsatzsteuerlich zu bewerten sind, ist nur ein Beispiel für den sich erst entwickelnden institutionellen Rahmen.[6]

Vor diesem Hintergrund stellt sich die Frage, inwiefern es internationaler Regeln für die Ausgestaltung elektronischer Märkte bedarf. Insbesondere muss der Frage nachgegangen werden, ob, und wenn ja, wie ein institutionelles Umfeld geschaffen werden kann, dass es allen Anbietern von E-Commerce ermöglicht, einen ungehinderten und freien Marktzutritt zu erlangen.

3. Wettbewerbspolitische Bedeutung des elektronischen Handels

Grundsätzlich lassen sich im Zusammenhang mit dem auf elektronischen Märkten stattfindenden Handel zwei gegenläufige Thesen aufstellen. Elektronische Märkte könnten entweder den Spielraum für wettbewerbswidriges Verhalten senken oder aber erhöhen.

a) Mögliche Auswirkungen elektronischer Märkte auf den Wettbewerb

Verfechter der These, dass die Möglichkeiten für wettbewerbswidriges Verhalten durch elektronischen Handel sinken, argumentieren wie folgt: Die offenen und interoperablen Standards des Internets begrenzen marktbeherrschende Stellungen, sofern das Internet an jedem Ort der Welt verfügbar gemacht werden kann. Damit eröffnen sich Möglichkeiten, den elektronischen

---

[6] Für ausführliche Betrachtungen steuerlicher Aspekte bei elektronischem Handel siehe auch Bleuel/Stewen (1998), Fischer/Strunk (1998), Uetscher (1999), Varian (2000) sowie SVR (2000, Tz. 376ff.).

Markt weltweit auszudehnen. Unternehmen sind dann dem globalen Wettbewerb ausgesetzt. Dies gilt besonders für den Preisvergleich. Durch spezielle „Preisagenten" können Konsumenten Preisvergleiche automatisiert abwickeln lassen und dann die preisgünstigste Variante auswählen. Dadurch lassen sich Suchkosten reduzieren, und der Informationsfluss im Internet wird erhöht. Die Macht von Unternehmen, an höheren Preisen festzuhalten, wird erschwert (Coppel, 2000, S. 17).

Dabei ist zu berücksichtigen, dass nicht nur elektronische Handelsunternehmen miteinander in Konkurrenz stehen, sondern auch unmittelbare Auswirkungen auf die Gestaltung des stationären Handels zu erwarten sind. So kann das deutsche Ladenschlussgesetz oder auch die rechtliche Regelung zur Buchpreisbindung als eine relative Benachteiligung des stationären Handels begriffen werden. Es ist nicht auszuschließen, dass diese Regelungen zügig fallen werden, und sich so die Wettbewerbsintensität erhöht. Dadurch, dass ein potenzieller neuer Anbieter die Option hätte, sein Geschäft vierundzwanzig Stunden zu öffnen, würden beispielsweise Marktzutrittsschranken abgeschafft. Auch eine restriktive Arbeitsmarktordnung, die in ganz besonderer Art und Weise Marktzutrittsschranken und Marktaustrittsschranken begründet, wird sich langfristig wahrscheinlich nicht aufrechterhalten lassen. Zu einfach lassen sich Leistungen des Produktionsfaktors Arbeit durch Einsatz elektronischer Netzwerke raumunabhängig anbieten.[7]

Die Gegenthese, derzufolge es auf elektronischen Märkten Spielraum für wettbewerbswidriges Verhalten gibt, begründet sich so: Bei digitalisierbaren Gütern ist von einer speziellen Kostenstruktur auszugehen. Nach der Herstellung des ersten Exemplars (zum Beispiel eines elektronischen Buches, Softwareprogramms oder Musikstücks) konvergieren die Kosten für die Produktion jedes weiteren Gutes gegen Null. Der Grund für die sich daher einstellenden steigenden Skalenerträge lässt sich ökonomisch betrachtet aus der Nicht-Rivalität im Konsum ableiten. Ein hergestelltes Bit wird trotz

---

[7] Zur Auswirkung von Telearbeit auf die Arbeitsmarktordnung siehe auch Mai (2000b).

Weitergabe behalten. Ein Unternehmen, welches digitalisierbare Güter auf elektronischen Märkten anbieten möchte, versucht diese zu einem Preis anzubieten, mit dem sich eine möglichst schnelle Marktdurchdringung erzielen lässt. Nicht ungewöhnlich ist daher die Strategie des „Follow the Free" (Zerdick et al., 1999, S. 16).

In einem ersten Schritt wird durch die kostenlose Ausgabe des Produktes eine Masse von Nutzern generiert. Erlöse ergeben sich im zweiten Schritt durch Produktdifferenzierungen und Preisdifferenzierungen. Die Gefahr für wettbewerbswidriges Verhalten auf elektronischen Märkten mag nun daraus resultieren, dass Unternehmen, die aufgrund der Größe ihrer bisherigen Produktion/Entwicklung bereits jene Skalenerträge realisieren, Preisforderungen potenzieller Konkurrenten stets unterbieten können. Letztlich wäre auch eine Verdrängung realer Konkurrenten vom Markt denkbar (Coppel, 2000, S. 16).

Neben steigenden Skalenerträgen zeichnen sich digitalisierbare Güter häufig durch positive Netzwerkexternalitäten aus. Es besteht nicht nur keine Rivalität im Konsum, sondern im Gegenteil erhöht jeder zusätzliche Nutzer eines Netzes den Wert des Netzes für alle anderen Nutzer (Shapiro/Varian, 1999, S. 13).[8] Damit ist der Anreiz für Unternehmen verbunden, ihre Kundenbasis so schnell wie möglich auszubauen, um so einen Standard zu etablieren (etwa in der Sicherheit von Zahlungsabwicklungen). Die grundsätzliche Gefahr besteht darin, dass ein sich später herausbildender, verbesserter Standard sich gegen ein etabliertes System nicht durchsetzen kann.

Die Frage, ob sich aus den dargestellten Eigenschaften digitalisierbarer Güter für den Wettbewerb tatsächlich Gefahren ergeben oder aber ob - der ersten These folgend - die Auswirkungen elektronischen Handels ausschließlich wettbewerbsfördernd sind, wird in Abschnitt 4 aufgegriffen.

---

[8] Gemäß des Metcalfeschen Gesetzes – Bob Metcalfe, Erfinder des Ethernet (Heilmann, 2000) – entwickelt sich der Wert eines Netzwerks proportional zum Quadrat der Personen, die es benutzen [V=n(n-1); mit V als Wert des Netzwerks, n als Anzahl der Nutzer] (Hutter, 2000, S. 1661).

Leitend für diese Analyse werden Überlegungen und Implikationen der Theorie bestreitbarer Märkte sein.

b) Theorie bestreitbarer Märkte als wettbewerbspolitisches Leitbild

Die Begründung und Sicherstellung von Wettbewerb hat sich an einem Leitbild zu orientieren.[9] Inwieweit sich aus der Theorie bestreitbarer Märkte (Baumol et al., 1988) ein solches, für die Analyse der Auswirkungen des elektronischen Handels auf den Wettbewerb hilfreiches Leitbild ableiten lässt, ist Gegenstand dieses Abschnitts. Es wird weniger darum gehen, das Modell in seiner ganzen Komplexität aufzuzeigen. Nach einer kurzen Darstellung der Kerngedanken werden vielmehr die Annahmen des zugrundeliegenden Modells näher analysiert.

Kern der Theorie bestreitbarer Märkte ist, dass eine Disziplinierung etablierter Anbieter nicht nur durch bereits am Markt aktive Wettbewerber, sondern auch durch die Gefahr eines Marktzutritts potenzieller Konkurrenten erreicht wird. Im Gegensatz zu anderen wettbewerbspolitischen Leitbildern wird somit keine Aussage über die anzustrebende Marktstruktur getroffen.[10] Es wird angenommen, dass es nicht nur auf polypolistischen, sondern auch auf oligopolistischen und selbst monopolistischen Märkten unter gewissen Annahmen zu einer Preisbildung wie im Modell vollständiger Konkurrenz kommen kann.[11] Ein Markt vollkommener Konkurrenz wäre damit nur ein Spezialfall eines vollkommen bestreitbaren Marktes (Baumol, 1982, S. 4; Baumol/Lee, 1991, S. 2; Baumol/Willig, 1986, S. 11).

---

[9] Auf Basis eines Referenzmodells beinhaltet ein Leitbild nach Schmidt (1996, S. 2) einen geschlossenen und in sich widerspruchsfreien Zusammenhang von wettbewerbspolitischen Zielen sowie zielkonformen Instrumenten und Trägern der Wettbewerbspolitik.

[10] Zu nennen ist hier etwa das Leitbild der optimalen Wettbewerbsintensität nach Kantzenbach (1967) oder die dynamische Theorie des funktionsfähigen Wettbewerbs nach Clark (1940).

[11] Dort gilt bekanntlich das Kalkül Preis = Grenzkosten = Durchschnittskosten.

Entsprechend bedarf es nicht des Erzwingens einer exogen zu gewährleistenden Marktform, wie dies als Folge anderer wettbewerbspolitischer Referenzmodelle abgeleitet wird, sondern ein endogenes Herausbilden von Marktstrukturen wird anerkannt. Dies erscheint im Lichte der Realität sinnvoll, da – unter Bezugnahme auf das Modell vollständiger Konkurrenz – nicht auf allen Märkten die Produktion von einer großen Zahl von Anbietern zu einer Pareto-Optimalität führt. Folgende Annahmen werden im Modell von Baumol getroffen:

1. Der Marktzutritt ist kostenlos (Baumol et al., 1988, S. 5). Dem Neueintretenden entstehen dabei keine Kosten, die nicht auch der etablierte Anbieter zu tragen hätte.[12] Dementsprechend sieht sich der Neueintretende weder Nachteilen im Bereich der verfügbaren Technologie und der Produktqualität gegenüber, noch muss er sich teurer finanzieren. Es wird ferner von vollkommener Markttransparenz ausgegangen.

2. Da die Entscheidung für einen tatsächlichen Markteintritt eines potenziellen Konkurrenten durch mögliche Kosten des Marktaustritts beeinflusst wird, werden weiterhin Marktaustrittskosten von Null angenommen. Es entstehen ausschließlich Kosten, die sich aufgrund normaler Abnutzung von Produktionsfaktoren einstellen.

3. Auch im Fall von Mehrproduktunternehmen und den damit einhergehenden Synergieeffekten durch Kuppelproduktion ist der eigentlich betrachtete Markt vollkommen abgrenzbar. Auf diesem werden nur homogene Güter gehandelt. Externe Effekte treten bei der Produktion von Waren und Dienstleistungen annahmegemäß ebenfalls nicht auf.

4. Damit potenzielle Konkurrenz ein ausreichendes Drohpotential für etablierte Anbieter darstellen kann, wird zusätzlich angenommen, dass der möglicherweise Neueintretende davon ausgeht, dass die auf dem Markt

---

[12] Die theoretische Auseinandersetzung mit möglichen Kosten leitet Abschnitt 4 ein. Vorweggenommen sei nur an dieser Stelle bereits, dass den sogenannten sunk costs eine besondere Bedeutung für die Beurteilung der Bestreitbarkeit von Märkten zukommen wird (Baumol et al., 1988, S. 7).

herrschenden Preise auch nach einem tatsächlich erfolgenden Markteintritt unverändert bleiben. Aufgrund der weiterhin unterstellten Hypothese, dass die Nachfrager unmittelbar die Preissenkung registrieren, gelingt dem Neueintretenden die Abschöpfung des gesamten Marktes. Das Verfolgen der sog. „Hit-and-Run"-Strategie wird somit möglich.

Sind alle diese Annahmen erfüllt, ergibt sich im Sinne von Baumol ein perfekt bestreitbarer Markt. Ist das sich einstellende Gleichgewicht stabil, das heißt kein etablierter Anbieter steht vor dem Ausscheiden und kein potenzieller neuer Anbieter hat Anreize, eine „Hit-and-Run"-Strategie zu verfolgen, so bedarf es keiner wettbewerbspolitischen Eingriffe. Würde es sich also bei dem Markt für elektronische Handelstransaktionen um einen solchen bestreitbaren Markt handeln, sind jegliche Eingriffe von wettbewerbspolitischer Seite zu verwerfen.

Ergeben sich aus der theoretischen Analyse der kostenminimierenden Industriestruktur in der Realität Abweichungen, so lässt sich hieraus ein geringerer Grad an Bestreitbarkeit ableiten. Die Wettbewerbspolitik hat in einer Situation eines „almost contestable market" die Aufgabe, nach erfolgter Kosten-Nutzen-Analyse unter verschiedenen Eingriffsstrategien die am besten geeignete Maßnahme zu einer Beseitigung der Hindernisse von Bestreitbarkeit zu ergreifen. Für Baumol et al. ist damit ein neues Zeitalter im Bereich der Wettbewerbstheorie und Wettbewerbspolitik angebrochen: „We offer the concept of perfectly contestable markets as a new widely applicable benchmark that both encompasses and transcends the concept of perfectly competetitive markets" (Baumol et al., 1988, S. 13).[13]

Verschiedene, für die modelltheoretische Entwicklung des Modells wichtigen Annahmen erscheinen für die hier durchzuführende Analyse des E-Commerce von untergeordneter Bedeutung. So kann die Vorstellung, ein Neueintretender müsse notwendigerweise den ganzen Markt abschöpfen, aufgeho-

---

[13] Für eine nähere und auch kritische Auseinandersetzung mit der Theorie bestreitbarer Märkte siehe Paech (1998), Schmidt (1996), Holler (1990), Wieandt/Wiese (1993) sowie Fehl (1985).

ben werden. Eine eingeschränkte Reaktionshypothese ist wesentlich realitätsnäher, da ein Neueintretender im Normalfall durchaus eine Möglichkeit hat, längerfristige Verträge mit seinen Kunden abzuschließen (Fredebeul-Krein, 2000, S. 22). Interessant erscheint auch die Auseinandersetzung mit der Forderung nach der Homogenität der Güter und dem Zugang zu gleicher Technologie. Freytag (1998, S. 277) ist in diesem Zusammenhang zuzustimmen, wenn er von der Aufgabe dieser Annahmen einen noch höheren Grad an Bestreitbarkeit ableitet. Vom Substitutionscharakter ähnlicher Güter ist eine stärkere Disziplinierung in der Preissetzung der Ausgangsprodukte zu erwarten. Die Aufgabe der Forderung nach gleicher Technologie akzentuiert die dynamischen Funktionen des Wettbewerbs. Das Leitbild bestreitbarer Märkte werde so, wie Freytag (1998, S. 276) schreibt, auf wettbewerbsfreundliche Weise mit den älteren Konzepten von Schumpeter und von Hayek verbunden. Relevant bleiben folglich nur noch die nähere Analyse der tatsächlich existierenden Markzutrittsschranken und Marktaustrittsschranken.

4. Friktionsfreier Marktzugang im Elektronischen Handel?

Die Analyse der Annahmen des Leitbilds bestreitbarer Märkte im vorangegangenen Abschnitt ergab, dass es zur Bestimmung der Bestreitbarkeit elektronischer Märkte genügt, die jeweiligen Marktzutrittsschranken und Marktaustrittsschranken zu spezifizieren. Es erscheint sogar legitim, Überlegungen zu Marktaustrittsschranken im Rahmen der Analyse von Marktzutrittsschranken anzustellen, da gemäß der zweiten Annahme der Theorie bestreitbarer Märkte eine Entscheidung für einen tatsächlichen Markteintritt eines potenziellen Konkurrenten durch mögliche Kosten des Marktaustritts beeinflusst ist.[14]

---

14 Marktaustrittsschranken bestehen nach Schmidt/Engelke (1989) dann, wenn die Kapitalgüter, die ein nach Gewinnmaximierung strebendes Unternehmen auf dem speziellen Markt benötigt, sich im Produktionsprozess nicht nur nicht amortisieren lassen, sondern ferner sich der bei Marktaustritt bestehende Gegenwartswert durch Liquidation oder Alternativverwendung nicht mehr erzielen lässt. Sogenannte ver-

Eine Marktzutrittsschranke wird in Anlehnung an Bain (1956) als Differenz zwischen minimalen Durchschnittskosten des etablierten Anbieters und dessen maximal zu erzielendem Preis verstanden, bis zu dem ein neuer Anbieter von einem Markteintritt abgehalten wird. Gründe für diesen Preissetzungsspielraum können sowohl struktureller als auch strategischer Natur sein. Im ersten Fall trifft das auf einem Markt tätige Unternehmen Entscheidungen, die es auch ohne den Druck potenzieller Konkurrenten getroffen hätte. Absolute Kostenvorteile, Betriebsgrößenvorteile oder Produktdifferenzierungsvorteile können Ursache dafür sein, dass ein potenzieller Konkurrent einen Marktzutritt als nicht lohnend empfindet. Strategische Marktzutrittsschranken hingegen liegen dann vor, wenn ein im Markt etabliertes Unternehmen Entscheidungen bewusst deshalb trifft, um potenzielle Konkurrenten vom Markteintritt abzuhalten.[15] Relevant ist ferner, dass nicht nur das am Markt etablierte Unternehmen bewusst oder unbewusst Marktzutrittsschranken setzt, sondern es gleichermaßen von staatlichem Eingreifen profitieren kann. Insofern muss es

---

sunkene Kosten (sunk costs) – Differenz von Opportunitätskosten der gebundenen Ressourcen und dem bei Marktaustritt zu erzielenden Gegenwartswert der erwarteten Gewinne – entstehen. Es wird unmittelbar deutlich, dass je nach zugrundegelegter Zeitspanne und Liquidationserlös sich unterschiedliche sunk costs ermitteln lassen. Ferner erhöhen möglicherweise auch staatliche Vorgaben, wie beispielsweise zu erstellende Sozialpläne, bei Marktaustritt die sunk costs. Von diesen strukturellen Marktaustrittsschranken sind strategische Marktaustrittsschranken zu unterscheiden. So ist denkbar, dass auch bei negativer Profitrate ein Unternehmen beispielsweise aus Imagegründen meint, auf einem Markt vertreten bleiben zu müssen (Schmidt/Engelke, 1989, S. 400).

[15] Eine strategische Marktzutrittsschranke kann seitens eines etablierten Anbieters beispielsweise durch das Verfolgen einer Limitpreisstrategie, dem Verfolgen einer Preisdifferenzierungsstrategie oder dem Aufbau von Reservekapazitäten gesetzt werden. Im ersten Fall senkt der etablierte Anbieter bei Aufrechterhaltung der Angebotsmenge den Preis so weit, bis für potenziellen Konkurrenten der Markteintritt nicht kostendeckend möglich ist. Im zweiten Fall weitet das etablierte Unternehmen seine Produktpalette wesentlich deshalb aus, um bis dato existierende und für potentielle Konkurrenten interessante Marktnischen zu schließen. Vorhandene respektive schnell aufbaubare Reservekapazitäten erlauben es dem etablierten Anbieter zum einen, schnell auf zusätzlich entstehende Nachfrage zu reagieren, zum anderen kann eine höhere, auf dem Markt verfügbare Produktionsmenge den Preis soweit senken, dass auch über diesen Weg potentielle Konkurrenz vom Markteintritt abgeschreckt wird (Scherer, 1970, S. 216ff.; Schmidt/Engelke, 1989, S. 400). Diese Limitpreisstrategie bezeichnet Dixit (1980) auch als Abschreckungsstrategie. Für einen Überblick strategischer Marktzutrittsschranken siehe auch Tirole (1988, Kapitel 8).

Elektronischer Handel im Lichte der Bestreitbarkeit von Märkten 65

Teil dieser Arbeit sein, für den Bereich des E-Commerce auch staatliche Regelungen daraufhin zu untersuchen, ob sie den Marktzugang – damit implizit wie erwähnt auch immer den Marktaustritt – beschränken. Bevor nun in den folgenden Abschnitten die privaten Marktzutrittsschranken (4.b) und die staatlichen Marktzutrittsschranken (4.c) im elektronischen Handel analysiert werden, erscheint es sinnvoll, in Abschnitt 4.a) auf die besondere Bedeutung von Standards hinzuweisen.

a) Die Rolle von Standards

Bei der Behandlung von Wettbewerbsfragen im Bereich des E-Commerce genügt es nicht, nur den eigentlichen elektronischen Handel zu untersuchen. Vielmehr ist in einem ersten Schritt zu fragen, welche Grundvoraussetzungen gegeben sein müssen, damit die positiven Wohlfahrtseffekte nicht nur des elektronischen Handels, sondern ganz allgemein des Austauschs von Daten gelingt.[16] So leuchtet es unmittelbar ein, dass die Standardisierung der Datenübertragung in Form des Internet-Protokolls eine ganz zentrale Voraussetzung für die Entwicklung des Internets darstellt (Beck/Prinz, 1999, S. 38). Gäbe es hier unterschiedliche Standards, so würden möglicherweise die versandten Daten nicht mehr auf Seiten des Empfängers entschlüsselbar sein. Ähnlich ist zu argumentieren, wenn es um Anwendungssoftware, betriebliche Software oder E-Commerce-Software geht.[17] In all diesen Fällen bemisst sich der Wert dieser Güter nach anderen Regeln als dies bei materiellen Gütern der Fall ist. Während bei letzteren ein direkter Zusammenhang zwischen Seltenheit und Wert besteht, ist bei Standards genau das Umgekehrte der Fall. Wie schon in Abschnitt 3.a) angesprochen, zeichnen sich Standards als besonderer Fall einer

---

[16] Die Entwicklung der Informationstechnologie und Kommunikationstechnologie kann als eine alle betrieblichen Funktionen durchdringende Querschnittstechnologie gesehen werden. In einem ersten Schritt war ein Computer im wesentlichen eine programmierbare Maschine. Nun stellt es ein Medium dar, mit Hilfe dessen Menschen zusammenwirken (Klotz, 1999, S. 12; siehe auch SVR, 2000, Tz. 205ff.; Zerdick et al., 1999, S. 15).

[17] Unter E-Commerce-Software sind Programme zu verstehen, die beispielsweise elektronische Signaturen ermöglichen, Zahlungsvorgänge direkt abwickeln oder auch Zugänge zu bestimmten virtuellen Marktplätzen ermöglichen.

digitalisierten Ware oder einer digitalisierten Dienstleistung durch positive Netzwerkexternalitäten aus. Der Wert nimmt zu, je mehr Menschen das Produkt nutzen. Je schneller es folglich einem Anbieter gelingt, sein Produkt am Markt als Standard zu etablieren, desto eher mag es ihm möglich werden, in einem zweiten Schritt durch Produkt- und Preisdifferenzierung Erlöse zu generieren.[18]

Wie am Beispiel der Softwareindustrie vielfach untersucht, bilden sich auf Märkten, auf denen Güter mit Netzwerkeffekten gehandelt werden, fast zwangsläufig monopolistische Strukturen heraus (Gröhn, 1999; SVR 2000, Tz. 223ff.). Nach klassischen Wettbewerbskonzepten würde die Analyse der Marktstruktur ein wettbewerbspolitisches Eingreifen zwingend erforderlich machen. Dem Leitbild bestreitbarer Märkte zufolge besteht wettbewerbspolitischer Handlungsbedarf jedoch nur, wenn ein Markt einerseits nicht ausreichend bestreitbar ist, gleichzeitig aber durch wettbewerbspolitisches Handeln eine Verbesserung zu erzielen wäre.

Ein Argument für ein wettbewerbliches Eingreifen ist das der inferioren Standardisierung. Diese These wurde vor allem von Arthur (1985, 1989, 1994, 1996) vertreten. Farrell/Saloner (1985, 1986) sowie auch Katz/Shapiro (1986) zeigen dieses Argument formal auf. Unter bestimmten Umständen kann sich eine inferiore Technologie gegenüber anderen Alternativen durchsetzten. Diese Situation bezeichnet man als Lock-In.[19]

---

[18] Zu denken ist hier an die bereits angesprochene Strategie des „Follow the Free". Eine anschauliche Anekdote liefern Beck/Prinz (1999, S. 58). So hätte Sun Microsystems als einer der ersten Anbieter einen voll funktionsfähigen Browser entwickelt. Da das Unternehmen aber den entscheidenden Fehler gemacht habe, das Produkt in einem ersten Schritt nicht zu verschenken, habe es sich auf dem Browsermarkt nicht durchsetzen können.

[19] Als Beispiele für derartige Lock-In Effekte werden in der Literatur beispielsweise die Belegung von Schreibmaschinentastaturen oder auch die Standardisierung auf das weltweit einheitliche Video Format VHS genannt. Weitere Technologien inferiorer Art sind bestimmte Pestizide und auch Automobile (David 1985, Cowan/Gunby 1996, Cowan/Hultén 1996).
Dieser Argumentation einer Pfadabhängigkeit wiedersprechen jedoch die Arbeiten von Liebowitz/Margolis (1994, 1999). Die Autoren zeigen im Rahmen einer

Im elektronischen Handel können nun derartige Argumente ebenfalls vorgebracht werden, wenn ein wettbewerbspolitisch motivierter Eingriff erfolgen soll. Dabei wird jedoch immer wieder übersehen, dass zwar aufgrund der globalen Dimension des elektronischen Handels sowie möglicher Netzwerkeffekte und inferiorer Standardisierungen eine Koordination „von oben" einen Lösungsweg darstellt, die Koordination kann aber auch im Zuge einer Selbstregulierung durch die Akteure des Marktes erfolgen. Eine derartige Entwicklung im Sinne eines „move to the market" der Regulierung wäre insbesondere im E-Commerce wichtig.

Trotz der Gefahr, dass sich ein inferiores Gut in einem Wettbewerb – auch zufällig - als Quasi-Norm etabliert, gibt es zur spontanen Herausbildung eines Standards aus zwei wesentlichen Gründen keine Alternative. Zum Einen entstünde durch die staatliche Normung ein Monopol für das Produkt eines Anbieters. Während ein sich spontan herausgebildeter Standard stets durch das tatsächliche Auftreten eines potenziellen Konkurrenten abgelöst werden könnte, wird bei dem „verordneten" Monopol ein Standard zementiert. Weitere technische Entwicklung wird nicht gefördert. Zum Zweiten ist zu hinterfragen, wie denn der optimale Zeitpunkt für das Setzen eines Standards bestimmt werden kann. Bei einer zu frühen Regulierung würde die Herausbildung eines vermeintlich besseren Standards gestoppt. Eine zu späte Regulierung wird formal nur den Standard bestätigen, der sich am Markt zu diesem Zeitpunkt bereits als Quasi-Standard etabliert hat (Beck/Prinz 1999, S. 38ff.)

Wettbewerbspolitisches Eingreifen ist damit ex ante grundsätzlich abzulehnen. Dies heißt jedoch nicht, dass Kartellämter die Märkte nicht beobachten sollten. So besteht natürlich die Gefahr, dass Monopolisten nicht nur die Verbesserung ihres eigenen Produktes im Sinn haben, sondern gleichfalls versuchen werden, potenzielle Konkurrenten unter Kontrolle zu bringen. Schützenhilfe mögen diese zudem durch Finanziers bekommen, die angesichts der übermächtig erscheinenden Konkurrenz nicht gewillt sind, junge Start-Ups

---

detaillierten Analyse, dass die vermeintliche technische Überlegenheiten der verdrängten Systeme keineswegs eindeutig ist (Klodt, 2001).

zu finanzieren. Wie jüngst der Fall Microsoft gezeigt hat, besteht zudem dann eine besondere Brisanz, wenn ein Unternehmen, das auf einem Markt über eine Monopolstellung verfügt, diese dazu nutzt, auch einen Komplementärmarkt mehrheitlich zu bedienen.[20] Ex post kann damit also sehr wohl wettbewerbspolitischer Handlungsbedarf bestehen.

Natürlich sind mit der Vormachtstellung am Markt absolute Kostenvorteile verbunden. Wie Anfang des Abschnitts erwähnt, liegt damit bei Standards in der Regel eine strukturelle, private Marktzutrittsschranke vor. Die weitere Analyse aber verdeutlichte, dass staatliche Eingriffe ex ante keine stärkere Bestreitbarkeit des Marktes zu generieren vermag. Im Gegenteil, sind mit einheitlichen Standards positive Netzwerkexternalitäten verbunden, so haben sie einen wesentlichen Anteil daran, dass elektronischer Handel überhaupt erst möglich wird. Es steht daher zu vermuten, dass auch in Zukunft sich durchsetzende Standards die wesentliche Vorbedingung dafür sind, dass Transaktionskosten sinken können, der Wettbewerb durch eine höhere Markttransparenz zunimmt, und sich damit einhergehend die Konsumentensouveränität erhöht. Eine Faustregel zur Beobachtung des Wettbewerbs und für etwaiges Eingreifen formuliert Shapiro (1999, S. 6) wie folgt: „Be wary of branding a company as dominant for antitrust purposes if it recently gained a leading position, but look seriously at barriers to entry if you observe a company that has held a dominant position for several years or more."

b) Private Marktzutrittsschranken

Wie bereits in Abschnitt 2 definiert, wird unter dem Begriff E-Commerce im engeren Sinne der Handel zwischen Unternehmen und Endkonsumenten (BTC) sowie der Handel zwischen Unternehmen (BTB) verstanden. Trotz verschiedener Überlagerungen zwischen den beiden Bereichen orientiert sich die Analyse der Marktzutrittsschranken im folgenden genau an dieser Zweiteilung. Interdependenzen bestehen aber nicht nur zwischen BTB und BTC. Zur Ana-

---

[20] Für eine weitere Analyse des Prozesses gegen Microsoft siehe auch SVR (2000, Tz. 232ff.)

lyse der Entwicklung von Marktzutrittsschranken im Zeitverlauf sind stets der gesamte Markt und damit auch die Auswirkungen auf und die Rückwirkungen vom traditionellen, stationären Handel zu berücksichtigen.

i) *Der Business-to-Consumer-Handel*

Noch im vergangenen Jahr waren euphorische Erwartungen mit der Entwicklung des BTC verbunden. Traditioneller, stationärer Handel schien durch elektronischen Handel substituierbar. Wesentliches Kriterium für nachhaltigen Erfolg wurde in einer möglichst schnellen Marktdurchdringung gesehen. Gemäß des plakativen Slogans „Die Schnellen fressen die Langsamen" stellten sowohl Risikokapitalgesellschaften als auch Börsen ausreichend Eigenkapital und nachrangiges Fremdkapital zur Unternehmensfinanzierung zur Verfügung. Je höher die sogenannte „Cash-Burn-Rate", als die Geschwindigkeit, mit der aufgenommenes Kapital ausgegeben wurde, sinkt, umso erwiesener schien die geglückte Etablierung des Markennamens (Wirtz, 2000). Erst mit der Zeit wurde deutlich, dass ein Erfolg versprechendes Unternehmenskonzept nicht nur im Freischalten einer Internet-Homepage bestand, sondern dass es um das Schaffen eines Mehrwertes durch den Einsatz dieser neuen Technologie ging. „The risk of getting amazoned", ein Zitat, das selbst von Picot (1999, S. 5) noch angeführt wird, ist im BTC-Bereich weit geringer als ehemals vermutet. Nur in sehr ausgewählten Fällen wird es unserer Meinung nach einem jungen Konkurrenten gelingen, einen gänzlich neuen Markt oder Vertriebsweg dergestalt zu besetzen, dass etablierte Anbieter es schwer haben zu folgen.[21] Es gilt daher zu fragen, was eigentlich das Neue am BTC ist.

---

[21] Auch die jüngste Entwicklung der relevanten Wertpapiere an den Aktienmärkten scheint für eine solche realistischere Einschätzung zu sprechen. Binnen Jahresfrist sind die Unternehmen des Bereichs „Internetkommerz" (www.onvista.de) teilweise im Wert um 99vH gefallen. Auf einer 42-Wochen-Basis sind die Kurse am 17.01.01 um durchschnittlich 79vH gefallen. Wesentliche Internetwerte-Holdings wie CMGI, Softbank oder United Internet sind seit Februar/März 2000 um 95vH, 92vH respektive 91vH eingebrochen. Auf die Gefahr einer damit einhergehenden Verknappung der Finanzierung und einer implizit daraus resultierenden Marktzutrittsschranke gehen wir in der Folge jedoch nicht mehr ein. Unserer weiteren Argumentation folgend wollen wir es bei der These belassen, dass Unternehmen, die tatsächlich

Durch die Entwicklung der Informationstechnologie und Kommunikationstechnologie ist ein neuer Vertriebsweg entstanden. Es ist nun möglich, Daten von den bislang notwendigen Speichermedien zu entkoppeln, und den Vertriebsweg „Internet" zu nutzen. Zweifelsohne hat dies beispielsweise Auswirkungen auf die Dichte von Musikläden, Videotheken, Softwaregeschäften oder auch Buchläden. Ganze Branchen, wie beispielsweise Studios für die Photoentwicklung, könnten in diesem Zuge obsolet werden. Unter der Voraussetzung, dass die Eigentumsrechte der Diensteanbieter gesichert werden können, ist es tatsächlich bei digitalisierbaren Produkten denkbar, dass der Vertriebsweg Internet den Vertriebsweg stationärer Handel substituiert. Aufgrund sinkender Transaktionskosten und auch aufgrund einer um einzelne Handelsstufen verringerten Wertschöpfungskette ist zu erwarten, dass die Preise für die Konsumenten sinken. Am Beispiel des Musikvertriebs zeigt sich zudem, dass der Konsument ganz seinen individuellen Wünschen entsprechend Musiktitel zusammenstellen kann. Als Ergebnis steigt neben der Konsumentensouveranität auch die Produktvielfalt.[22] Ähnliches ist im Buchvertrieb zu erwarten. Titel, die aufgrund einer zu geringen Nachfrage in der Vergangenheit nie gedruckt worden wären, sind nun entweder als e-book erhältlich oder können auf Anfrage gedruckt werden.[23] Dennoch ist wichtig zu betonen, dass prinzipiell keine vollkommen neuen Marktteilnehmer auftreten werden. Etablierte Unternehmen, die über die Inhalte verfügen, sind und bleiben die wesentlichen Marktakteure, sofern sie die neue Strategie des E-Commerce in ihr Unternehmen implementieren. In ganz ähnlicher Form gilt dies auch für

---

durch ihre Geschäftsidee einen Mehrwert schaffen, auch Wagniskapital werden einwerben können.

22 Varian (1999) analysiert die Möglichkeiten für Unternehmen, sich im Wettbewerb im elektronischen Handel zu behaupten. Alleine elf unterschiedliche Arten des „Versioning" geben einen Eindruck der steigenden Produktvielfalt. Ebenso im Interesse des Kunden ist es unter Umständen, sich ganz unmittelbar an der Entwicklung und Verbesserung von Produkten beteiligen zu können. Die schwindende Trennung von Konsumenten und Produzenten bezeichnet Hutter (2000, S. 1663) als Strategie des „Open Source".

23 Klotz (1999, S. 5) spricht bereits vom Ende der Massenproduktion. Die Mechanisierung habe sie eingeleitet, die Informationisierung läute deren Ende ein.

tangible Dienstleistungen. Über ein Internet-Reisebüro kann der Konsument unter Ausschaltung eines stationären Reisebüros wohl eine Flugreise buchen, die konkrete Erbringung der Dienstleistungen Flug von A nach B, Hotel X für y Nächte muss physisch immer noch erbracht werden.

Damit bleibt festzuhalten, dass bei tangiblen Dientleistungen sowie digitalisierbaren Waren nicht damit zu rechnen ist, dass potenzielle Konkurrenten die Möglichkeit des Verfolgens einer „Hit-and-Run"-Strategie (Abschnitt 3) haben. Marktzutrittskosten bestehen nach wie vor darin, dass Inhalte oder Dienstleistungen erworben oder erstellt werden müssen. Dennoch – und dies gilt in ähnlicher Weise für die bislang noch nicht angesprochenen materiellen Waren – erhöht sich auf BTC-Märkten durch den Einsatz des Internets der Wettbewerb. Die Preissetzungsdisziplinierung geschieht aber nur zum Teil durch die Gefahr des Auftretens externer potenzieller Konkurrenz.

Mindestens ähnlich wichtig scheint aus wettbewerblicher Sicht die durch den Einsatz des Internets induzierte verstärkte Konkurrenz zwischen den bereits am Markt Etablierten. Folgende Tendenzen sind hier zu beobachten:

- *Steigende Markttransparenz*

Durch den Einsatz bestimmter Suchmaschinen sinken die Suchkosten deutlich. Der billigere Konkurrent ist im wahrsten Sinne des Wortes nur einen „Klick" entfernt.

- *Steigende Macht der Nachfrager*

Das Internet ermöglicht nicht nur das Poolen von Nachfrage, sondern auch den Austausch und die Verbreitung von Informationen. „If you have an unhappy customer on the Internet," wird Jeff Bezos, Präsident von Amazon, zitiert (Sterne, 1996, S. XXI), „he doesn't tell his six friends, he tells his 6000 friends."

- Fungibilität von Gebrauchtgütern steigt

Tauschbörsen wie ricardo oder ebay erleichtern den Austausch von Gütern zwischen Konsumenten im CTC. Dies hat auch Auswirkungen auf den BTC-

Handel. Konsumenten stellen hier in ihrer Eigenschaft als temporärer Verkäufer eine Konkurrenz zu etablierten Unternehmen dar.

Diese auszumachenden Entwicklungstendenzen sind gleichbedeutend mit einer de facto steigenden Homogenität der Güter. Gemessen am Ausgangszustand ist somit eine Verstärkung des Wettbewerbs durch einen höheren Grad an Bestreitbarkeit zu konstatieren. Wir begreifen die Entwicklungen in der Informationstechnologie und Kommunikationstechnologie als externen Schock, der ganz neue Möglichkeiten im Wettbewerb zwischen bereits etablierten und auch neuen Unternehmen ermöglicht. In vorher oligopolistisch strukturierten Märkten führt unter gewissen Voraussetzungen[24] die gestiegene Markttransparenz, die steigende Macht der Nachfrager und die sich erhöhende Fungibilität von privat zu veräußernden Gütern zu einer Preisdisziplinierung.[25] Damit wird das Ziel eines gesteigerten Wettbewerbs ebenso erreicht.

Der in Abschnitt 2.b) gelieferten Kategorisierung der Güter folgend, sind abschließend die zu erwartenden Wettbewerbswirkungen auf den Märkten digitalisierter Dienstleistungen zu betrachten. Im Gegensatz zu den Märkten, auf denen Waren und tangible Dienstleistungen gehandelt werden, ist nun ein verstärkter Wettbewerb nicht nur zwischen bereits am Markt Etablierten, sondern auch zwischen Etablierten und Externen zu erwarten. Die Gefahr eines Marktzutritts potenzieller Konkurrenz existiert. Bedingt ist dies wesentlich durch folgenden Zusammenhang:

- Aufbrechen von Wertschöpfungsketten

---

[24] Es ist zu beachten, dass über sogenannte shopbots nicht nur die Kunden Preisvergleichsmöglichkeiten haben, sondern auch die Unternehmen ihre Konkurrenten zeitgleich im Blick behalten können. Dies beinhaltet die Gefahr von Absprachen.

[25] Unter dem Begriff der Preisdisziplinierung ist nicht nur der Aktionsparameter Preis gemeint. Auch eine verbesserte Qualität, eine größere Vielfalt an Produkten sowie eine sich unmittelbar an den Kundenpräferenzen orientierte Produktion ist Zeichen funktionierenden Wettbewerbs. Aufgrund der gestiegenen Möglichkeiten, auch im BTC-Handel eine direkte Vernetzung mit dem Kunden herzustellen, wird es für den Erfolg von Unternehmen wesentlich darauf ankommen, wie schnell es einem Unternehmen gelingt, die Umstellung der Organisationsabläufe weg vom „make-and-sell" hin zum „sense-and-respond" (Shaw, 2000, S. 20) zu vollziehen.

Wie oben bereits am Beispiel des Handels dargestellt, können einzelne Elemente einer Wertschöpfungskette im Zuge des E-Commerce obsolet werden. Dabei spielt es keine Rolle, ob die gesamte Wertschöpfung auf verschiedene Unternehmen aufgeteilt ist oder aber von einem Unternehmen abgebildet wird. Grundsätzlich gilt, dass jedes einzelne Element einer Wertschöpfungskette der Konkurrenz ausgesetzt sein kann. Ein gutes Beispiel sind hier die Direktbanken. Ursprünglich fand bei den stationären Banken eine Quersubventionierung zwischen Wertpapiertransaktion und Beratung statt. Direktbanken verzichten nun auf das Element Beratung und können so das Wertschöpfungskettenglied Wertpapiertransaktion zu wesentlich günstigeren Konditionen anbieten. Die Konsequenz besteht darin, dass nun auf Seiten der stationären Banken das Erheben von Beratungsgebühren erwogen wird.

Dieser Punkt, stets in der Gefahr zu stehen, von externen Dienstleistern am profitabelsten Glied der eigenen Wertschöpfungskette angegriffen zu werden, ist ganz unmittelbar Ausdruck steigender potenzieller Konkurrenz. Die als Folge zu beobachtende Strategie von Unternehmen lässt sich auf folgenden Nenner bringen: „Kannibalisiere Dich selber, bevor es ein anderer tut" (Picot, 1999, S. 5). Jüngstes konkretes Beispiel hierfür ist beispielsweise im Bankenbereich die Tendenz, auch Fremdprodukte über die eigenen Filialen und Internetzugänge zu vertreiben.

ii) Der Business-to-Business–Handel

Die Überlegungen des BTC gelten bedingt auch für den Handel zwischen Unternehmen. Die Markttransparenz nimmt auch hier zu. Dies gilt insbesondere für sogenannte MRO-Güter (maintenance, repair, operations). Über die im Oktober 2000 vom Bundeskartellamt bewilligte Gründung des elektronischen Marktplatzes CC-markets – Hauptgesellschafter sind hier BASF, Degussa-Hüls, Henkel und SAP – sollen beispielsweise Pumpen, Elektroinstallationsmaterial, Packmittel, Büromaterial, Reinigungsmittel sowie verschiedene Dienstleistungen wie Gebäudereinigung gehandelt werden (Bundeskartellamt, 2000b). Aufgrund ihres indirekten Produktionsbezugs werden

MRO-Güter auch als indirekte Güter bezeichnet.[26] Mit dem Handel solcher Güter über elektronische Marktplätze werden zweierlei Ziele verfolgt. Zum einen geht es längerfristig um sinkende Einkaufskosten, zum anderen aber ist wesentliches Ziel, die Bearbeitungskosten und Durchlaufkosten zu verringern. Studien zufolge sollen Einsparpotenziale zwischen 20 und 50vH bestehen (Hepp/Schinzer, 2000, S. 1514).

In zwei Jahren, so eine Studie von Forrester Research (o.V., 2000), werden in den Vereinigten Staaten fünfzig befragte amerikanische Großunternehmen statt heute 7vH dann 64vH ihrer indirekten Güter elektronisch über Marktplätze ordern. Im gleichen Zeitraum wird die Zahl der elektronischen Marktplätze massiv sinken. Dem Wunsch der Unternehmen, sich beim Handel auf möglichst wenige Plattformen zu beschränken – 2/3 der Unternehmen wollen nur auf einem bis zwei Marktplätzen handeln (o.V., 2000) – steht ein explosionsartiger Anstieg der BTB-Marktplätze von 332 im Oktober 1999 auf 1042 im Juni 2000 gegenüber (Bundeskartellamt, 2000b, S. 7).[27]

Während indirekte Güter auf ein und demselben horizontalen Marktplatz von Unternehmen ganz unterschiedlicher Branchen nachgefragt werden könnten, ist der Handel mit direkten Gütern branchenspezifisch organisiert. Ähnlich wie beim Handel mit indirekten Gütern können auch hier die Durchlaufzeiten beim eigentlichen Bezug der Güter verringert werden. So ist beispielsweise das Warenwirtschaftssystem des Abnehmers in eine Extranet-Lösung integriert. Sinkt der Bestand eines spezifischen Gutes unter eine kritische Größe, wird unmittelbar eine Bestellung ausgelöst. Über den Handel mit eindeutig spezifizierbaren Produkten hinaus besteht die wesentliche Funktion in einer weitgehenden Vernetzung der betrieblichen Abläufe. So werde

---

[26] Die für die Analyse des Wettbewerbs im BTB übernommene Unterteilung der Güter in indirekte und direkte Waren und Dienstleistungen steht in keinem Widerspruch zu der in 2.b) eingeführten Unterteilung der Güter in jeweils tangible und digitalisierte Waren und Dienstleistungen. Es werden andere Merkmale betont. Im ersten Fall ist es deren Bezug zum konkreten Produktionsprozess, im zweiten Fall ist es deren spezifische Eigenschaft.

[27] Eine starke Konsolidierung ist demnach zu erwarten.

beispielsweise Covisint – eine BTB-Internetplattform für die Automobilindustrie – durch eine verstärkte Integration der Zulieferkette und eine verbesserte Synchronisation in der Planung eine Verkürzung der Entwicklungszeiten auf 12 bis 18 Monate ermöglichen (Bundeskartellamt, 2000a, S. 4). Es ist unmittelbar ersichtlich, dass auf vertikalen Plattformen die Geschäftsbeziehungen zum einen auf Dauer angelegt sind, zum anderen dem Einhalten der zugesagten Liefertermine eine größere Bedeutung beizumessen ist. Auch ist zu erwarten, dass ein vertikaler BTB-Marktplatz sich nur wird etablieren können, wenn er die ganz individuellen Bedürfnisse der spezifischen Branche anzusprechen vermag. Eine profunde Branchenkenntnis ist damit für die Errichtung eines vertikalen Marktplatzes in ganz anderer Art und Weise erforderlich, als dies für einen horizontalen Marktplatz der Fall ist (Hepp/Schinzer, 2000, S. 1516).

Im Einklang mit den Ergebnissen der Analyse zum Bereich BTC ist eine stärkere Markttransparenz gleichbedeutend mit einer zunehmenden Bestreitbarkeit der Märkte. Ebenso ist zu erwarten, dass das Nutzen von Synergien, die Verringerung der Durchlaufzeiten, eine verstärkte gemeinsame Entwicklung oder ganz allgemein das Nutzen sinkender Transaktionskosten unter gewissen Voraussetzungen zu Preissenkung und Produktdifferenzierung führen wird. Eine Wettbewerbspolitik hat ex ante sicherzustellen, dass diese speziellen Voraussetzungen gegeben sind. Für die Gestaltung sowohl horizontaler als auch in besonderer Weise vertikaler Marktplätze sind dabei die folgenden Leitlinien zentral:

- Die Teilnehmer müssen frei sein, andere Marktplätze ebenfalls nutzen zu dürfen.

- Für die Teilnahme an mehreren Marktplätzen sind damit Kompatibilität und offene Interface-Standards zu fordern.

- Jedem Unternehmen muss offener und diskriminierungsfreier Zugang und Austritt gewährleistet sein.

- Dabei ist ebenso eine Diskriminierung über unterschiedliche Preispolitik auszuschließen.

- Der Austausch vertraulicher Informationen zwischen Konkurrenten ist zu verhindern. Die Sicherheit der Daten muss garantiert sein.
- Die Bündelung des Einkaufs darf nicht zu übermäßiger Nachfragemacht führen.

Die Kartellamtsbeschlüsse zu Covisint als auch zu CC-markets verdeutlichen, dass die deutsche Wettbewerbsbehörde ihre Verantwortung in Bezug auf ihre ex ante Wettbewerbspolitik erfüllt (Bundeskartellamt, 2000a, 2000b).[28] So ist weder eine Ausschließlichkeit der Nutzung, eine Diskriminierung in Bezug auf Eintritt oder Austritt noch eine Preisdifferenzierung möglich. Dies geht bei Covisint beispielsweise soweit, dass die drei Hauptaktionäre DaimlerChrysler, Ford und General Motors trotz eines gemeinschaftlichen Unternehmensanteils von 81vH keine Mehrheit im Aufsichtsrat beanspruchen. So wäre explizit ausgeschlossen, dass wohl gleiche Gebühren von allen erhoben werden, der erzielte Gewinn dann aber nur den Gesellschaftern zufließt. Eine technische Marktabschottung findet ebenfalls nicht statt. Bei Covisint ist die Kompatibilität mit den Internetnetzen der europäischen und US-amerikanischen Automobilindustrie gegeben (Bundeskartellamt, 2000a, S. 16). Natürlich wird sich über kurz oder lang ein Standard im Bereich der „Software für das Betreiben elektronischer Marktplätze" durchsetzen. Wettbewerbspolitisch gelten hier die in Abschnitt 4.a) gemachten Aussagen: Ex ante besteht keinerlei Handlungsbedarf, ex post hingegen zumindest Beobachtungsbedarf. Gerade vor diesem Hintergrund ist es zu begrüßen, dass sich das Bundeskartellamt sowohl im Fall CC-markets (Bundeskartellamt, 2000b, S. 11) als auch bei Covisint (Bundeskartellamt, 2000a, S. 17) eine spätere Prüfung vorbehält. Eine Wiederaufnahme des Verfahrens mag notwendig werden, wenn Einkaufgemeinschaften bei indirekten Gütern und Dienstleistungen zu einer übermäßigen Marktmacht auf der Nachfrageseite führen sollten. Zwar soll das jeweils anzuwendende Wettbewerbsrecht beach-

---

[28] Eine Rede des Wettbewerbskommissars der Europäischen Union, Mario Monti, lässt erwarten, dass auch auf europäischer Ebene eine ähnliche Wettbewerbspolitik in der Zukunft verfolgt werden wird (Monti, 2000).

tet werden, doch prinzipiell behält sich Covisint im Einzelfall vor, dass sich ein Nutzer, „wie z.B. ein Zulieferer, seinerseits an dem Einkaufsgeschäft, das Covisint für einen Hersteller durchführt, beteiligt" (Bundeskartellamt, 2000a, S. 16). Bei CC-markets wird es eine Bündelung der Nachfrage grundsätzlich nicht geben (Bundeskartellamt, 2000b, S. 5).

Abschließend bleibt damit festzuhalten, dass im Gegensatz zu den sich herausbildenden Standards und dem BTC Handel im Bereich des BTB tatsächlich ex ante Regulierungsbedarf besteht. Die erwähnten Bundeskartellamtsentscheidungen belegen, dass diesem auch bereits entsprochen wurde. Dennoch hängt der schnelle, nachhaltige Erfolg elektronischer Marktplätze auch von der weiteren technischen Entwicklung sowie anderen Regulierungen ab. Zu Recht verzichtet – ganz auch unserer Argumentation zur Herausbildung von Standards folgend – der Gesetzgeber darauf, bestimmte Verfahren der Datensicherung vorzuschreiben. Damit sich folglich die volkswirtschaftlichen Wohlfahrtsgewinne durch Einsatz des elektronischen Handels einstellen, ist zu hoffen, dass sich im Wettbewerb ausreichende Sicherheitsstandards durchsetzen werden. Wenn vor allem im BTB-Handel mit direkten Gütern Unternehmen damit rechnen müssen, dass ihre Margen und Lieferantenketten für Konkurrenten und Kunden entweder vorsätzlich – zum Beispiel durch eine unzureichende Überwachung des Marktplatzbetreibers – oder durch mangelhafte Sicherheitsstandards entschlüsselbar sind, so würde dies die Entwicklung wesentlicher Effizienzvorteile generierender Marktsegmente behindern.

Somit ergibt sich eine neue Aufgabe für die Wirtschaftspolitik. Ziel ist es, einen institutionellen Rahmen für BTB und BTC dergestalt zu schaffen, dass im Optimalfall keinerlei Effizienzverluste im elektronischen Handel bzw. auf elektronischen Marktplätzen auftreten. Dies wird bereits auf verschiedenen internationalen Ebenen angestrebt. Zu nennen ist hier etwa die „Okinawa Charter on Global Information Society" der G7/G8. Sie ist das erste offizielle Dokument, welches die G7/G8 zur Informationsgesellschaft veröffentlichten, beinhaltet aber im wesentlichen nur Absichtserklärungen und keine bindenden

Regeln.[29] Auf Ebene der Europäischen Union existiert aber bereits eine konkrete Richtlinie über den elektronischen Geschäftsverkehr.

c) Staatliche Marktzutrittsschranken – Die EU-Richtlinie über den elektronischen Geschäftsverkehr

Das europäische Parlament und der Rat der Europäischen Union haben Anfang Mai 2000 eine Richtlinie erlassen, in der ausgewählte rechtliche Aspekte zu Diensten in der Informationsgesellschaft geregelt werden. Innerhalb von 18 Monaten ist diese „Richtlinie über den elektronischen Geschäftsverkehr" von den nationalen Parlamenten in nationales Recht umzusetzen. Es lassen sich gleichermaßen bedeutende Auswirkungen für Anbieter und Nutzer ableiten. Dabei werden die uns als am wesentlichsten erscheinenden Artikel auf ihre Relevanz für den Wettbewerb analysiert.

Leitend ist die Frage, inwiefern durch rechtliche Regelungen entweder gänzlich neue Marktzutrittsschranken errichtet werden oder aber bereits im stationären Handel existierende Barrieren auf den Bereich des E-Commerce übertragen werden.

i) Positive Wettbewerbsimpulse der EU-Richtlinie

Es ist zu erwähnen, dass die Richtlinie weder zusätzliche Regeln im Bereich des internationalen Privatrechts schafft, und sich auch nicht mit der Zuständigkeit von Gerichten oder Fragen der Besteuerung befasst. Ziel der Richtlinie ist es hingegen, den freien Verkehr von Diensten der Informationsgesellschaft zwischen einzelnen Mitgliedsstaaten der EU sicherzustellen.[30] Von wettbewerblicher Relevanz sind hier *erstens* die Regeln zur Zulassungspflicht der Diensteanbieter im elektronischen Geschäftsverkehr.[31] Strikte Normen würden

---

29 Für weitere Ausführungen zur Rolle der „Okinawa Charter on Global Information Society" bei der Regulierung im elektronischen Handel siehe Freytag/Mai (2001).

30 „Dienste der Informationsgesellschaft" sind Dienste im Sinne des Artikels 1 Nummer 2 der Richtlinie 98/34/EG in der Fassung der Richtlinie 98/48/EG.

31 „Diensteanbieter" ist jede natürliche oder juristische Person, die einen Dienst der Informationsgesellschaft anbietet.

hier implizit eine Beschränkung des Marktzutritts bedeuten. Die Richtlinie besagt jedoch, dass der Zugang zur Tätigkeit eines Anbieters von Diensten der Informationsgesellschaft (Online-Verkauf von Waren, Informationsdiensten etc.) nicht zulassungspflichtig ist und auch nicht von einer sonstigen Entscheidung oder Handlung einer Behörde abhängt [Kapitel II, Grundsätze, Abschnitt 1, Artikel 4 (1)]. Wettbewerbshinderliche Marktzutrittsschranken sind daher von der Seite der Niederlassungspflichten nicht zu erwarten.[32]

Mit dieser Dienstleistungsfreiheit gehen gleichwohl umfassende Informationspflichten einher. So müssen etwa Name und Anschrift des Diensteanbieters, dessen E-Mail-Adresse, Handelsregisternummer, Umsatzsteuernummer sowie eine Reihe weiterer Informationen für den Nutzer ständig, unmittelbar und leicht zugänglich abrufbar sein. De facto bedeutet dies, dass der Diensteanbieter jene Informationen auf seiner Webseite vorzuhalten hat [Kapitel II, Grundsätze, Abschnitt 1, Artikel 5 (1)]. Derartige Informationspflichten stellen aber unserer Ansicht nach keine Marktzutrittsschranken dar. Den Schutz des Verbrauchers stärkend, könnten sie im Gegenteil zu einer steigenden Wettbewerbsintensität führen. Überlegungen im Zusammenhang mit positiven Netzwerkeffekten haben gezeigt, dass der Nutzen für alle steigt, je mehr Akteure sich auf dem relevanten Markt befinden. Im hier vorliegenden Kontext heißt dies, dass Verbraucherschutz die Akzeptanz elektronischen Handels erhöht, was dazu führen kann, dass die Unternehmen um ein breites Spektrum an Konsumenten im Wettbewerb stehen. Dies erhöht wiederum Konsumentensouveränität und Produktvielfalt.

Darüber hinaus verpflichtet die Richtlinie die Mitgliedstaaten *zweitens*, die innerstaatlichen Rechtsvorschriften so zu gestalten, dass ein Abschluss elektronischer Verträge, wiederum unter Beachtung diverser Informationspflichten, möglich ist. Wettbewerbspolitisch ist diese Regelung sehr zu begrüßen, da sie Möglichkeiten des schnellen, unkomplizierten und doch

---

[32] Ein „niedergelassener Diensteanbieter" ist ein Anbieter, der mittels einer festen Einrichtung auf unbestimmte Zeit eine Wirtschaftstätigkeit ausübt. Das Vorhandensein

sicheren Handels ermöglicht. Sinkende Transaktionskosten werden so generiert. Auch wenn einzelne Mitgliedstaaten gewisse Arten von Verträgen, wie etwa im Bereich des Familien- und Erbrechts, ausnehmen dürfen und wenn Verträge, die schriftlich zu schließen sind, elektronisch nur unter Verwendung einer sicheren elektronischen Signatur abgeschlossen werden dürfen [Kapitel II, Abschnitt 3, Artikel 9], so bleibt die wettbewerbsintensivierende Wirkung dieser Regelung doch erhalten. Unter dem Gesichtspunkt des Verbraucherschutzes ist analog zur obigen Argumentation die Einführung der digitalen Signatur zu begrüßen. Zunehmende Rechtssicherheit führt möglicherweise zu einer erhöhten Nachfrage nach digital angebotenen Gütern und damit zu einer zunehmenden Wettbewerbsintensität. Außerdem ist positiv anzumerken, dass dadurch, dass administrativ kein konkreter Standard im Bereich der digitalen Signatur vorgeschrieben wird, sich der geeignetste im Wettbewerb durchsetzen wird (vgl. Abschnitt 4.a).

Drittens regelt die EU-Richtlinie die Frage der Providerhaftung. Danach haftet ein Provider für von ihm übermittelte Inhalte nicht, sofern er weder die Übermittlung veranlasst, die Auswahl des Adressaten der übermittelten Informationen beeinflusst noch übermittelte Informationen ausgewählt oder verändert hat. Ein etwaiger Missbrauch elektronischen Datenaustauschs – beispielsweise durch Vertreiben rechtsradikalen Gedankenguts – soll lediglich bestimmte gerichtliche und verwaltungsbehördliche Verfügungen hervorrufen. Ähnliche Regelungen sind für vorübergehende Speicherungen (sogenanntes Caching, Kapitel II, Abschnitt 4, Artikel 13) und für Host-Provider (Kapitel II, Abschnitt 4, Artikel 14) festgeschrieben. Die Mitgliedstaaten dürfen den Providern keine allgemeine Pflicht auferlegen, die von ihnen gespeicherten und übermittelten Informationen zu überwachen. Eine Möglichkeit der Verpflichtung zur Zusammenarbeit mit den zuständigen Behörden hingegen besteht (Kapitel II, Abschnitt 4, Artikel 15). Diese angebotsorientierten Regelungen sprechen damit wie die vorherigen Regelungen für das Ziel, eine

---

und die Nutzung technischer Mittel und Technologien, die zum Anbieten des Dienstes erforderlich sind, begründen allein keine Niederlassung des Anbieters.

möglichst hohe Bestreitbarkeit des elektronischen Geschäftsverkehrs zu gewährleisten. Insbesondere der Haftungsausschluss der Provider für von ihnen übermittelte Inhalte kann dazu beitragen, mehr derartige Unternehmen entstehen zu lassen, und damit die Wettbewerbsintensität zu erhöhen. Zusammenfassend lässt sich daher folgern, dass die Elemente des sogenannten „koordinierten Bereichs" den Wettbewerb fördern.[33]

ii)   Negative Wettbewerbsimpulse der EU-Richtlinie

Während die bisher aufgezeigten Regeln der Richtlinie damit gemäß des Leitbilds bestreitbarer Märkte positiv zu bewerten sind, lassen sich gleichwohl Punkte finden, die Marktzutrittsschranken generieren können. In diesem Zusammenhang sehen wir *erstens* die Überlegungen zu den reglementierten Berufen.[34] So legt Artikel 8 der Richtlinie über den elektronischen Geschäftsverkehr fest, dass die Mitgliedstaaten selber sicher stellen dürfen, dass die Verwendung kommerzieller Kommunikationen, die Bestandteile eines von einem Angehörigen eines reglementierten Berufes angebotenen Dienstes der Informationsgesellschaft sind oder einen solchen Dienst darstellen, gestattet ist, soweit die berufsrechtlichen Regeln eingehalten werden. Solche Regeln sind gedacht zur Wahrung von Unabhängigkeit, Würde und Ehre des Berufs, des Berufsgeheimnisses und eines lauteren Verhaltens gegenüber Kunden und Berufskollegen. Eine derartige Regelung kann aber nun bestimmten nationalen Verbänden die Möglichkeit eröffnen, über Lobbytätigkeiten etwa unter dem Vorwand der Wahrung der Ehre des Berufs, Regeln einzufordern, welche den

---

[33] Im „koordinierten Bereich" werden damit keine Anforderungen daran gestellt, wie die Ware als solche beschaffen zu sein hat, wie die Lieferung tangibler Waren sich gestalten muss oder wie das Erbringen tangibler Dienstleistungen zu erfolgen hat.

[34] Unter „reglementierten Berufen" sind alle Berufe im Sinne von Artikel 1 Buchstabe d der Richtlinie 89/48/EWG des Rates vom 21. Dezember 1988 über eine allgemeine Regelung zur Annerkennung der Hochschuldiplome, die eine mindestens dreijährige Berufserfahrung abschließen (Amtsblatt L 19 vom 24.1.1989, S 16) oder im Sinne von Artikel 1 Buchstabe f der Richtlinie 92/51/EWG des Rates vom 18. Juni 1992 über eine zweite allgemeine Regelung zur Annerkennung beruflicher Befähigungsnachweise in Ergänzung zur Richtlinie 89/48/EWG gefasst (Amtsblatt L 209 vom 24.7.1992, S. 25; Zuletzt geändert durch die Richtlinie 97/38/EWG der Kommission; Amtsblatt L 184 vom 12.7.1997, S. 31).

Marktzutritt neuer potenzieller Konkurrenten verhindern. Zu denken wäre hier etwa an von Jungunternehmern beizubringende Qualifizierungsnachweise in Form eines von der IHK oder anerkannten Abschlusses.

Hier gilt aber, dass unternehmerisches Denken nicht zertifizierbar ist. Möchte beispielsweise ein Studienabbrecher der Informatik ein Internetunternehmen gründen, das sich ausschließlich mit der Abwicklungen von Finanztransaktionen beschäftigt (E-Banking), so wird ihm dies aufgrund des gegenwärtigen institutionellen Rahmens in Deutschland nicht möglich sein. Die Richtlinie über den elektronischen Geschäftsverkehr hält insofern an alten Regeln fest, als auch für den skizzierten Fall §33(2) des Kreditwesengesetzes Anwendung findet. So hat der Geschäftsführer einer Bank genau definierten formalen Kriterien standzuhalten (leitende Stellung in der Branche über eine bestimmte Zeit), damit das Bundesaufsichtsamt für das Kreditwesen eine Lizenz erteilt. Es erscheint durchaus fraglich, ob für das ausschließliche Abwickeln von Finanztransaktionen diese gleichen Voraussetzungen gelten sollten wie für das Führen einer Universalbank. Dadurch, dass die Regeln der „reglementierten Berufe" es den Nationalstaaten überlassen, berufsrechtliche Regeln zu überwachen und zu wahren, eröffnen diese im Sinne der „Capture Theory of Regulation" (Stigler, 1971) mächtigen Unternehmen einer Branche die Möglichkeit, die Aufsichtsbehörde, die sie eigentlich zu überwachen hätte, ihrerseits zu beeinflussen, und unliebsame Konkurrenten in innovativen Branchen den Marktzutritt zu verwehren.

Gemäß Artikel 3 (4/a/i) können *zweitens* EU-Mitgliedstaaten bestimmte Dienste der Informationsgesellschaft beschränken. Als Gründe für derartige Maßnahmen werden neben dem Schutz der öffentlichen Ordnung, der öffentlichen Gesundheit und Sicherheit auch Verbraucherschutz und Anlegerschutz anerkannt. Insbesondere der zuletzt genannte Punkt eröffnet Möglichkeiten, Marktzutrittsschranken zu generieren. Beriefe sich ein Land unter Bezugnahme auf nationale Regelungen der Einlagensicherung auf den Schutz der Anleger, so könnten dadurch im aufstrebenden Bereich des E-Banking Marktzutrittsschranken aufgebaut werden. Banken aus Ländern, die zwar über eine Einlagensicherungseinrichtung verfügen, könnte ein Marktzutritt mit der

Begründung verwehrt werden, dass die Ausgestaltung der Einlagensicherung im Land des potenziellen Konkurrenten nicht den Vorgaben des Bestimmungslandes entspricht.[35]

5. Wettbewerbspolitische Implikationen – Zur Notwendigkeit internationaler Koordination

Funktionierender Wettbewerb ist die wesentliche Voraussetzung dafür, dass der elektronische Geschäftsverkehr die zu erwartenden positiven gesamtwirtschaftlichen Wirkungen wie z.B. Schaffung neuer Arbeitsplätze entfalten kann. Dem Leitbild der Bestreitbarkeit von Märkten folgend besteht zur Förderung des Wettbewerbs die Aufgabe darin, Märkte offen zu halten, beziehungsweise bei existierenden Marktbarrieren, deren Abbau zu erwägen. Die Ausführungen des vorangegangenen Abschnitts haben diesbezüglich sowohl Ansatzpunkte für „Handeln" als auch für explizites „Nicht-Handeln" aufgezeigt.

So stellte sich heraus, dass sich aufgrund existierender Netzwerkexternalitäten bei Standards quasi zwangsläufig monopolistische Marktstrukturen herausbilden. Da es im Interesse der Nutzer ist, dass sich ein Gut als Standard etabliert, ist zwar eine strategische Marktzutrittsbarriere zu konstatieren, wettbewerbspolitischer Handlungsbedarf besteht aber nach einer Kosten-Nutzen-Analyse nicht. Es ist anzuraten, dass sich technische Standards im Wettbewerb und nicht durch administratives Setzen herausbilden. Während damit prinzipiell eine ex ante Regulierung bei Standards als kontraproduktiv erscheint, mag sich ex post bei Machtmissbrauch des temporären Monopolisten die Notwendigkeit eines wettbewerbspolitischen Eingreifens ergeben.

Im Handel zwischen Unternehmen und Konsumenten sind ebenso keine privaten Marktzutrittsschranken zu erkennen, die ex ante durch staatliches

---

[35] Ungeachtet dieses Arguments ist jedoch in Frage zu stellen, inwiefern durch eine Einlagensicherung überhaupt der Schutz der Anleger vor sogenannten „Runs" vermieden werden kann. Eine ausführliche Diskussion zur Rolle der Einlagensicherungseinrichtung aus ordnungspolitischer Sicht nehmen Wenger/Kaserer (1997) vor.

Handeln abgebaut werden sollten. Auch wenn eine Disziplinierung durch potenzielle Konkurrenz nur bei digitalisierten Dienstleistungen von großer Bedeutung ist, so ist doch auch bei allen anderen Gütern eine Zunahme der Wettbewerbsintensität zu vermuten. Dabei führt eine verstärkte Markttransparenz nicht nur zu einem verstärkten Wettbewerb zwischen Unternehmen, sondern auch zwischen staatlichen Institutionen. Ordnungspolitisch ist gerade letzteres zu begrüßen, da vermutet werden kann, dass einige der ehemals eingeführten Regeln insbesondere einer kleinen, gut organisierten Minderheit als der breiten Bevölkerungsmehrheit zu Gute kommen.

Auch der BTB-Bereich ist durch Netzwerkexternalitäten gekennzeichnet. Ähnlich wie bei Standards ist es im Interesse der Nutzer, dass sich nur einige wenige branchenbezogene und branchenübergreifende Marktplätze durchsetzen. Während Standards aber lediglich die Voraussetzung dafür schaffen, dass elektronische Transaktionen durchführbar werden, haben BTB-Marktplätze unmittelbaren Einfluss auf den Wettbewerb in einer Branche. Demnach besteht hier ex ante ein Regulierungs- oder Koordinierungsbedarf. Es soll verhindert werden, dass Unternehmen strategische Marktbarrieren errichten. Die zu beobachtenden Kriterien, nach denen das Bundeskartellamt die Bildung von BTB-Marktplätzen genehmigt, erfüllen genau den Zweck, die positiven Effekte elektronischen Handels zur Entfaltung zu bringen, gleichzeitig aber sicherzustellen, dass das Setzen strategischer Marktzutrittsschranken durch Private unterbleibt. Die Tatsache, dass sich das Bundeskartellamt das Recht zu einer erneuten Prüfung vorbehält, ist angesichts der ungewissen Entwicklung im elektronischen Handel als positiv zu werten.

Neben der Frage, ob staatlicher Handlungsbedarf zum Abbau von privaten Marktbarrieren und zur Verhinderung des Aufbaus derselbigen besteht, ist der Gesetzgeber auch im Setzen allgemeiner Rahmenbedingungen gefragt. Mit einer gezielten Regulierung derselben wird die Unsicherheit auf elektronischen Märkten reduziert. Damit werden wichtige Voraussetzungen für die Entwicklung des elektronischen Handels geschaffen. Derartige Regulierungen werden bereits in einigen Bereichen angestrebt. Achtet man bei der Umsetzung der EU-Richtlinie darauf, dass vor allem die wettbewerbsfördernden Impulse verwirklicht werden, so ergibt sich zunächst hier auch kein weiterer ex ante Regulierungsbedarf. Insgesamt ist jedoch bei der Gestaltung der Rahmenbedingungen für den elektronischen Handel der Trade-Off zwischen einer Reduktion der Unsicherheit und dem Potenzial neuer Marktzutrittsbarrieren stets im Auge zu behalten.

So können vom März 2001 an Verbraucher innerhalb der EU leichter ihre Rechte gegenüber elektronischen Handelsunternehmen geltend machen. Bei Streitigkeiten gelten dann die gesetzlichen Bestimmungen des Verbraucherlandes. Voraussetzung ist, dass der Anbieter seine Tätigkeit „auf irgendeinem Weg" auf den Heimatstaat des Verbrauchers ausgerichtet hat und der Vertrag in den Bereich dieser Tätigkeit fällt. Während diese Neuregelung für Konsumenten eine Vereinfachung darstellt, müssen Anbieter sich potenziell auf die Gesetze aller 15 EU-Staaten einstellen. Eine aus wettbewerbspolitischer Sicht sinnvoll erscheinende einheitliche Regelung für den gesamten EU-Markt wird hier vermisst. Somit stärkt diese Regulierung zwar die Konsumentensouveränität im Sinne des Verbraucherschutzes, für eine Vielzahl von Unternehmen können derartige Regelungen aber abschreckend wirken. Implizit führt eine solche Politik zum Aufbau neuer, staatlich errichteter Marktzutrittsschranken.

Am Beispiel verschiedener nationaler Verbraucherschutzregeln wird auch deutlich, dass ein globales Medium wie das Internet eine weltweit abgestimmte Politik braucht, um einen funktionsfähigen Wettbewerb für alle Marktteilnehmer zu ermöglichen. Ein Flickenteppich widersprüchlicher nationaler Regelungen sorgt letztlich nur für Rechtsunsicherheiten bei Anbietern und auch bei Verbrauchern. Dem sicher wichtigen Ziel, das Vertrauen der Konsumenten in E-Commerce durch verbesserte Transparenz, erhöhte Sicherheit und den Schutz der Privatsphäre des Konsumenten zu stärken, darf aber nicht das wettbewerbspolitische Ziel eines bestreitbaren Marktes geopfert werden. Eine internationale Koordination sollte daher behutsam herbeigeführt werden, um mögliches Potenzial für neue Marktzutrittsbarrieren zu vermeiden, und eine flexible „Nach"-Regulierung möglich zu machen.

Aus ordnungspolitischer Sicht gilt es darauf zu achten, dass trotz der Notwendigkeit einer internationalen Koordination, eine effektive Selbstregulierung und ein spontanes Sich-Herausbilden technischer Standards tendenziell immer administrativen, meist strukturkonservierend wirkenden Regulierungen vorzuziehen sind. Die Diskussionen zur Herausbildung von Standards in Abschnitt 4.a) aufgreifend wird sich die jeweils besteE-Commerce-Software im Wettbewerb etablieren. Neben ausgewählten, notwendigen ex ante Regelungen in Bereichen wie Jugendschutz und allgemeinen Gesetzen zum Datenschutz sollte es daher Ziel internationaler Koordination sein, Initiativen zur Selbstregulierung zu fördern, und den Wettbewerb solcher Initiativen untereinander zuzulassen (institutioneller Wettbewerb).

Ferner sollte bei einer internationalen Koordination darauf geachtet werden, dass bereits bestehende Institutionen mit Fragen der Regulierung betraut werden, da so unnötige Verwaltungsaufwendungen im Zuge der Schaffung einer neuen „World E-Commerce Organisation" vermieden werden können. Hier ist etwa an die Welthandelsorganisation (WTO) zu denken.

Da der elektronische Handel sein Potenzial erst nach der Uruguay-Runde offengelegt hat, wurde in den gegenwärtigen WTO-Regeln der elektronische Geschäftsverkehr noch nicht explizit berücksichtigt. Dennoch sind bereits implizite Regeln enthalten. So hat sich beispielsweise im internationalen Handel bereits die Praxis der WTO bewährt, auf digitalisierte Güter keine Zölle zu erheben.[36] Die Zollfreiheit sollte daher nicht wieder in Frage gestellt werden. Auch für den Handel mit tangiblen Waren und Dienstleistungen erscheinen die existierenden Regelungen der WTO anwendbar, sofern gewisse Änderungen vorgenommen werden.[37] Wird etwa nur die Bestellung elektro-

---

[36] Sofern ein Gut jedoch elektronisch bestellt wird und die Lieferung physisch erfolgt, kommt die generelle Zollfreiheit nicht zum Tragen. Es gilt dann der jeweils im GATT vereinbarte Zollsatz.

[37] Um entsprechende Änderungen in Hinblick auf elektronischen Handel zu erarbeiten, wurden bereits auf der WTO Ministerkonferenz vom Mai 1998 die Gremien des „Council of Trade in Goods", „Council for Trade in Services", „Council for Trade-Related Aspects of Intellectual Property" sowie das „Committee on Trade and Development" beauftragt (WTO, 1998).

nisch vorgenommen, während physisch geliefert wird (z.B. Buchbestellung online), dann gelten die Bestimmungen des Warenhandels gemäß der Regeln des GATT-1994. Handelt es sich um eine Dienstleistung, die physisch erbracht wird, findet das Dienstleistungsabkommen (GATS) Anwendung. Der Schutz geistigen Eigentums fällt in den Bereich des Abkommens „Trade Related Aspects of Interllectual Property Rights" (TRIPS). Auf der Ebene der WTO existiert damit bereits ein zusammenhängender Ordnungsrahmen, der allerdings im Rahmen einer Initiative für elektronischen Handel hin angepasst werden müsste.[38]

Grundsätzlich gilt es, bei der Gestaltung neuer internationaler Regelungen im elektronischen Handel darauf zu achten, dass mehr Transparenz für Unternehmen und Konsumenten entsteht. Zukünftige Regelungen müssen daher so gestaltet werden, dass der globale Charakter elektronischen Handels erkannt und im Sinne bestreitbarer Märkte institutioneller Wettbewerb gefördert wird.

6. Literaturverzeichnis

Arthur, W. B. (1985), Competing Technologies and Lock-in by Historical small Events: The Dynamics of Allocation under Increasing Returns, CEPR Discussion Paper 43, Stanford University, Stanford.

Arthur, W. B. (1989), Competing Technologies, Increasing Returns, and Lock-in by Historical Events, *Economic Journal*, 99 (3), S. 116-131.

Arthur, W. B. (1994), *Preface*, W. B. Arthur (Hrsg.), Increasing Returns and Path Dependence in the Economy, Ann Arbor.

Arthur, W. B. (1996), Increasing Returns and the New World of Business, *Harvard Business Review*, 74 (July-August), S. 100-109.

Bain, J. S. (1956), *Barriers to New Competition*, Cambridge, Mass.

Baumol, W. J. (1982), Contestable Markets: An Uprising in the Theory of Industry Structure, *American Economic Review*, 72 (1), S. 1-15.

Baumol, W. J., J. C. Panzar und R. D. Willig (1988*)*, *Contestable Markets and the Theory of Industry Structure*, 2. Aufl., Orlando, Florida.

---

[38] Entsprechende Anpassungsvorschläge dazu bieten Hauser/Wunsch (2001) an.

Baumol, W. J. und R. D. Willig (1986), Contestability: Developments since the Book, *Oxford Economic Papers*, New Series, 38 (Nov), 1986 Supplement, S. 9-36.

Baumol, W. J. und K. S. Lee (1991), Contestable Markets, Trade, and Development, *The World Bank Research Observer*, 6 (1), S. 1-17.

Beck, H. und A. Prinz (1999), *Ökonomie des Internet – Eine Einführung*, Frankfurt a.M., New York.

Bielfeldt, M. und T. Slink (1999), Electronic Commerce – Chancen für den Mittelstand, DIHT 1999.

Bleuel, J. und M. Stewen (1998), Grundlegende Probleme einer Besteuerung von Internet-Transaktionen, *Wirtschaftsdienst* 1998 / II, 78. Jahrgang, S. 104-110.

Brandtweiner, R. (1999), Entwicklung und Auswirkung elektronischer Märkte, *Wirtschaftspolitische Blätter*, 46. Jahrgang, Heft 5, S. 420-424.

Bundeskartellamt (2000a), Beschluss Covisint, B 5 - 40/00, 25.09.2000, Internet, http://www.bundeskartellamt.de/B5-40-00.pdf.

Bundeskartellamt (2000b), Beschluss CC-markets, B 3 - 76/00, 23.10.2000, Internet, http://www.bundeskartellamt.de/B3-76-00.pdf.

Clark, J. M. (1940), Toward a Concept of Workable Competition, *American Economic Review*, 30, S. 241-256.

Coppel, J. (2000), *E-Commerce: Impacts and Policy Challenges*, OECD Working Paper, ECO/WKP/(2000)25, Paris.

Cowan, R. A. und P. Gunby (1996), Sprayed to Death: Path Dependence, Lock-in and Pest Control Strategies, *Economic Journal*, 106 (May), S. 521-542.

Cowan, R. A. und S. Hultén (1996), Escaping Lock-In: The Case of the Electric Vehicle, *Technological Forecasting & Social Change*, 53 (1), S. 61-79.

David, P. A. (1985), Clio and the Economics of QWERTY, *American Economic Review, Papers and Proceedings*, 75 (2), S. 332-337.

Dixit, A. K. (1980), The Role of Investment in Entry Deterrence, *The Economic Journal*, 90, S. 95-106.

Einsporn, T. und R. Wiegand (1999), Electronic Commerce im Internet - Einfluss und Bedeutung für klein- und mittelständische Unternehmen an der Schwelle zum 21. Jahrhundert, Institut der deutschen Wirtschaft, Beiträge zur Gesellschafts- und Bildungspolitik, Nr. 233, Köln 1999.

EITO (1999), European Information Technology Observatory (Yearbook 1999).

EITO (2000), European Information Technology Observatory (Yearbook 2000).

Farrell, J., and G. Saloner (1985), Standardization, Compatibility, and Innovation, *Rand Journal of Economics*, 16 (1), S. 442-445.

Farrell, J., and G. Saloner (1986), Installed Base and Compatibility: Innovation, Product Preannoucements, and Predation, *American Economic Review*, 76 (5), S. 940-955.

Fehl, U. (1985), Zur Theorie „angreifbarer" Märkte, *ORDO – Jahrbuch für die Ordung von Wirtschaft und Gesellschaft*, Bd. 36, S. 253-257.

Fischer, L. und G. Strunk (1998), *Steuerliche Aspekte des Electronic Commerce*, Köln 1998.

Fredebeul-Krein, M. (2000), Die Regulierungspolitik auf dem Markt für Telekommunikationsdienste: Nationale Gestaltung und internationale Regeln, *Untersuchungen zur Wirtschaftspolitik*, Institut für Wirtschaftspolitik an der Universität zu Köln, Köln.

Freytag, A. (1998), International operierende Unternehmen und nationale Wirtschaftspolitik, J.B. Donges und A. Freytag (Hrsg.): *Die Rolle des Staates in einer globalisierten Wirtschaft*, Stuttgart, S. 261-284.

Freytag, A. und S. Mai (2001), Does E-Commerce Demand International Policy Co-ordination? The Okinawa Charter on Global Information Society Scutinised, Institut für Wirtschaftspolitik an der Universität zu Köln, (mimeo).

Fritz, W. (1998), Electronic Commerce: Gefahr für den traditionellen Handel?, *Management Berater*, Heft 10, S. 10-13

Gröhn, A. (1999), Netzwerkeffekte und Wettbewerbspolitik – Eine ökonomische Analyse des Softwaremarktes, H. Siebert (Hrsg.), *Kieler Studien 296*, Institut für Weltwirtschaft, Kiel.

Haertsch, P. (2000), Wettbewerbsstrategien im Electronic Commerce – Eine kritische Überprüfung klassischer Strategiekonzepte, N. Szyperski et al. (Hrsg.), *Reihe: Electronic Commerce Band 2*, Köln.

Hauser, H. und S. Wunsch (2001), Eine WTO E-Commerce Initiative?, Papier im Rahmen der Veranstaltung: „Wirtschaftspolitik vor neuen Herausforderungen durch elektronischen Handel", Institut für Wirtschaftspolitik an der Universität zu Köln, (mimeo).

Hayek, F. A. von (1969), Der Wettbewerb als Entdeckungsverfahren, *Freiburger Studien – Gesammelte Aufsätze*, Tübingen, S. 249-265.

Heilmann, T. (2000), „One Economy – oder die Internet-Revolution frißt ihre Kinder", *Frankfurter Allgemeine Zeitung*, 14.08.2000, S. 26.

Hepp, M. und H. Schinzer (2000), Business-to-Business-Marktplätze im Internet, *WISU,* 11/00, S. 1513-1521.

Holler, M. J. (1990), Umstrittene Märkte und die Theorie der reinen Kosten, J.-M. Graf von der Schulenberg und H.-W. Sinn (Hrsg.), *Theorie der Wirtschaftspolitik – Festschrift zum fünfundsiebzigsten Geburtstag von Hans Möller*, Tübingen, S. 146-161.

Hutter, M. (2000), Besonderheiten der digitalen Wirtschaft – Herausforderungen an die Theorie, *WISU,* 12/00, S. 1659-1665.

Kantzenbach, E. (1967), Die Funktionsfähigkeit des Wettbewerbs, Göttingen.

Katz, M. und C. Shapiro (1986), Technology Adoption in the Presence of Network Externalities, *Journal of Political Economy*, 94 (4), S. 822-841.

Klodt, H. (2001): *Marktstrukturen in der Neuen Ökonomie*, Papier im Rahmen der Veranstaltung: „Wirtschaftspolitik vor neuen Herausforderungen durch elektronischen Handel", Institut für Wirtschaftspolitik an der Universität zu Köln, (mimeo).

Klotz, U. (1999), „Die Herausforderungen der Neuen Ökonomie", *Gewerkschaftliche Monatsblätter*, 10/1999, S. 590-608.

Liebowitz, S. J. und S. E. Margolis (1994), Network Externality: An Uncommon Tragedy, *Journal of Economic Perspektives*, 8 (2), S. 133-150.

Liebowitz, S. J. und S. E. Margolis (1999*), Winners, Losers and Microsoft. Competition and Antitrust in High Technology*, Oakland, CA, The Independent Institute.

Mai, S. (2000a), Prognosen zum E-Commerce - Ungewissheiten über das zukünftige Potenzial des elektronischen Handels, *Zeitschrift für Wirtschaftspolitik*, 49. Jahrgang, Heft 3/2000, S. 267-284.

Mai, S. (2000b), *Elektronischer Handel und Beschäftigung*, Vortrag im Rahmen des Dies Academicus an der Universität zu Köln, *(mimeo)*.

Monti, M. (2000), *Competition and Information Technologies*, Speech/00/315,18.09.2000, Internet, http://europa.eu.int/rapid/start/-cgi/guesten.ksh?p_action.gettxt=gt&doc=-SPEECH/00/315|0|RAPID&lg=EN.

o.V. (2000), Die Konsolidierung unter den Internet-Marktplätzen hat bereits begonnen, *Frankfurter Allgemeine Zeitung*, 07.09.2000, S. 29.

OECD (1999), The Economic and Social Impact of Electronic Commerce – Preliminary Findings and Research Agenda, Paris 1999.

Paech, N. (1998), Potenzielle Konkurrenz – Zur Dogmengeschichte vermeintlich neuer Ansätze der Industrieökonomik, *Jahrbücher für Nationalökonomie und Statistik*, Bd. 217/4, S. 467-482.

Picot, A. (1999), „Marktplatz Internet – eine Einführung", A. Picot (Hrsg.), *Marktplatz Internet: neue Geschäftsformen – neue Spielregeln*, Heidelberg, S. 1-10.

Richtlinie 2000/31/EG des Europaeischen Parlaments und des Rates vom 8. Juni 2000 über bestimmte rechtliche Aspekte der Dienste der Informationsgesellschaft, insbesondere des elektronischen Geschäftsverkehrs, im Binnenmarkt („Richtlinie über den elektronischen Geschäftsverkehr") Amtsblatt Nr. L 178 vom 17/07/2000 S. 0001 – 0016, hier verwendet Richtlinie über den elektronischen Geschäftsverkehr, Rat der Europäischen Union, 98/0325 (COD), 14263/1/99 REV 1, Brüssel.

Sachverständigenrat zur Begutachtung der gesamtwirtschaftlichen Entwicklung (2000), *Chancen auf einen höheren Wachstumspfad, Jahresgutachten 2000/01*, zitiert nach SVR, Stuttgart.

Scherer, F. M. (1970), Industrial Market Structure and Economic Performance, Chicago.

Schmidt (1996), *Wettbewerbspolitik und Kartellrecht*, Stuttgart, 5. Aufl.

Schmidt, I. und H. Engelke (1989), „Marktzutrittsschranken und potenzieller Wettbewerb", *WiSt* Heft 9, September 1989, S. 399-404.

Shapiro, C. (1999), *Competition Policy in the Information Economy*, Internet, http://www.haas.berkeley.edu/~shapiro/comppolicy.pdf.

Shapiro, C. und H. R. Varian (1999), Informations Rules: A Strategic Guide to the Netwok Economy, Boston.

Shaw, M. J. (2000), Electronic Commerce, State of the Art, M. J. Shaw et al. (Hrsg.), *Handbook on Electronic Commerce*, Berlin, S. 2-24.

Sterne, J. (1996), Customer Service on the Internet, New York.

Stigler, G. (1971), The Theory of Economic Regulation, *Bell Journal of Economics*, 2, S. 3-12.

Tirole, J. (1988): *The Theory of Industrial Organization*, MIT Press, Cambridge Mass. und London.

Uetscher, T. (1999), *Internet und Steuern*, Düsseldorf.

Varian, H. R. (1999), *Market Structure in the Network Age*, Internet, http://www.sims.berkeley.edu/~hal/Papers/doc/doc.html.

Varian, H. R. (2000), E-Commerce and Taxation, *CESifo Forum*, Aug. 2000, 1 (3), S. 3-9.

Wenger, E. und C. Kaserer (1997), Einlagensicherung und Bankenregulierung auf dem Prüfstand – Zwei ordnungspolitische Beiträge, Universität Würzburg, *(mimeo)*.

Wieandt, A. und H. Wiese (1993), Die Theorie der „contestable markets" – ein Leitbild für die Wettbewerbspolitik?, *ORDO – Jahrbuch für die Ordnung von Wirtschaft und Gesellschaft*, Bd. 44, S. 185-202.

Wirtz, B. W. (2000), E-Commerce wird erwachsen, *Frankfurter Allgemeine Zeitung*, 29.08.2000, B5.

WTO (1998), Electronic Commerce and the Role of the WTO, Geneva.

Zerdick, A. et al. (1999), Die Internet-Ökonomie, Strategien für die digitale Wirtschaft, Berlin.

Dipl.-Volksw. Stefan Mai,
Institut für Wirtschaftspolitik
an der Universität zu Köln
Pohligstraße 1
50969 Köln
e-mail: **mai@wiso.uni-koeln.de**

Dipl.-Volksw. Mark Oelmann MA
Wirtschaftspolitisches Seminar der Universität zu Köln
Robert-Koch-Straße 41
50931 Köln
e-mail: mark.oelmann@uni-koeln.de

V.
Eine WTO E-Commerce Initiative?

*Heinz Hauser und Sacha Wunsch-Vincent**

1. Einführung

In diesem Referat wird die These vertreten, dass die zusätzlichen Handelsmöglichkeiten des elektronischen Handels nur zu einem Teil ausgeschöpft werden und dass zur besseren Nutzung des Potentials eine kohärente E-Commerce Initiative der Welthandelsorganisation (WTO) erforderlich ist. Zwar haben die WTO-Abkommen schon erheblich zur Entwicklung des elektronischen Handels beigetragen, die Rolle der WTO als Motor für den elektronischen Handel ist jedoch nicht ausreichend erkannt. Es bedarf einer weiter-

---

* Für Anregungen bei der Anfertigung des Papiers bedanken sich die Autoren bei Herrn Dr. H. Gétaz, Staatssekretariat für Wirtschaft (seco), Referatsleiter „Trade in Services, Public Procurement". Bei einem Großteil der im nachfolgenden Text erwähnten Abkommen hat er Einsicht in die Verhandlungen gehabt. Auch hat Herr G. Carrier, Sprecher der WTO für E-Commerce Angelegenheiten, mit der Beantwortung einiger Fragen die Fertigstellung des Papieres unterstützt. Zu guter letzt bedanken sich die Autoren auch für die Kommentare der Tagungsmitglieder, die in diese angepasste Version eingeflossen sind. Eventuelle Fehler und Stellungnahmen bleiben jedoch in der Verantwortung der Autoren.

führenden Bündelung und Vertiefung bestehender Vertragsbestandteile, die schnellstmöglichst angegangen werden sollte.

Diese These wird im Folgenden in drei Schritten begründet:

(i) In einem ersten Teil wird kurz aufgezeigt, dass ein bedeutendes „unausgeschöpftes" Potential für elektronischen Handel besteht (im Folgenden als E-Potential bezeichnet). Sowohl die möglichen positiven Konsequenzen einer Ausschöpfung wie aber auch die momentanen Hindernisse einer Potentialnutzung werden aufgezeigt. Diese Analyse möglicher Handelsbarrieren im elektronischen Handel räumt der WTO eine bedeutende Rolle in der Realisierung des E-Potentials ein.

(ii) Der zweite Teil geht auf existierende WTO-Vertragsabkommen und Bemühungen ein, die einen wichtigen Rahmen für die Ausschöpfung des E-Potentials darstellen. Dies gibt gleichzeitig Gelegenheit, auf bestehende Lücken hinzuweisen, die Ausgangspunkt einer konzentrierten E-Commerce Initiative der WTO sein sollten.

(iii) Der dritte Teil fasst die Elemente einer solchen E-Commerce Initiative zusammen und geht auf die Frage ein, welche Form für die Verhandlungen gewählt werden sollte. Da in der aktuellen WTO-Diskussion zur Zeit keine entsprechenden Forderungen anzutreffen sind, ist der Beitrag vor allem als Anstoß zu entsprechenden Verhandlungsvorbereitungen zu verstehen. Dabei wird auch auf einige Probleme hingewiesen, die eine Abstimmung mit Bemühungen anderer internationaler Organisationen, vor allem der Weltbank, erforderlich machen werden. Hier soll einführend betont werden, dass das Papier nicht in einen Vorschlag mit wesentlichen Vertragsänderungen oder eine große Verhandlungsrunde mündet. Vielmehr schlagen die Autoren vor, dass die E-Commerce Initiative aufbauend auf den bestehenden Verträgen eine Ausweitung der Länderverpflichtungen im Hinblick auf den elektronischen Handel vornehmen soll, die ohne große Umwege zu einer Realisierung des elektronischen Potentials führt.

2. Nicht ausgeschöpftes Potential aus E-Commerce

Die meisten Publikationen, die sich mit dem Thema des elektronischen Handels beschäftigen, betonen dessen großes Potential zur Wohlstandssteigerung. Durch dieses elektronische Handelsmedium können Prozessinnovationen (Kostensenkung durch effizientere Produktionsprozesse), Produktinnovationen (beispielsweise Online-Finanzinformationen) und Marktinnovationen (neue Marktformen wie Online- Auktionen) hervorgerufen werden (vgl. Mann/Knight, 2000, S. 254 oder Mann/Eckert/Knight, 2000, Kaptitel 1). Generell wird die wirtschaftlich relevante zeitliche und räumliche Distanz zwischen Produzenten und Konsumenten verringert, Eintrittsbarrieren werden gesenkt, und Märkte werden wettbewerblicher. Diese Wirkungen sind auf Binnenmärkten zu beobachten, noch stärker wird der Effekt allerdings auf die Intensität des internationalen Handels sein.

So hält es Forrester Research für möglich, dass es bis zum Jahr 2004 1,4 Billionen Dollar Online-Exporte geben wird. Jenes entspricht der Vermutung, dass 2004 etwa 18% des globalen Exports online getätigt werden (vgl. Forrester, 2000, S. 1). Der Anteil des Bruttosozialproduktes, welcher über den elektronischen Handel abgewickelt werden könnte, beträgt laut anderen Studien bis zu 30% und bei intermediären Gütern sogar bis zu 36% (vgl. Schuknecht/Pérez-Esteve, 1999, S. 4). Gleichzeitig kann die zunehmend elektronische Abwicklung von wertschöpfenden Transaktionen ein bedeutender Wachstumstreiber der IT-Industrien sein (vgl.USA, 2000, executive summary).

Im Güterhandel besteht besonderes Potential im Business-to-Business Bereich (B2B). Im Dienstleistungssektor verspricht der Handel von digitalisierbaren wissensintensiven Diensten (z.B. Beratungsdienste, Patente, audiovisuelle Produkte) im B2B wie im direkten Konsumentengeschäft großes Handelspotential. Ebenso sind aus der zu erwartenden Auslagerung von Backoffice-Funktionen (z.B. Application Service Providers, Buchhaltung) bedeutende Effizienzgewinne zu erwarten. Als mögliche Nutzer des Potentials werden auch kleine und mittelständische Unternehmen genannt, die ihre Güter und Dienste fortan vereinfacht auf dem Weltmarkt anbieten können (OECD, 1999b). In einer länderspezifischen Betrachtung wird darauf hingewiesen, dass

Industrieländer die Möglichkeiten der neuen Informationstechnologien zwar bislang besser genutzt haben, dass Entwicklungsländer aber eher noch größeres Potential haben werden, von der neuen Handelsform zu profitieren (AITIC, 1999; ITC, 1999). E-Commerce bietet im Vergleich zu früher kostengünstigere Möglichkeiten, ein globales Marketing und internationale Distributionskanäle aufzubauen.

Wichtig ist der Hinweis, dass der elektronische Handel Wohlfahrtseffekte nicht nur exportseitig begründet, sondern dass sich Wohlstandsgewinne auch durch die verbilligte oder qualitativ höherwertige Einfuhr von Produkten ergeben. Dies gilt nicht zuletzt für Entwicklungsländer, die bei erleichterten Importen von besseren Infrastrukturen, Dienstleistungen und Importgütern profitieren können.

Von der tatsächlichen Realisierung des Potentials sind wir jedoch noch weit entfernt. Momentan kann man nur von einem sehr beschränkten Zugang und einer geringen Nutzung des elektronischen Handels im Im- und Export sprechen. Experten sind sich einig, dass eigentlich nur die USA das Potential des elektronischen Handels wenigstens teilweise ausschöpfen[1]. Man kann von einem generell zu niedrigen und ungleichen Zugang zum elektronischen Handel sprechen (low and biased access). Wie die World Intellectual Property Organization in ihrer jüngsten Bestandsaufnahme vermerkt, sind nur 2% der Weltbevölkerung online (vgl. WIPO, 2000, Kapitel IV). Nur ca. 950 Millionen Haushalte in der Welt (65% der gesamten Haushalte) haben überhaupt einen Telefonzugang.[2] Von den 45 Millionen Internet Hosts, die im Januar 1999 funktionierten, waren 96% in Ländern mit hohem Durchschnittseinkommen, die nur 16% der Weltbevölkerung stellen. Leider bleibt auch die globale Konvergenz der technologischen Ausstattung weitgehend aus. Die Kluft

---

[1] Wie Nezu (2000, S.1) von der OECD festhält, beschränken sich die Auswirkungen des elektronischen Handels bislang sehr stark auf die Vereinigten Staaten von Amerika, was den Autor zur Frage veranlasst: „To put the question bluntly, what caused the US economy to perform so well, and everyone else, from Tokyo to Toledo, to lag behind so badly?"

[2] Zur Zeit das wichtigste Verbindungsmittel zum Internet.

zwischen Ländern, die einen qualitativ hochwertigen Zugang zum Internet haben, und den Ländern, die nicht die notwendige Infrastruktur vorweisen, wächst dramatisch schnell (The World Bank Group, 2000). Das sogenannte „Digital Divide" trifft man aber nicht nur zwischen Entwicklungs- und Industrieländern an, sondern man bemerkt auch einen geteilten Zugang zu elektronischem Handel und Netzwerken innerhalb von prosperierenden Nationen (vgl. OECD Observer (2000, S. 1; ITU, 1999).

Für die nachfolgende Beurteilung von Barrieren des E-Commerce sind zwei zusätzliche Aspekte zu beachten: Erstens umfasst E-Commerce unterschiedliche Transaktionsformen: (i) Die Benutzung elektronischer Medien zur Informationsgewinnung sowie zur Bestellung von Gütern, die in nicht-elektronischer Form ausgeliefert werden; (ii) die elektronische Auslieferung von digitalisierbaren Gütern oder Dienstleistungen, sowie (iii) den Handel in Telekommunikations- und Internetdiensten selbst. Das Handelspotential einer E-Commerce Initiative lässt sich erst aus ihren Auswirkungen auf alle drei Transaktionsformen ermessen. Zweitens basiert elektronischer Handel nicht nur auf dem Internet, sondern verwendet zunehmend eine breite Palette von Hardware- und Dienstleistungsinfrastrukturen, die fließend ineinander übergehen. Telefon, Fax, Fernsehen, computergestützte elektronische Informationssysteme (als offene oder geschlossene Systeme) sind Medien des elektronischen Handels, deren Grenzen sich immer weniger eindeutig abgrenzen lassen. Gerade die neuesten Entwicklungen im Mobile Commerce (M-Commerce) zeigen, dass eine Betrachtungsweise, die sich auf den PC-basierten Interneteinkauf fokussiert, mangelhaft ist (BCG, 2000). Für die Gestaltung von Handelsregeln lässt sich daraus die wichtige Folgerung ableiten, dass der rechtliche Rahmen möglichst technologieneutral ausgestaltet werden sollte. Der Hinweis auf Transaktionsformen und Infrastrukturbedarf macht auch deutlich, wie reichhaltig das Angebot an Hardware-Infrastrukturkomponenten und Informationsdienstleistungen sein muss, damit das Handelsmedium E-Commerce optimal genutzt werden kann (siehe Tabelle V.1). So muss über Hardwarekomponenten, über E-Commerce

Infrastrukturdienstleistungen und letztendlich auch Inhalte verfügt werden können.

Tabelle V.1: E-Commerce Infrastruktur und Dienstleistungskomponenten

Hardware Infrastruktur	E-Commerce Infrastrukturdienstleistungen			Inhalteanbieter
	1. *Kommunikation*	2. *IT-Dienstleistungen*	3. *Andere*	Information
Internetschaltungen				
Letzte Meile	Basistelekommunikation[3]	Suchmaschinen und Internet-Browser	Distribution und Logistik	Verkauf von Gütern über das Netz (aber physische Auslieferung)
Weltweite Telekommunikationsanbindung	Internetdienste	Zusatzdienstleistungen des Internetanbieters	Transportdienstleistungen	Audiovisueller Inhalt
Computer-Hardware	Mehrwerttelekommunikation[4]	Internet-Portale	Finanzen und Versicherung	Reisen, Nachrichten, Unterhaltung
Internet-Netzwerk		Informationskompilierung	Audiovisuelle Dienstleistungen	Finanzdienstleistungen
		Zusätzliche Dienstleistungen	Lager und Vertrieb	Bildung
		Software	Franchising	Geschäftsdienstleistungen[5]

Quelle: Eigene Zusammenstellung mit Berücksichtigung von Krancke (2000); Choi/Stahl/Whinston (1997); OECD (2000b) und Senti (2000). Die Tabelle erhebt keinen Anspruch auf Vollständigkeit.

Berücksichtigt man die verschiedenen Formen von erforderlichen Infrastrukturkomponenten und Dienstleistungsinhalten, so lassen sich drei Hauptgründe für das mangelhafte Ausschöpfen des E-Potentials ableiten:

(i) *Versperrter oder teurer Zugang zur notwendigen Infrastruktur mit IT-Gütern:* Zur Zeit ist die Infrastruktur mit IT-Gütern in zahlreichen

---

[3] Voice telephony, packet-switched/circuit-switched data transmission, telex, telegraph, facsimile, private leased circuit services and other mobile, paging, satellite-based services, etc.

[4] Electronic Mail, voice mail, on-line information, electronic data interchange, enhanced facsimile, code and protocol conversion, etc.

[5] Medicine, legal, bookkeeping, advertising, accounting, management consulting, etc.

Ländern nicht ausreichend entwickelt[6]. Ohne einen PC, ein Telefon, einen Zugang zu einem Internet Netzwerk (Internet Backbone) etc., kann das Potential des elektronischen Handels nicht ausgenutzt werden. Der globale Handel mit IT-Gütern ist durch tarifäre und nicht-tarifäre Handelshemmnisse eingeschränkt, was eine optimale Verbreitung hemmt. Eine möglichst umfassende Marktöffnung im Bereiche der IT-Güter ist entsprechend eine zentrale Forderung einer E-Commerce Initiative. Zudem ist zu beachten, dass in zahlreichen Entwicklungsländern die Ressourcen fehlen, um eine leistungsfähige Infrastruktur aufzubauen. Hier sind Initiativen zur Marktöffnung mit Infrastrukurprojekten der Weltbank oder anderer Entwicklungsorganisationen zu verbinden.

(ii) *Versperrter oder teurer Zugang zu notwendigen Telekommunikationsdienstleistungen:* Es besteht ein Mangel an qualitativ hochwertigen und billigen Telekommunikationsdienstleistungen, die den Zugang zum Internet sicherstellen. Der hohe Preis, der auf ungenügend liberalisierten Telekommunikationsmärkten gezahlt werden muss, behindert auch die adäquate Nutzung des elektronischen Handels (vgl. OECD, 2000d). Von einem globalen offenen Markt für Telekommunikationsdienstleistungen kann im heutigen Zeitpunkt keine Rede sein, da die letzte Meile noch fast ausschließlich durch öffentliche oder ehemals monopolistische Anbieter kontrolliert wird. Diese Anbieter nutzen ihre Marktkraft, um Angebote von wettbewerbsfähigeren Firmen zu verhindern. Damit werden die für den elektronischen Handel notwendigen „offenen Netze" untergraben und künstliche Markteintrittsbarrieren geschaffen. Nach außen werden solche regulierten Marktstrukturen durch ein wenig liberalisiertes Umfeld geschützt. Gerade diejenigen Länder, die nicht in der Lage sind, eine eigene Infrastruktur für Telekommunikationsdienstleistungen aufzubauen, würden aber von einem solchen Import von Dienstleistungen profitieren. Die Verstärkung der

---

[6] Vgl. ITC (1999), einführender Teil, International Trade Center (UNCTAD/WTO).

im Protokoll IV enthaltenen Verpflichtungen zur Liberalisierung der Dienstleistungen in der Basistelekommunikation sowie die Ausweitung der darin enthaltenen Marktöffnungsverpflichtungen auf weitere Länder muss entsprechend ein wichtiges Anliegen einer E-Commerce Initiative sein.

(iii) *Unzureichende Marktöffnungsverpflichtungen im Dienstleistungshandel:* Dienstleistungen nehmen in modernen Volkswirtschaften einen immer bedeutenderen Platz ein. Es gibt auch Anzeichen für zunehmende Synergien zwischen dem Güter- und Dienstleistungssektor. Trotzdem ist der internationale Handel mit Dienstleistungen nach wie vor deutlich weniger ausgeprägt als der Güterhandel. Der Handel mit Infrastrukturdiensten aber auch der Handel mit Online-Dienstleistungen, die Inhalte anbieten (content services), ist noch stark unterentwickelt. In Bereichen wie Backoffice-Funktionen, Finanzen, Beratungsdienstleistungen oder Medizin kann erst von einem Anfang des Handels mit Content-Dienstleistungen gesprochen werden.[7] Der Online-Handel mit Dienstleistungen könnte erhebliche komparative Vorteile aus langjähriger Expertise und Reputation einerseits und niedrigen Lohnkosten andererseits ausnutzen.

Dem internationalen Handel mit Dienstleistungen stehen unzureichende Marktöffnungsverpflichtungen aus der Uruguay-Runde sowie teilweise stark abweichende lokale Regulierungen entgegen. Der Dienstleistungssektor ist allgemein viel stärker reguliert als der Gütersektor. Manche dieser Regulierungen haben gut fundierte Gründe. Man trifft aber auch auf nationale Regulierungen, die in erster Linie das Ziel haben, lokale Märkte vor internationaler Konkurrenz zu schützen. Die Heterogenität und Intransparenz lokaler Regulierungen in wichtigen Dienstleistungsbereichen verhindert die Ausschöpfung des E-Potentials. Marktöff-

---

[7] Über das Internet könnten z.B. Versicherungsprodukte in Anspruch genommen werden, ohne dass der Versicherer tatsächlich einen Sitz in dem jeweiligen Land des Versicherten hat. Für weitere Beispiele des Online-Dienstleistungshandels vgl. Mann (1999, S. 59f.).

nungsverhandlungen im Rahmen des Allgemeinen Dienstleistungsabkommens (GATS) werden somit einen wichtigen Bestandteil einer E-Commerce Initiative bilden müssen.

Einen etwas anderen Blick auf die Hindernisse, die einer vermehrten Nutzung des E-Potentials entgegenstehen, wirft eine von der OECD erstellte synoptische Darstellung (siehe Tabelle V.2 auf der nächsten Seite). Im Rahmen einer regelmäßig aktualisierten Zusammenstellung über die Aufgaben der internationalen und regionalen Organisationen im E-Commerce weist die OECD darauf hin, dass dieser Handel nicht nur vom Vorhandensein von Hardware, sondern auch von anderen „weicheren" Rahmenbedingungen abhängt (vertrauensbildende Maßnahmen, Konsumentenschutz, etc.). Im Interesse einer universellen Partizipation am elektronischen Handel sind besonders auch Humankapital (E-Literacy) und Aufbauhilfen an ärmere Länder für Infrastruktur notwendig.[8]

Die in Tabelle V.2 enthaltene Zusammenstellung zeigt ebenfalls, dass der WTO für die weitere Entwicklung des E-Commerce eine zentrale Rolle zukommen wird (siehe die unterstrichenen Elemente). Drei Gründe unterstreichen diese These:

Erstens sichern die WTO-Verträge bei geeigneter Ausgestaltung den Zugang zum elektronischen Handel: „Before users can engage in online commercial transactions, they must be able to access and use the network infrastructure." (vgl. OECD, 1997). Es ist unbestritten, dass der Zugang zum elektronischen Handel, der durch IT-Güter, Telekommunikations- und Internetdienstleistungen gewährleistet wird, eine „notwendige Bedingung" zur Realisierung des Potentials ist. Probleme wie Rechtssicherheit und Schutz der Privatsphäre, die man als „hinreichende Bedingung" kategorisieren kann, treten erst auf, wenn der elementarste Zugang gesichert ist. Wenn also nach den Hauptursachen für die noch suboptimale Verbreitung von elektronischem

---

[8] Sicherlich gibt es noch viele andere mehr unternehmenszentrierte Faktoren, die zur Realisierung des E-Potentials notwendig wären. Dazu zählen z.B. neue Geschäftsmodelle für die New Economy, eine raschere Umstellung der Unterehmensstrukturen an die Netzwerkökonomie, etc. .

Handel gesucht wird, so können die oben formulierten WTO-relevanten Punkte (versperrter oder teurer Zugang zu IT-Gütern und Kommunikationsdienstleistungen sowie der generell limitierte Marktzugang für Dienstleistungsinhalte) angeführt werden. Obwohl Freihandel und Marktmechanismen allein noch keine Erfolgsgaranten für die optimale Verbreitung von E-Commerce-Elementen sind[9], legen sie doch wesentliche Grundsteine.

Tabelle V.2: Aufgaben internationaler Organisationen im elektronischen Handel

Building Trust for Users and Consumers	Establishing Ground Rules for the Digital Marketplace	Enhancing the Information Infrastructure for Electronic Commerce	Maximising the Benefits
1. Protection of privacy and personal data	1. Commercial Law	1. Access to and use of the information infrastructure	1. Economic and social impacts
2. Secure infrastructures and technologies, authentification and certification	2. Taxation	3. Internet governance / Domain Names	2. Small and Medium-sized Enterprises
3. Consumer protection	3. Financial issues, electronic payment and movement of goods	4. Standards	3. Skills and Development
4. Other trust-related issues	4. Trade policy and market access for goods and services		4. Ensuring global participation
	5. Intellectual Property		

Quelle: OECD (1998); OECD (1999c); OECD (2001). Es wird aber auch debattiert, ob Bereiche wie Datenschutz, Besteuerung, etc. in der WTO verankert werden sollten (EU: ja vs. USA: nein).

Zweitens sollte man von der Tatsache profitieren, dass die WTO eine klare Kompetenzzuordnung und somit einen definierten Aufgabenbereich hinsichtlich des elektronischen Handels wahrnehmen kann. In der Regel ist es bei Policy-Fragen im Bereich des elektronischen Handels schwierig, konkrete Zuordnungen zwischen handelndem Akteur und zu übernehmender Rolle zu machen. Häufig ist strittig, ob lokale, nationale, multilaterale oder gar interna-

---

[9] Sy (1999, S. 328/335) zeigt, dass Marktmechanismen allein nicht in der Lage sind, für eine gerechte und optimale Verbreitung von quasi-öffentlichen Gütern (Telekommunikation) zu sorgen. Wie später nochmals betont wird, muss der WTO-Auftrag deshalb auch durch entwicklungsfördernde Maßnahmen anderer internationaler Organisationen (Weltbank, UNCTAD, ITC, etc.) ergänzt werden.

tionale Lösungskonzepte die richtige Vorgehensweise sind. Sollte man sich angesichts der globalen Verbreitung des elektronischen Handels einig sein, dass internationale Organisationen und ihre multilateralen Abkommen zum Zug kommen sollen, so zeigen die Übersichten der OECD, dass klare Kompetenzabgrenzungen, welche die Effektivität und Transparenz garantieren, fast unmöglich sind.[10] Zusätzlich zu diesen Regulierungsproblemen des elektronischen Handels ist nicht nur das Policy-Level (lokal, regional, national, supranational, international) fragwürdig. Es muss auch jeweils debattiert werden, inwiefern staatliche oder private Akteure die Regulierung beziehungsweise Selbstregulierung übernehmen sollen. Diese Unsicherheit gilt nicht für Fragen des internationalen Marktzugangs. Der verbesserte Zugang zu Informationstechnologiegütern über freien Handel, der liberalisierte Zugang zu Telekommunikations- und Online-Dienstleistungen, aber auch international verankerte Grundsätze, welche die Offenheit von Netzen garantieren, fallen unbestrittenermaßen in den Kompetenzbereich der WTO.[11]

Drittens sind die allgemeinen WTO-Prinzipien (Nichtdiskriminierung, Transparenz, Technologieneutralität und Marktöffnung) sowie die sehr breite Mitgliedschaft (dies im Gegensatz zur OECD, welche nur die Industriestaaten umfasst) für die Behandlung von Fragestellungen des E-Commerce besonders geeignet.

Obwohl der WTO eine wichtige Rolle für die Entwicklung des globalen E-Commerce zukommen sollte, fehlt diese Dimension in der politischen Diskussion weitgehend. Die WTO als Plattform zur Realisierung des E-Potentials wird entweder unterschätzt oder die Einsicht, dass es sich um eine wichtige Plattform handelt, wird nicht von konsequenten Folgeaktionen begleitet. Zumindest fehlen bis heute inhaltlich gehaltvolle Aktionen, und die

---

[10] Laut des Niskanschen Bürokratiemodells ist zu erwarten, dass die Mehrzahl der internationalen Organisationen auf ihre Zuständigkeit im Bereich des elektronischen Handels pochen werden.

[11] Im Bereich der Angleichung von Telekommunikationsregulierungen hat die WTO der International Telecommunications Union (ITU) zunehmend den Rang abgelaufen. Vgl. dazu Drake (2000, S. 125) und Aronson (2000, S.187).

Diskussion verlagert sich teilweise – aus unserer Sicht fälschlicherweise – in andere Foren (OECD[12], Global Business Dialogue, Transatlantischer Dialog, etc.).

Mit Blick auf die im dritten Kapitel geforderte E-Commerce Initiative sollen im nachfolgenden zweiten Argumentationsschritt die bestehenden WTO-Verträge und Initiativen auf ihren Beitrag zur Förderung des E-Commerce untersucht werden. Eine sorgfältige Analyse der Stärken und Schwächen der bestehenden Regelungen lässt den Handlungsbedarf präziser erfassen.

3. Bestehende WTO-Verträge und Initiativen zum E-Commerce und ihre Schwachstellen

E-Commerce hat seine Dynamik erst nach Abschluss der Uruguay-Runde voll entwickelt. Entsprechend enthalten die WTO-Verträge oder die eingereichten Länderlisten keine speziellen Bestimmungen für den elektronischen Handel. Trotzdem sind zahlreiche Elemente der Verträge im vorliegenden Zusammenhang von besonderem Interesse, worauf im zweiten Abschnitt dieses Kapitels eingegangen wird. Zuerst sollen aber die Ergebnisse des 1998 eingeleiteten WTO-Arbeitsprogrammes zum E-Commerce aufgegriffen werden. Diese Abfolge ist zwar chronologisch nicht korrekt, sie gestattet es aber, die WTO-Verträge aus der besonderen Perspektive des elektronischen Handels zu analysieren.

a) Das WTO Arbeitsprogramm zum elektronischen Handel

Auf der WTO Ministerkonferenz vom Mai 1998 wurden zwei Aktionen beschlossen, die sich explizit mit dem Thema E-Commerce auseinandersetzten

---

[12] Sogar im Bereich der Studien, die bestehende WTO-Abkommen auf ihre Tauglichkeit hinsichtlich des E-Commerce prüfen wie z.B. OECD (2000b); OECD (2000c) oder welche die Auswirkungen der neuen Medien auf die Handelspolitik analysieren OECD (1999d), hat die OECD eine Aufgabe wahrgenommen, die eigentlich in den Zuständigkeitsbereich der WTO fallen sollte.

(im Folgenden vgl. auch Senti, 2001). Zum einen haben die Minister ein temporäres Zollfreiheitsmoratorium auf alle elektronischen Transaktionen vereinbart, an welchem bis zur nächsten Ministerkonferenz festgehalten werden sollte.[13] Obwohl die Erklärung vage formuliert ist, haben hiermit die WTO-Minister Zollfreiheit auf alle Leistungen eingeräumt, die elektronisch ausgeliefert werden.[14] Die Ministerkonferenz in Seattle hätte die Weiterführung des Moratoriums erneut beschließen müssen. Nach deren erfolglosem Abbruch besteht Ungewissheit über die weitere Gültigkeit des Moratoriums. Es wird in der Praxis zwar weiterhin angewandt, einige Länder haben aber Zweifel an der vertraglichen Bindung angebracht (vgl. Mann/Knight, 2000, S. 258).

Zum anderen wurden die zuständigen WTO-Gremien (Council for Trade in Goods, Council for Trade in Services, Council for Trade-Related Aspects of Intellectual Property sowie das Committee on Trade and Development) beauftragt, ein Arbeitsprogramm zu allen handelsrelevanten Fragestellungen bezüglich des elektronischen Handels auszuarbeiten. Die Berichte sollten den Einfluss des elektronischen Handels auf ihre Arbeitsbereiche analysieren und waren bis zum Juli 1999 fertig zu stellen. Dabei sollten drei Fragen erörtert werden:

(i) Wie beeinflussen bestehende Vereinbarungen den elektronischen Handel?

(ii) Gibt es Lücken in den bestehenden Rahmenbedingungen, die behoben werden müssen?

(iii) Gibt es neue Aufgabenfelder, die durch den elektronischen Handel bedingt sind und auf welche die Mitgliedsländer mit neuen Regelungen antworten müssen.

---

[13] WTO (1998a, S. 1): „we also declare that Members will continue their current practice of not imposing customs duties on electronic transmissions. When reporting to our third session, the General Council will review this declaration, the extension of which will be decided by consensus, taking account the progress of the work program."

[14] Wird ein Gut elektronisch bestellt, aber physisch ausgeliefert, so kommt nicht diese generelle Zollfreiheit, sondern der jeweils vereinbarte GATT-Zollsatz zum Zuge.

Neben den ratsspezifischen Fragen sollte insbesondere auch darauf geachtet werden, Problemstellungen zu identifizieren, welche den Zuständigkeitsbereich der einzelnen Gremien übergreifen. Das wichtigste übergreifende Thema war wohl die grundsätzliche definitorische Frage, ob Güter, die herkömmlicherweise auf einem Träger als Gut verkauft wurden und neu auch digitalisiert über das Netz heruntergeladen werden können (wie beispielsweise Musik oder Filme) unter das GATS oder das GATT fallen sollen. Sind online gelieferte Leistungen „like products" zu den entsprechenden konventionell ausgelieferten Trägern oder sind sie in einer neuen Klassifizierung einzuordnen (Tinawi/Berkey, 1999, S. 22). Mit diesen Fragen haben sich alle vier Councils beschäftigt.[15]

Die Antwort ist angesichts der unterschiedlich weit gehenden Liberalisierungsverpflichtungen im GATT und im GATS und mit Blick auf das oben erwähnte Zollmoratorium für elektronisch ausgelieferte Leistungen von großer praktischer Relevanz (Panagariya, 2000, S. 4). Die Meinungen zu dieser Frage waren geteilt. Die USA wiesen darauf hin, dass es vorteilhaft sei, wegen des fortgeschritteneren Liberalisierungsgrades im GATT für physische und elektronische Auslieferungen auf die dortigen Regeln zurückzugreifen. Demgegenüber vertrat die EU die Meinung, dass nur eine GATS-Klassifizierung in Frage komme (Mann/Knight, 2000, S. 258). Wie anschließend noch ausgeführt wird, haben die WTO-Mitglieder zu dieser zentralen Frage zwar Positionspapiere vorgelegt, eine Einigung ist jedoch nicht zu verzeichnen.

Der Goods Council befasste sich darüber hinaus vor allem mit Markteintrittsbarrieren für Produkte, die mit dem elektronischen Handel zusammenhängen, besprach die Möglichkeit, Zölle auf elektronisch gehandelte Güter zu erheben und diskutierte die Vor- und Nachteile von Standards im Bereich des E-Commerce.

Im Services Council wurde insbesondere die Frage aufgeworfen, welche neu entstehenden elektronischen Dienstleistungen noch nicht ausreichend von

---

[15] WTO (1999e); WTO (1999g); WTO (1999d); WTO (1999c); WTO (1998c); WTO (1999h); WTO (1998d).

den bestehenden Verpflichtungslisten abgedeckt sind. Sobald eine elektronische Leistung unter das GATS fällt, muss zudem entschieden werden, welcher Modus (siehe für eine Erklärung der Modi Abbildung V.1) davon betroffen ist. Diese Zuordnung ist vor allem deshalb wichtig, weil die meisten Verpflichtungslisten je nach Modus unterschiedlich weit gehende Liberalisierungsschritte vorsehen. So sehen die Modi 2 und 3 häufig weitergehende Verpflichtungen zur Marktöffnung vor als die beiden anderen Dienstleistungsformen, da sie mit physischer Präsenz am Ort der Leistungserbringung verbunden sind, und so einen erleichterten Zugriff für staatliche Regulierungen gestatten.

Abbildung V.1: Die vier GATS-Modi

> Das GATS beschreibt vier Modi für das Erbringen einer Dienstleistungstransaktion.
>
> **Modus 1**: Dienstleistung wird von einem WTO-Mitgliedsland in ein anderes exportiert (indischer Softwarespezialist mit physischer Präsenz in Indien berät ein in Deutschland ansässiges Unternehmen).
>
> **Modus 2**: Dienstleistung wird im Produktionsland von einem Bürger eines anderen Mitgliedslandes konsumiert (Deutsche Firma mit Sitz in Deutschland holt sich in Indien Softwareberatung).
>
> **Modus 3**: Dienstleistung wird durch Produzent eines WTO-Mitgliedslandes in einem anderen WTO-Mitgliedsland über eine Niederlassung geleistet (Indische Firma mit Software-Knowhow eröffnet in Deutschland ein Büro für Software Beratung).
>
> **Modus 4**: Dienstleistung wird durch Bürger eines WTO-Mitgliedslandes in einem anderen Mitgliedsland geleistet (Inder kommt nach Deutschland, um dort bei Softwareproblemen zu beraten).

Bei Online-Dienstleistungen ist vor allem strittig, ob die Kategorisierung unter Modus 1 (cross-border trade) oder Modus 2 (consumption abroad) stattfinden soll. Drake und Nicolaidis weisen darauf hin, dass die Klassifizierung das Land bestimmt, dessen Gesetze und Regulierungen auf die Transaktion anwendbar sind (Modus 1: Ort des Käufers, Modus 2: Ort des Verkäufers) (Drake/Nicolaidis, 1999, S. 21). Im Interesse des Verbraucherschutzes wäre somit Modus 1 sinnvoller. Jedoch sind die Liberalisierungseingeständnisse unter Modus 2 vielfältiger, da die Verfasser der Uruguay Runde nicht an elektronische Übermittlung gedacht haben. Modus 1 ist nicht so liberal, weil die Länder zur Sicherung des regulatorischen Zugriffs die physische Präsenz der Dienstleister bevorzugen.

Weitere Fragen des Services Council waren: Sind die Zugangsgarantien im bestehenden GATS-Abkommen ausreichend für Internetdienste? Insbesondere interessierte hier der Geltungsbereich des Reference Papers zu den Basisdienstleistungen der Telekommunikation. Welche lokalen Regulierungen verhindern eine Entfaltung des elektronischen Handels? Welche Konsequenzen bedingen neue Arten von Dienstleistungen wegen ihrer schwierigen Einordnung in bestehende Verträge?

Der TRIPS Council (Trade-Related Aspects of Intellectual Property Rights) fragte sich, wie im elektronischen Handel der Schutz von Copyrights, Markenzeichen und verwandten Rechten gesichert werden könne. Hier stand die Frage im Vordergrund, ob geistiges Eigentum, welches in der virtuellen Welt ohne einen bestimmten „Träger" (CD, Buch, etc.) zugänglich ist, ausreichenden Schutz genieße oder ob es zusätzlicher Regulierung bedürfe.

Im Council for Trade and Development standen die Auswirkungen des elektronischen Handels auf die wirtschaftliche Entwicklung im Vordergrund. Besonderes Augenmerk wurde auf das sogenannte „Digital Divide" gelegt, welches bestehende Tendenzen zur ungleichen Partizipation am weltwirtschaftlichen Wachstum verstärken könnte. Geht man von Pfadabhängigkeiten bei der Entwicklung und bei der Nutzung von neuen Technologien aus, so wirkt sich eine abwesende Beteiligung an einer solchen Querschnittstechnologie besonders nachteilig aus.

Im Juli 1999 wurden die Ergebnisse der verschiedenen Councils öffentlich zugänglich gemacht.[16] In einem wichtigen Punkt bestand Konsens: Die verschiedenen WTO-Abkommen mit all ihren Forderungen und länderspezifischen Zugeständnissen finden auf den elektronischen Handel Anwendung. Diese Schlussfolgerung lässt sich ziehen, da die Abkommen nicht nach der technologischen Auslieferungsart der Produkte, sondern nach der Art des Gutes entscheiden. Dieses Ergebnis kann wohl als der größte Erfolg des WTO-Arbeitsprogrammes bezeichnet werden.

---

[16] WTO (1999h); WTO (1999g); WTO (1999d); WTO (1999e); WTO (1999c); WTO (1999b).

In den anderen Punkten konnte weniger Klarheit geschaffen werden. Es ist zu vielen Treffen im Rahmen der Councils gekommen, bei denen durchaus interessante Vorschläge in den Länderpositionen oder in den abschließenden Berichten an den General Council vertreten werden. Viele Fragestellungen wurden jedoch nicht eindeutig beantwortet. Da die Räte im Prinzip auch keine Entscheidungsbefugnis über auszulegendes WTO-Recht haben und ihre Sitzungen keine Verhandlungen im eigentlichen Sinne sind, war nicht ausreichend deutlich, in welcher Form die Konsultationsergebnisse der einzelnen Councils in weiterführende Arbeiten einfließen sollten.

Die Tatsache, dass die Council-Sitzungen mehr dem informellen Austausch als der tatsächlichen Erreichung von Verhandlungszielen dienen, ist nicht negativ zu werten. Die Erfolge, die beispielsweise in den OECD Bemühungen bislang erzielt werden konnten, beruhen sicherlich auf dem hohen Informationsaustausch zwischen Nationen und industriellen Initiativen, die auf informellen Meetings ohne Verhandlungsdruck stattfinden. Im vorliegenden Falle wirkte sich jedoch das Fehlen einer klaren Verhandlungszielsetzung negativ auf die Ergebnisse aus. Da zudem viele Fragestellungen nur council-übergreifend gehandhabt werden konnten, bewirkte die fragmentierte Verankerung der Arbeit in den einzelnen Councils zu wenig Abstimmung und zu viel Überlappung. Die Arbeitsergebnisse der Councils sind bisher auch in keiner weiteren Runde zu umsetzbaren Konsensbeschlüssen der Mitglieder weitergeführt worden. Auf der Ministerkonferenz in Seattle wurden entsprechend keine konkreten Übereinstimmungen im Bereich des elektronischen Handels erreicht.

Da das Interesse an Beschlüssen im E-Commerce Bereich insbesondere von den USA weiterhin als besonders hoch eingeschätzt wird und einige Grundsatzentscheidungen dringlich werden, bat der General Council die involvierten Councils im Juli 2000, ihren Arbeitsstand vom Juli 1999 weiterzuführen. Darüber hinaus sollten die Räte Empfehlungen abgeben, wie der General Council E-Commerce Fragen am besten angehen sollte. Sie wurden aufgefordert, dem General Council bis Dezember 2000 über ihre Ergebnisse zu berichten. Die neuen Berichte[17] wiederholen im Wesentlichen die Arbeitsergebnisse von 1999 und enthalten kaum weiterführende Empfehlungen[18]. Zum Zeitpunkt der Erstellung des vorliegenden Aufsatzes (Februar 2001), d.h. fast drei Jahre nach Beginn des WTO-Arbeitsprogrammes, sind noch keine nennenswerten Vertiefungen bisheriger WTO-Verpflichtungen oder neue E-Commerce-relevanten Aktionen zu beobachten, sieht man vom Moratorium zur Zollfreiheit auf elektronische Transaktionen einmal ab.

Es gibt weder eine Übereinstimmung zur Klassifizierungsfrage digitalisierter Güter (GATS oder GATT?), noch hat man sich darauf geeinigt, welcher Modus innerhalb des GATS relevant wäre. Wünschenswert wäre es im Rahmen der Konsultationen gewesen, unter gegebenen neuen Umständen der New Economy auch zu einer haltbaren Unterscheidung zwischen Gut und Dienstleistung zu kommen. Bislang verharrt man im Status Quo der Unsicherheit. Dies hat zur Konsequenz, dass in einem Streitfall die Streitschlichtungsorgane grundsätzliche Fragen von Rechten und Pflichten der WTO-Mitglieder entscheiden müssten, wozu sie eigentlich nicht berechtigt sind.[19]

---

[17] WTO (2000a); WTO (2000d); WTO (2000e).

[18] „Members reaffirmed the continuing relevance of the earlier contribution of the Council for Trade in Goods to the General Council which was submitted by the Chairman of the CTG in July 1999 (Dokument G/C/W/158). According to the mandate contained in document WT/L/274 (Work Programme on Electronic Commerce), that contribution provides an overview on the discussion of the following issues...", zitiert aus WTO (2000a)

oder

„The Council's discussion on 6 October took as its starting-point the progress report which it had made to the General Council on 27 July 1999 (S/L/74). It was the general view that this report was still an accurate reflection of the thinking of Members on the subject, and that there was no need to re-open or repeat what was said in it.", zitiert aus WTO (2000e).

[19] Art 3:2 des WTO-Streitschlichtungsabkommens (Dispute Settlement Understanding DSU) hält folgendes fest: „The dispute settlement system of the WTO is a central element in providing security and predictability to the multilateral trading system. The Members recognize that it serves to preserve the rights and obligations of Members under the covered agreements, and to clarify the existing provisions of those agreements in accordance with customary rules of interpretation of public international law. Recommendations and rulings of the DSB cannot add to or diminish the rights and obligations provided in the covered agreements." Diese

Wie oben bereits kurz angesprochen wurde, ist sogar das Moratorium strittig, da eigentlich in Seattle eine Aufhebung oder Weiterführung hätte beschlossen werden müssen, um seine weitere Gültigkeit sicher zu stellen. So gehen sogar einige Mitgliedsländer davon aus, dass das temporäre Einverständnis seine Gültigkeit verloren hat.[20] Abgesehen davon handelte es sich nie um ein formelles Abkommen mit Garantie auf Umsetzung oder Durchsetzbarkeit durch das Streitschlichtungsverfahren.[21] Zu beachten ist auch, dass das Moratorium dem Prinzip der Technologieneutralität widerspricht.[22] Dem kann entgegengehalten werden, dass tatsächlich nur ein sehr geringer Anteil der handelbaren Güter digitalisierbar ist (Schuknecht/Pérez-Esteve, 1999, S. 5) und dass zukünftig sowieso der überwiegende Teil der elektronischen Transaktionen Dienstleistungen sein werden, die nicht durch Zölle, sondern durch Marktzutrittsbarrieren und lokale Regulierungen belastet werden.

Als Reaktion auf das Ausbleiben nennenswerter Entscheide im WTO-Forum kann man in letzter Zeit eine Verlagerung der Diskussion in den transatlantischen Dialog oder in Initiativen aus dem Privatsektor beobachten (vgl. z.B. GBDE, 2000; Alliance for Gobal Business (1999). Die anschließend besprochenen WTO-Vertragsbestandteile werden nicht als aktive Treiber des elektronischen Handels eingeschätzt.

Vorgabe kann bei derart fundamentalen Unsicherheiten nicht eingehalten werden. Drake/Nicolaidis (1999), S.51 weisen entsprechend auf die Gefahren aus unzureichender Legitimation hin, falls die Streitschlichtungsorgane in Fragen entscheiden müssen, welche die Vertragsparteien nur unzureichend in den Verträgen geklärt haben.

[20] Trotzdem gibt es keine Anzeichen dafür, dass Länder diese Zölle nun erheben.

[21] Dieser Punkt stammt aus einem persönlichen Telefongespräch mit dem WTO-Sprecher für E-Commerce Fragen im Dezember 2000.

[22] „The economic implication is that preferential treatment of a particular mode of delivery could lead to trade-diversion from other modes. (...) The legal implication is that preferential treatment of electronic delivery puts into question the principle of technological neutrality." Vgl. Mattoo/Schuknecht (2000, S. 20).

b) E-Commerce relevante Bestimmungen in den bestehenden WTO-Abkommen

Im Folgenden beschränken wir uns auf die wichtigsten Bestimmungen und Entwicklungen der WTO-Hauptabkommen GATT, GATS und TRIPS. Es ist unstrittig, dass auch weitere WTO-Elemente (insbesondere das Agreement on Technical Barriers to Trade) Bedeutung für den elektronischen Handel haben. An dieser Stelle soll aber nicht eine umfassende Zusammenstellung zum Thema WTO und E-Commerce angestrebt werden. Ziel ist vielmehr, den Handlungsbedarf für weitere Aktionen zu begründen.

i) Das Information Technology Agreement (ITA) im Rahmen des GATT

Zum Geltungsbereich des GATT sei eine allgemeine Klarstellung vorweg angefügt: Soweit Güter im traditionellen Sinne physisch und nicht elektronisch ausgeliefert werden, unterliegen sie den allgemeinen GATT-Verpflichtungen und den länderspezifischen Zollbindungen. Damit übertragen sich die liberalen WTO-Bestimmungen des Güterhandels vollständig auf elektronisch bestellte oder über elektronische Medien ausgesuchte Güter. Die Verwendung elektronischer Medien für den Abschluss von Verträgen über die Lieferung von Gütern ändert nichts an der Zuständigkeit des GATT-Vertrages. Ein beachtlicher Teil des üblicherweise dem E-Commerce zugewiesenen Handels ist somit GATT-rechtlich ganz normaler Güterhandel. Sind mit der Bestellung oder der Auslieferung besondere Dienstleistungen verbunden, so sind diese separat unter den Vorgaben des GATS zu beurteilen.

Für die Entwicklung des elektronischen Handels entscheidend ist die Verfügbarkeit über die dazu erforderliche technischen Infrastruktur. Vor diesem Hintergrund kommt dem sogenannten Informationstechnologieabkommen ein besonderer Stellenwert zu. An der ersten WTO-Ministerkonferenz von 1996 stimmten die Minister einer Erklärung über den Handel mit Informationstechnologiegütern zu[23]. Danach verpflichteten sich die unterzeichnenden Staaten, für eine gemeinsam auszuarbeitende Produktliste die

---

[23] Zur Entstehungsgeschichte des ITA-Abkommens vgl. Senti (2001) oder Wasescha/Schlagenhof (1998, S. 114ff.).

Eine WTO E-Commerce Initiative?

Zölle in vier Schritten von je 25% vollständig abzubauen. Die Erklärung bildet zusammen mit der ausgearbeiteten Produktliste und den darauf aufbauenden und von den beteiligten Ländern individuell auf Meistbegünstigungsbasis hinterlegten Zollsenkungsverpflichtungen das Informationstechnologieabkommen (ITA). Das Vertragspaket ist nicht nur hinsichtlich der begünstigten Güter, sondern auch bezüglich des Verfahrens von Interesse. Einzelne WTO-Mitglieder haben sich verpflichtet, unter der Voraussetzung einer ausreichenden Mitwirkung anderer Länder, ihre individuellen Verpflichtungslisten außerhalb einer großen Verhandlungsrunde koordiniert zu liberalisieren. Die Zollsenkungen sind dabei gemäß dem Meistbegünstigungsprinzip gegenüber allen WTO-Mitgliedern, d.h. auch zu Gunsten der nicht unterzeichnenden Länder, wirksam. Nützlich ist auch die Tatsache, dass dem Abkommen auch Länder angehören können, die nicht Mitglieder der WTO sind (konkret Taiwan).

Mit der Unterzeichnung dieses Abkommens durch nunmehr mehr als 50 Ländern,[24] die zusammen mehr als 95% des Welthandels in IT-Gütern (Computer, Telekommunikationsapparate, Halbleiter und Apparate zu ihrer Herstellung, Software, etc.) tätigen, hat die WTO einen wesentlichen Grundstein für die Liberalisierung der IT-Infrastruktur für den elektronischen Handel gelegt. Das Abkommen gilt für eine relativ breite Produktpalette, die in zwei Anhängen definiert wurde. Außerdem verpflichten sich die Unterzeichner, die Klassifizierungsdivergenzen im IT-Güterbereich möglichst abzubauen, um eine eindeutige Interpretation der Freihandelsverpflichtungen zu erzielen.

Da sich die Unterzeichnerländer des schnellen technologischen Wandels bewusst waren, wurde ein Komitee[25] gegründet, das eine ständige Revision der abgedeckten Produktpalette und eine Erweiterung der Produktpalette ermöglichen sollte. Dieses Komitee hat auch die Implementierung des Abkommens als Aufgabe. Die meisten Studien bescheinigen, dass das ITA

---

[24] Bei Unterzeichnung waren es 40 Länder.
[25] Committee of Participants on the Expansion of Trade in Information Technology Products.

einen globalen IT-Gütermarkt mit hohen Effizienzgewinnen, größerem Handelsvolumen und Kosteneinsparungen ergeben hat[26]. Diese Aspekte kommen nicht nur dem elektronischen Handel zugute. Vielmehr ergeben sich durch die Einführung der Informationstechnologie in die verschiedensten Produktionsbereiche Vorteile, die durch das Abkommen beschleunigt eintreten.

Prüft man das ITA auf seine Lücken hinsichtlich einer möglichst umfassenden Nutzung des Potentials aus elektronischem Handel, so sind folgende Aspekte von Belang:

(i) Um den Erfolg des ITA zu verdeutlichen, wird oftmals auf die Tatsache hingewiesen, dass das Abkommen ca. 95% des global existierenden IT-Handels abdecke. Diese hohe Abdeckung wird jedoch durch die starke Konzentration des IT-Handels auf einige wenige Länder erreicht und ist daher trügerisch. Ein weniger entwickeltes Land, welches keinen IT-Export zu bieten hat, könnte aber auch von dem Abkommen profitieren, wenn es selber durch seinen Beitritt in den Genuss des zollfreien Importes von IT-Gütern kommt. Um das brachliegende Potential aus E-Commerce zu realisieren, muss das Augenmerk sehr viel stärker als bisher auf die Importländer gerichtet werden. Ein Blick auf die Unterzeichnerliste zeigt jedoch, dass gerade Entwicklungsländer, die einen besonderen Nachholbedarf bezüglich IT-Infrastruktur haben, dem Abkommen nicht in ausreichender Zahl beigetreten sind. Die Verhandlungen haben sich bisher vor allem darum bemüht, die großen Produzenten- und Konsumentenländer in einen zollfreien IT-Markt einzubeziehen. Im Interesse einer gleichmäßigeren Partizipation an den Chancen des elektronischen Weltmarktes müssen diese Anstrengungen ausgedehnt werden. Das aus Entwicklungsländern oft vorgetragene Argument, über Zollbarrieren der jungen einheimischen IT-Industrie

---

[26] Vgl. z.B. ITC (1999) für eine ausgewogene Analyse der Vor- und Nachteile des IT-Abkommens.

Entwicklungsschutz geben zu müssen,[27] kann in einer technologisch derart rasch sich verändernden Welt hohe volkswirtschaftliche Kosten verursachen. IT-Güter sind wichtige Vorleistungen für den Rest der Wirtschaft, entsprechend wirken technologische oder preisliche Rückstände gleich wie hohe Vorleistungssteuern. Informationstechnologiegüter können als Querschnittstechnologie (general purpose technology)[28] verstanden werden, die sehr positive Auswirkungen auf alle Industrie- und Dienstleistungssektoren hat. Daher kann technologischer Rückstand in diesem Bereich weitreichende negative Konsequenzen haben.

(ii) Obwohl zu Beginn die permanente Aktualisierung der Produktpalette beschlossen wurde, kann von einer solchen laufenden Verbesserung nicht annähernd gesprochen werden. Schon die ersten Versuche 1997 und 1998, die Produktliste zu erweitern, scheiterten an fehlendem Konsens der beteiligten Länder. Diese sogenannten ITA II-Verhandlungen sind daher im Juli 1998 provisorisch eingestellt und seither nicht wieder aufgenommen worden (WTO, 1998e). Die mangelnde Flexibilität führt dazu, dass die Produktliste nur unzureichend an den raschen technologischen Fortschritt angepasst werden kann. So sind teilweise IT-Güter im Internetbereich, die für E-Commerce essentiell sind, nicht abgedeckt. Die Tatsache, dass Güter im Grenzbereich von Kommunikation und Unterhaltungselektronik (beispielsweise Fernsehgeräte) nicht Inhalt des Paketes sind, trägt der multimedialen Dimension (Verschmelzung verschiedenster Technologien) nicht ausreichend Rechnung. Ebenso unbefriedigend sind die bisherigen Erfolge hinsichtlich des angestrebten Ziels, Divergenzen im Bereich der Produktklassifizierung auszuräumen. Sowohl die im Abkommen bestehende Produktliste wie auch die unter-

---

[27] Das International Trade Centre (UNCTAD/WTO) hat 1999 eine Befragung von Entwicklungsländern durchgeführt, die belegt, dass diese ihre erst entstehende IT-Industrie (besonders kleine und mittelständische Unternehmen) durch einen totalen Abbau der Zölle enorm bedroht sehen. Vgl. ITC (1999).

[28] Laut Helpman (1998, S. 3), „a drastic innovation qualifies as a general purpose technology if it has the potential for pervasive use in a wide range of sectors in ways that drastically change their modes of operation".

schiedlichen Klassifizierungsinterpretationen der Mitgliedsländer sind stark verbesserungswürdig. So sind beispielsweise Glasfaserkabel durch das ITA zollfrei, wohingegen einfache Glasfasern, die im Telekommunikationssektor verwendet werden, nicht dem Abkommen unterliegen.[29]

(iii) Studien belegen, dass zwischen 1989 und 1998 nicht-tarifäre Handelshemmnisse im Bereich des IT-Güterhandels sehr stark an Bedeutung gewonnen haben (WTO, 2000c). Dazu zählen administrativ aufwendige und in der Handhabung wenig transparente Importlizenzen, aber auch die Überprüfung und Zertifizierung von technischen Standards kann sich als bedeutendes Handelshemmnis auswirken (vgl. WTO, 2000b). Ein neues Arbeitsprogramm des zuständigen Komitees[30] greift das Thema der nicht-tarifären Handelshemmnisse auf. Bis März 2001 soll eine Liste aller möglichen nicht-tarifären Handelshemmnisse erstellt werden. In einer zweiten Phase wird versucht werden, die wirtschaftlichen und entwicklungspolitischen Kosten dieser Handelshemmnisse zu beziffern. In der dritten Phase, die bis November 2001 abgeschlossen sein soll, begutachtet das Komitee die Ergebnisse der zwei ersten Phasen (WTO Press Release, 2000). Obwohl diese Arbeit nun bereits im Gange ist und klare Zeit- und Zielangaben enthält, kann sie nur einen ersten Schritt hin zum tatsächlichen Abbau dieser Handelshemmnisse darstellen. Entscheidend wird sein, welche Verhandlungsmandate daraus abgeleitet werden.

Zusammenfassend kann gesagt werden, dass das ITA gute Voraussetzungen schafft, das E-Potential besser auszuschöpfen. Die Mitgliedsländer haben es aber versäumt, die notwendige Vertiefung und Aktualisierung der Verpflichtungslisten vorzunehmen. Auch ist das Abkommen bisher zu sehr auf die großen Produzenten- und Konsumentenländer beschränkt und es sind nur unzureichende Schritte unternommen worden, die Entwicklungsländer von den Vorteilen eines kostengünstigen Zugangs zum globalen IT-Markt zu überzeu-

---

[29] Vgl. Wasescha/Schlagenhof (1998, S. 125) oder GBDE (2000 S. 2) für eine Kritik der Klassifizierungsdivergenzen.

gen. Schließlich drohen nicht-tarifäre Handelshemmnisse, die das ITA bislang nicht abdeckt, den Erfolg des Abkommens zu untergraben.

ii) *E-Commerce und das General Agreement on Trade in Services (GATS)*

Das GATS ist für den elektronischen Handel aus drei Gründen von besonderer Bedeutung: Erstens fallen die Kommunikationsdienstleistungen, die den Zugang zum E-Commerce schaffen, unter bestehende GATS-Abkommen. Zweitens sind für die Abwicklung des elektronisch unterstützten Handels Infrastrukturdienstleistungen (Distribution, Zahlungsverkehr) erforderlich, deren Liberalisierung ebenfalls unter das GATS fällt. Schließlich findet Online Handel vor allem in Dienstleistungen statt. Die Liberalisierung von sogenannten Content-Dienstleistungen (wie z.B. Medizin, Recht, Beratung, Finanzen, Backoffice-Funktionen (ITC, 2001) ist somit eine wichtige Voraussetzung für die Ausschöpfung des bestehenden Potentials an E-Commerce Transaktionen. Auf diese drei Elemente soll im Folgenden vertieft eingegangen werden, wobei den Kommunikationsdienstleistungen besonderes Gewicht zugemessen wird. Vorgängig sollen einige allgemeine Überlegungen zur Struktur des GATS die Einordnung der verschiedenen Initiativen erleichtern.

Zur Struktur des GATS

Der GATS-Rahmen bietet drei Arten von Verpflichtungen: allgemeine Verpflichtungen, die für alle Dienstleistungssektoren gelten, allgemeine Verpflichtungen, die auf jene Sektoren anwendbar sind, für die spezifische Verpflichtungen eingegangen wurden, sowie die spezifischen Zugeständnisse, die nach Sektoren und Art der Dienstleistungserbringung (vgl. dazu Box 1) in Listen gebunden sind.

Zu den für alle Dienstleistungssektoren gültigen allgemeinen Verpflichtungen zählen insbesondere die Forderung nach Meistbegünstigung (mit der Möglichkeit einer zeitlich beschränkten Ausnahme in einer Negativliste) und

---

[30] Committee of Participants on the Expansion of Trade in Information Technology Products (ITA).

das Erfordernis der Transparenz. Von den generellen Verpflichtungen, die nur für die in die Liste der speziellen Zugeständnisse eingebrachten Sektoren gültig sind, haben die folgenden Bestimmungen besondere Relevanz für den E-Commerce: Forderung nach vernünftiger, objektiver und neutraler (reasonable, objective and impartial) Anwendung nationaler Regulierungen (Art. VI), Verhaltensbeschränkungen für Monopolanbieter (Art. VIII), das Verbot von Einschränkungen im Zahlungsverkehr (Art. XI) sowie die Pflichten, die im Telekommunikationsanhang enthalten sind.

Für die in die Liste der spezifischen Zugeständnisse eingebrachten Sektoren wird vom Grundsatz des freien Marktzutritts sowie von der Forderung nach Inländerbehandlung ausgegangen. Soweit Länder für die eingebrachten Sektoren von diesen beiden Marktöffnungsverpflichtungen abweichen wollen, haben sie dies explizit in die Länderlisten aufzunehmen. Nicht in den Länderlisten erwähnte Einschränkungen sind nicht mehr zulässig. In diesem Sinne „bindet" der GATS-Vertrag die Mitglieder an die vereinbarten Abweichungen von den Prinzipien des freien Marktzugangs und der Inländerbehandlung als maximal zulässige Einschränkung.

Artikel VIII GATS und der Telekommunikationsanhang

Monopolanbieter können durch ihr Marktverhalten den Gehalt der allgemeinen Verpflichtung auf Meistbegünstigung sowie die Nutzung spezifischer Marktzutrittsrechte gefährden. Entsprechend sieht Artikel VIII:2 vor, dass Anbieter mit Monopolrechten in anderen Sektoren die Nutzung von spezifischen Zugeständnissen nicht beeinträchtigen dürfen. Ist ein Land beispielsweise Marktzutrittsverpflichtungen im Bereich der Internetdienste eingegangen, so soll der lokale Monopolanbieter von Telefondiensten den Marktzutritt nicht durch dominantes Verhalten einschränken dürfen[31].

Angesichts der besonderen Bedeutung von Telekommunikationsdiensten für andere Dienstleistungsbereiche wurde der Zugang zu den öffentlichen Tele-

---

[31] GATS Art. IX erlaubt darüber hinaus auch eine Konsultation über unfaire Handelspraktiken mit den relevanten Regierungsinstanzen.

kommunikationsnetzwerken in einem Anhang gesondert geregelt. Dieser besagt, dass jedem Dienstleistungsanbieter, der in einem Sektor mit besonderen Zugeständnissen tätig ist, ein freier und fairer Zugang zum öffentlichen Telekommunikationsnetzwerk und seinen Dienstleistungen[32] garantiert werden muss. Damit ist nicht der freie Zugang auf den Markt für Telekommunikationsdienstleistungen angesprochen; der Telekommunikationsanhang will lediglich sicherstellen, dass die in anderen Sektoren eingegangenen Verpflichtungen von ausländischen Anbietern tatsächlich eingelöst werden können. Hat beispielsweise ein Land den Versicherungsmarkt in seiner Länderliste liberalisiert, so muss einem fremden Versicherungsunternehmen freier Zutritt zum öffentlichen Telekommunikationsnetzwerk geboten werden.

Das Abkommen über Basistelekommunikation (Viertes Protokoll)

In den meisten Staaten hat die Telekommunikation in den letzten Jahren einen rasanten Prozess der Deregulierung und Privatisierung durchlaufen. Vormals von staatlichen Monopolanbietern bereit gestellte Dienstleistungen wurden schrittweise privaten Anbietern zugänglich gemacht. Die Verhandlungen zum GATS im Rahmen der Uruguay-Runde fanden allerdings zu einem Zeitpunkt statt, als auf internationaler Ebene noch keine Einigung über den wünschbaren Grad an grenzüberschreitender Marktöffnung bestand. Entsprechend ließen sich die Liberalisierungsverpflichtungen in diesem Sektor nur schrittweise realisieren.

Bereits verwiesen wurde auf die im Telekommunikationsanhang zum GATS enthaltene Forderung, Anbietern von Dienstleistungen, für welche die Mitgliedsländer spezifische Verpflichtungen eingegangen sind, unverzerrten Zugang zu den Telekommunikationsdienstleistungen zu gewähren. Relativ weitgehende Marktzugangsverpflichtungen konnten zudem bereits in der Uruguay-Runde bei den sogenannten Mehrwertdienstleistungen erzielt werden. Weitgehend beschränkt blieb aber vorerst der Handel mit Basisdienstleistungen der Telekommunikation.

---

32 Hier sind Mehrwert- und Basistelekommunikationsdienstleistungen gemeint.

Bereits mit dem Inkrafttreten des WTO-Vertrages begannen neue Verhandlungen zur Liberalisierung der Basisdienstleistungen im Telekommunikationsbereich. Im Februar 1998 trat das Vierte Protokoll durch die Einreichung von 55 Länderverpflichtungen (die EU zählt hier als ein Land) in Kraft. Bis 1999 sind 14 weitere Länder dazu gestoßen. Mit dem Vierten Protokoll definieren die Mitglieder ihre spezifischen Zugeständnisse für den Sektor der Basistelekommunikation, die in den jeweiligen Länderlisten GATS-rechtlich gebunden werden. Entsprechend der Struktur spezifischer Verpflichtungen kann sich der Liberalisierungsgrad von Land zu Land unterscheiden. Die betroffenen Märkte repräsentieren allerdings mehr als 90% des globalen Handels mit Basisdienstleistungen. Zehn Länder machten spezifische Zugeständnisse für Internet Service Provider. Aufgrund der Tatsache, dass es noch meistens staatliche oder ehemals monopolistische Anbieter sind, die den Zugang zum Internet über die „letzte Meile" kontrollieren, ist das Vierte Protokoll für den elektronischen Handel von besonders großer Bedeutung.

Zusätzlich zu den Marktöffnungsverpflichtungen in den jeweiligen Bereichen zur Basistelekommunikation übernehmen die Länder wettbewerbspolitische Grundsätze in ihre Länderliste. Dazu einigten sich die Länder in den Verhandlungen auf ein sogenanntes „Reference Paper", das zwar für die einzelnen Verpflichtungslisten individualisiert werden konnte, das aber insgesamt doch einen relativ einheitlichen wettbewerbspolitischen Rahmen ermöglicht.[33] Das Papier enthält wettbewerbsrechtliche Regelungen für den Zugang zu öffentlichen Telekommunikationsnetzen. Zunächst definiert es die Bedeutung der „essential facility" und des „major suppliers". Sodann schreibt es gewisse Regelungen vor, die anti-kompetitives Verhalten im Telekommunikationssektor unterbinden sollen. Darüber hinaus wird der nicht-diskriminierende, transparente Zugang (interconnection) zum öffentlichen Netzwerk oder dominanten Anbieter vorgeschrieben. Obwohl jedes Land das Recht auf eigene

---

[33] Nur die Teile des Referenzpapiers, die in die individuellen Länderlisten übernommen wurden, haben Gültigkeit. Das Referenzpapier selber hat keinen Verpflichtungscharakter. Es diente mehr als Vorgabe für die Formulierung der einzelnen Länderlisten.

Eine WTO E-Commerce Initiative? 121

Regelungen im Bereich der „universal service obligation" hat, so sollte dieses Recht auch fair und nicht-diskriminierend gehandhabt werden. Die Vergabe von Lizenzen, aber auch die Vergabe sonstiger knapper Ressourcen (Nummern, Frequenzen, etc.) soll ebenfalls fair und auf nicht-diskriminierender Basis erfolgen. Schlussendlich verlangt das Reference Paper die Schaffung einer unabhängigen Regulierungsbehörde.

Diese multilaterale Verankerung von wettbewerbspolitischen Grundsätzen für die Regulierung der Telekommunikationsbranche ist in ihrer Art einzigartig und könnte einen Ansatz darstellen, wie sich Marktzutrittsrechte in anderen hoch regulierten Branchen sichern lassen. Es ist der gelungene Versuch, einen erprobten und durch langjährige Deregulierung gekennzeichneten Regulierungsrahmen von den USA und anderen Industrieländern auf weniger deregulierungserfahrene Länder zu übertragen.[34] Es ist eindeutig, dass diejenigen Länder, die auf der Basis der WTO-Abkommen ihre Telekommunikationsmärkte dereguliert haben, sehr positive Effekte auf Wachstum und Entwicklung erzielen konnten.[35]

Andere E-Commerce relevante Dienstleistungen

Da der elektronische Handel im Bestfall mit einer Bestellung, Bezahlung und möglichen physischen Auslieferung endet, sind noch eine Vielzahl anderer Dienstleistungen für den elektronischen Handel essentiell. Dazu gehören Zahlungstransaktionen, Sicherheitsdienste, Auktionsplattformen, Distribution, Dienste von Suchmaschinen etc. Ohne eine detaillierte Analyse der Verpflichtungslisten der WTO-Mitglieder vornehmen zu wollen, lässt sich doch der allgemeine Schluss ziehen, dass diese zum physischen Güterhandel

---

[34] Langenfurth (1999), Kapitel 5 stellt fest, dass das Referenzpapier Regulierungspraktiken widerspiegelt, die in den USA und der EU teilweise schon umgesetzt waren.

[35] Vgl. OECD (1999a) zu den Erfolgen der Deregulierung. The World Bank Group (2000, S. 191ff.) zeigt auf, dass diese Art von Handelsliberalisierung, die mit wettbewerbsrechtlichen Elementen gekoppelt ist, private Investoren zum Aufbau lokaler Netzwerke bewegt.

komplementären Dienstleistungen relativ geringen Einschränkungen unterliegen.

Völlig anders ist das Bild, wenn man die Dienstleistungen betrachtet, die selbst Gegenstand einer elektronischen Transaktion sind. Besonders eingeschränkt ist der Handel mit audiovisuellen Dienstleistungen, für welche die EU und die meisten anderen Länder keine spezifischen GATS-Eingeständnisse gemacht haben. Dasselbe gilt für Beratungsdienstleistungen auf hoch regulierten Märkten (mit Medizin und Rechtsberatung als Beispiel) oder auch für den grenzüberschreitenden Direktvertrieb von konsumnahen Finanzdienstleistungen. Hinsichtlich Content-Services besteht noch ein großes Potential für weitere Liberalisierungsschritte.

Die bisherigen Abschnitte zeigten auf, in welcher Form Anliegen des elektronischen Handels im Rahmen des GATS aufgenommen wurden. In den nächsten drei Abschnitten sollen drei Bereiche aufgegriffen werden, bei denen Fortschritte den elektronischen Handel deutlich stärken könnten.

Ausweitung und Vertiefung der spezifischen Verpflichtungen

Die sektorspezifischen Zugeständnisse in den GATS-Länderlisten sind generell noch zu wenig liberal und somit nur bedingt handelsfördernd. In der Uruguay-Runde haben die meisten Länder im Wesentlichen den damaligen Liberalisierungsstand in den Listen gebunden und sind nur verhältnismäßig wenige neue Verpflichtungen eingegangen. Aus der damaligen Zeit betrachtet, war dies trotzdem ein beachtlicher Fortschritt, da mit dem GATS zum ersten Mal ein multilaterales Regelwerk für den Dienstleistungshandel geschaffen werden konnte. Industrialisierte Länder haben aber nur auf etwa die Hälfte aller ihrer Dienstleistungsbereiche Eingeständnisse gemacht. Wiederum nur die Hälfte davon beinhalten freien Marktzutritt (free market access). Sehr häufig gehen die Zugeständnisse für den Modus 3 (lokale Präsenz des ausländischen Dienstleistungserbringers; vgl. Box 1) deutlich weiter als diejenigen für die E-Commerce relevanten Modi 1 und 2. Die Transparenz der Liberalisierung ist gering und die Heterogenität der Marktzutrittsbedingungen nach Ländern, Branchen und Erbringungsmodus stellt ein protektionistisches

Handelshemmnis dar.[36] Entsprechend hat die Schweiz beispielsweise vorgeschlagen, bei zukünftigen Verhandlungen Mindeststandards in gewissen Dienstleistungssektoren festzuhalten, was die Transparenz der Marktzutrittsbedingungen erhöhen würde.[37] So könnte man sich auch vorstellen, gewisse Marktzutrittsbeschränkungen gänzlich auszuschliessen.

Die Forderung nach einer Ausdehnung der speziellen Zugeständnisse ist ein allgemeines Anliegen neuer GATS-Verhandlungen. Die voranstehenden Ausführungen sollten aber deutlich gemacht haben, dass der E-Commerce von einer verstärkten Liberalisierung im Dienstleistungssektor besonders profitieren würde. Dies gilt sowohl für die Infrastrukturdienstleistungen (Telekommunikation, aber auch die erwähnten komplementären Bereiche wie Distribution, Abwicklung finanzieller Transaktionen, etc.) wie auch für die Dienstleistungsbereiche, die selber Inhalt von E-Commerce Transaktion werden können. Gerade im Content-Bereich besteht ein erhebliches Potenzial für E-Commerce relevante Liberalisierungsschritte. Dies gilt sowohl für die unter der Rubrik „professional services" zusammengefassten Dienstleistungen in hoch regulierten Bereichen (Medizin, Rechtsdienste) (OECD, 2000b, S. 45ff.) als auch für den ganzen audiovisuellen Bereich.[38] Wir sind uns bewusst, dass dies politisch sehr sensible Sektoren sind, dies sollte aber nicht davon ablenken, dass es sich um Bereiche mit einem hohen Wachstumspotenzial handelt.

Unter besonderer Berücksichtigung der Tatsache, dass gerade Entwicklungsländer die Chance realisieren könnten, mehr Dienstleistungsexport von

---

[36] Vgl. Hoekman (2000, S. 132f.) und Hoekman/Messerlin (2000) für eine Auseinandersetzung über den Zusammenhang zwischen Handelsliberalisierung im Dienstleistungssektor und lokalen Regulierungen.

[37] Vgl. zu diesem Vorschlag WTO (1999a).

[38] Das Thema der audiovisuellen Dienstleistungen kann als Infrastrukturdienstleistung wie auch als Content-Dienstleistung behandelt werden. Es ist eine Tatsache, dass sich der heutige audiovisuelle Sektor wesentlich von demjenigen unterscheidet, der während der Uruguay Runde verhandelt wurde. Obwohl wir eine Explosion von multimedialen Angeboten erwarten, die auf audiovisuellen Dienstleistungen beruhen, ist es einer der am wenigsten liberalisierten Bereiche und daher Gegenstand vieler wissenschaftlicher Publikationen. Vgl. dazu Baumann (1997); Acheson/Maule (1999); Messerlin (2000).

Content Services (Software, Call Centre, etc.) zu betreiben, sollten entwickelte Nationen in diesem Bereich mehr Handelshemmnisse abbauen. Zur Zeit haben die WTO-Mitglieder in diesen Content-Bereichen nur wenig Eingeständnisse gemacht (Mattoo/Schuknecht, 2000, S. 13). Auch unter industrialisierten Wirtschaften besteht dort noch ein enormes Handelspotential, welches deutlich macht, dass bei vorhergehenden Liberalisierungseingeständnissen die Rolle der neuen Medien im globalen Dienstleistungshandel unterschätzt wurde.

Im engeren Bereich der Telekommunikationsdienstleistungen stehen folgende Forderungen im Vordergrund:

(i) Die spezifischen Zugeständnisse in der Basistelekommunikation sind häufig nicht technologieneutral. Sie erlauben den Zugang zum Telefonmarkt nur über bestimmte Technologien (Funk, Satellit) und schließen andere Technologien aus. Dies wirkt sich insbesondere in einer Zeit sehr schnellen technologischen Wandels negativ auf die Marktposition ausländischer Anbieter wie auch auf den technologischen Stand und die Preise im Importland aus.

(ii) Zudem gibt es im Bereich der Basistelekommunikation zu viele Restriktionen hinsichtlich der Eigentumsrechte und der Marktzutrittsbedingungen, die offen oder versteckt ausländische Anbieter diskriminieren.[39]

(iii) Zur Zeit haben zahlreiche Entwicklungsländer sowohl in den Basis- wie bei den Mehrwertdienstleistungen nur geringe Verpflichtungen übernommen. Eine leistungsfähige Kommunikationsinfrastruktur ist aber Voraussetzung für die Einbindung in eine immer stärker elektronisch vernetzte Weltwirtschaft. Hier gilt es Strategien zu entwickeln, die auch Länder mit schlechter Kommunikationsinfrastruktur dazu bringen, das

---

[39] Beispiele sind: foreign ownership restrictions, licensing standards, qualification requirements, exclusive rights, nationality and residency requirements, restriction to use monopoly network facilities, limits on foreign suppliers' activities, restrictions on legal type of activity.

Abkommen zur Basistelekommunikation mit signifikanten Liberalisierungseingeständnissen zu unterzeichnen.[40]

(iv) Die meisten Länder haben keine spezifischen Zugeständnisse zu den Internet Service Providern und Internet Backbone Operators gemacht. Jenes ist besonders in Ländern mit Monopolen oder eingeschränktem Zugang zum Internet bedauerlich.

(v) Schließlich ist darauf hinzuweisen, dass eine ganze Reihe von „neuen", internetbezogenen Dienstleistungen entsteht,[41] die ihren Platz in den Länderlisten noch nicht gefunden haben, was es fraglich macht, ob diese unter den bestehenden Klassifizierungen abgedeckt sind. Drake/Nicolaidis (1999) weisen zudem darauf hin, dass das Internet vermehrt Dienstleistungsbündel (services bundling) anbietet, die in den bestehenden sektororientierten GATS-Länderlisten schlecht abgebildet werden können.[42]

Zusammengefasst lässt sich ohne Zweifel festhalten, dass eine Liberalisierungsrunde im Rahmen des GATS erhebliche neue Geschäftsmöglichkeiten für den elektronischen Handel schaffen würde.

Verstärkung der Regulierungsdisziplin

Der zweite relevante Punkt der GATS-Elemente bezieht sich auf die lokalen Regulierungen. Art. VI:1 (domestic regulation) des GATS schreibt vor, dass in den Sektoren mit spezifischen Zugeständnissen nationale Regulierungen vernünftig, objektiv und neutral (reasonable, objective and impartial) angewendet werden sollen.

---

[40] Z.B. bis zu 20 Entwicklungsländer (China inklusive), die noch nicht WTO-Mitglieder sind. Aber auch z.B. Brasilien.

[41] Webhosting, electronic authentication, data push services, etc. .

[42] Dies gilt beispielsweise für den Fall von Back-Office Funktionen, wo es fraglich ist, ob die Zahlungsdienstleistung und der damit zusammenhängende kryptographische Dienst zusammen oder separat klassifiziert werden sollen. Für eine Beschreibung von Cluster-Bildungen bei den GATS-Verhandlungen vgl. OECD (1999a).

Dieser Artikel hat zum Ziel zu verhindern, dass Eingeständnisse im Rahmen des GATS durch protektionistische nationale Regulierungen unterlaufen werden können. Faktisch sind die Eingeständnisse in den Modi 1 und 2 noch so minimal, dass grenzüberschreitender Dienstleistungshandel ohne physische Präsens vor Ort[43] noch sehr eingeschränkt ist. Es bilden sich jedoch starke Interessensgruppen aus dem Dienstleistungshandel, die mehr Modus 1 und 2 Eingeständnisse im Rahmen der GATS 2000-Verhandlungen fordern, um das Potential des Online-Handels von Dienstleistungen zu realisieren.[44] Sobald progressiv mehr Eingeständnisse in diesen Bereichen erzielt sind, wird ein Spannungsfeld zwischen den lokalen Regulierungen und den Dienstleistungseingeständnissen auftreten.[45] Ein Versicherer, der z.B. über das Internet seine Dienstleistungen offeriert, wird mit seiner Produktofferte auf die spezifischen, heterogenen Regulierungsregimes der Länder eingehen müssen, an die sich sein Angebot richtet.

Es werden zum einen Forderungen nach sektorspezifischer Regulierungsharmonisierung auftreten. Zum anderen wird es aber auch schwer erkennbar sein, welche lokalen Regulierungen ein legitimes Ziel verfolgen oder welche das Ziel haben, die lokalen Märkte vor globaler Konkurrenz zu schützen. Gerade die Ausnahmeparagraphen wie Ausnahmeartikel XIV GATS zum Schutze allgemeiner Polizeigüter (Gefährdung des Lebens, der Sittlichkeit oder der öffentlichen Ordnung, Schutz der Privatsphäre vor Datenmissbrauch, Kulturgüterschutz) bieten breite Auslegungsmöglichkeit. Die Auslegung des Art. VI wird daher der besonderen Aufmerksamkeit und Durchsetzung bedürfen. Ob die Vorgaben des Art VI den protektionistischen Missbrauch berechtigter Regulierungsziele verhindern können, muss sich erst zeigen. Bis heute

---

43 Und damit auch die Einbettung in das lokale Regulierungssystem.

44 Vgl. z.B. das Aktionsprogramm der amerikanischen Coalition of Service Industries (www.uscsi.org/groups/eit.htm) oder das Programm des jährlich stattfindenden „World Services Congress", der im Oktober 2001 in Hong Kong mehr Dienstleistungsliberalisierung im E-Services Bereich fordern wird (www.chamber.org.hk/wsc/).

45 Vgl. auch Feketekuty (2000a) und Feketekuty (2000b), der beschreibt, dass Dienstleistungsliberalisierung eng mit Regulierungsreformen in Verbindung steht.

Eine WTO E-Commerce Initiative?

sind jedenfalls noch keine WTO-Streitfälle im Zusammenhang mit nationalen Dienstleistungsregulierungen angestrengt worden.

Es scheinen aber zunehmend neue Formen von Regulierungen in Kraft zu treten, die den Online-Handel und generell die Freiheit im World Wide Web beschränken.[46] Da es ein noch fast unmögliches Unterfangen ist, Inhalte und Datenflüsse auf dem Netz zu unterbinden oder zu überwachen, sind die angewandten Regulierungsmethoden meist ungenau. So kann ein ausgewogenes Verhältnis zwischen Regulierungsziel und Regulierungsmethode nicht gefunden werden. Dies hat negative Konsequenzen für den elektronischen Handel, aber auch für die Regulierungsbehörde[47].

Verstärkung der wettbewerbsrechtlichen Disziplin

Obwohl der Telekommunikationsanhang und das Reference Paper wettbewerbsrechtliche Elemente in das GATS einführen, ist auch hier eine Weiterführung des eingeschlagenen Weges sehr wünschenswert. Beim Reference Paper wird insbesondere die oft sehr unspezifische Formulierung des Regelwerkes kritisiert. Die verwendeten Begriffe lassen einen hohen Interpretationsspielraum, welcher die Rechtssicherheit deutlich in Frage stellt. So können Bronckers und Larouche bei fast jedem Paragraphen des Reference Papers

---

[46] Vgl. z.B. den erst kürzlich erschienenen Artikel der Wirtschaftswoche (2000), der beschreibt, wie vor allem EU-Staaten lokale Regulierungen einführen, die dem elektronischen Handel Steine in den Weg legen. Auch der Economist beschreibt, wie eine zunehmende Regulierung des Internets (besonders die inhaltliche Regulierung) das Potenzial für elektronischen Handel einschränkt (The Economist, 2001).

[47] Dies insbesondere deshalb, weil Firmen dem Regulierungszugriff leicht über eine Verlagerung des Web-Servers ausweichen können. Im Gegenzug zu der Meinung, dass nationale Regulierungsheterogenität die Entfaltung des elektronischen Handels hemmen könnte, kann man auch die Position vertreten, dass das Internet lokale Regulierungen unterläuft. Da nationale Regulierungen im Internet nach dieser Position nicht greifen, ist der faktische Liberalisierungsgrad größer, als in den nationalen Regulierungen oder in den Länderverpflichtungslisten zum Ausdruck kommt. So sind also die Handelshemmnisse durch Regulierungsheterogenität faktisch nicht wirksam. Sogar wenn diese These Bestand hat, so entsteht durch das Unterlaufen von heterogenen nationalstaatlichen Regulierungen erhebliche Rechtsunsicherheit, die sich negativ auf das Handelsvolumen und die Entfaltung dieses Handelsmediums auswirken können.

feststellen, dass in Ermangelung ausreichender Begriffsdefinitionen der Inhalt der tatsächlich zugesprochenen Zugangsrechte je nach Auslegung sehr unterschiedlich ausfällt (Bronckers/Larouche, 1997, S. 23ff.). Die Wirkungen dieser begrifflichen Unschärfe werden verstärkt durch die Tatsache, dass WTO-Recht nicht direkt anwendbar ist und entsprechend nicht gerichtlich geklärt werden kann. Diese Funktion können die WTO-Streitschlichtungsorgane nur unvollkommen aufnehmen – insbesondere in neuen Regulierungsbereichen mit fehlender GATT-Praxis. Es darf auch nicht vergessen werden, dass die Mitgliedsländer nicht das Reference Paper selber, sondern ihre Version des Reference Papers in die Länderliste aufgenommen haben. Ein Blick in die Verpflichtungslisten zeigt, dass es doch eine erhebliche Anzahl von Ländern gibt, die das Referenzpapier gar nicht oder nur mit Einschränkung übernommen haben.[48]

Die Probleme der wettbewerbsrechtlichen Auslegung und der ungenügenden Spezifizierung werden auch bei GATS Art. VI bemängelt (Warner, 2000, S. 388ff.). Diese führen dazu, dass von WTO-Mitgliedern oft der mangelnde Zugang zu notwendigen Bandbreiten beklagt wird (WTO, 1999f.). Die fehlende begriffliche Klarheit führt auch zu Streitigkeiten über Frequenzallokationen, die nicht durch die Streitschlichtungspanels gelöst werden können.

Offene Netze sind für die Entwicklung des elektronischen Handels generell von zentraler Bedeutung. Vor diesem Hintergrund wird die Beschränkung des wettbewerbsrechtlichen Reference Papers auf die Basisdienstleistungen als unzureichend empfunden (so z.B. Drake/Nicolaidis, 1999, S. 28). Entsprechend kann man fordern, nach dem Vorbild des Reference Papers auch für andere netzwerkbasierte Industrien multilaterale Regulierungsrahmen zu schaffen. In der heutigen Situation ist es strittig, ob andere Kommunikationsdienstleister wie beispielsweise die Internet Service Provider überhaupt durch

---

[48] Auf der anderen Seite gibt es auch eine ganze Reihe von „positiven" Abweichungen; d.h. Länderlisten, die mehr Verpflichtungen enthalten als vom Reference Paper verlangt werden. Sowohl positive wie auch negative Abweichungen lassen sich durch eine Analyse der Länderlisten feststellen.

Eine WTO E-Commerce Initiative?

die Prinzipien des Reference Papers abgedeckt sind.[49] Auch der Telekommunikationsanhang verspricht nur einen Zugang zum „öffentlichen" Telekommunikationsnetzwerk und macht keine Aussagen über andere Zugangsrechte. Da das Internet auch aus Teilen privater Netzwerke besteht, ist es fraglich, ob der Anhang in diesem Punkt Anwendung findet.

Insgesamt werden mehr multilaterale Regulierungen benötigt, die alten und „neuen" (sowohl bezüglich Markteintritt als auch hinsichtlich technologischer Konzeptionen) Kommunikationsdienstleistern offene Netze sichern. Das Modell des Reference Papers sollte generell übernommen werden, um überstaatliche Regulierungsgrundsätze in einer steigenden Zahl von netzwerkgebundenen Dienstleistungssektoren verpflichtend zu machen.

Wie in vielen anderen Bereichen ist die Umsetzung von Regulierungsvorgaben ein ernsthaftes Problem. Dies kann auf mangelnden Willen und auf unzureichende internationale Kontrollmechanismen zurückgehen. Oftmals fehlen aber den Entwicklungsländern die technische Expertise und die Finanzkraft, solch ausgefeilte Regulierungsinstitution ins Leben zu rufen. Obwohl die Unterzeichnung von internationalen Verträgen auch dann sinnvoll ist, müssen Mittel und Wege gefunden werden, dass den Entwicklungsländern bei der Umsetzung geholfen wird.[50]

iii)   E-Commerce und das TRIPS (Trade Related Aspects of Intellectual Property Rights)

Es liegt auf der Hand, dass der Schutz geistiger Eigentumsrechte – und damit das TRIPS – für den elektronischen Handel von entscheidender Bedeutung sind. Das TRIPS-Abkommen ist neben GATT und GATS einer der drei Hauptpfeiler der WTO-Ordnung. Es integriert die bestehenden WIPO-Abkommen (WIPO, World Intellectual Property Organization) in die internatio-

---

[49] Die EU sieht eine Abdeckung der Internet Service Provider durch das Reference Paper. In den USA besteht diesbezüglich ein Problem, da die zuständige Regulierungsbehörde (FCC) es immer abgelehnt hat, Internetzugangsdienste als Basistelekommunikation, die den allgemeinen Richtlinien unterworfen ist, zu verstehen. Vgl. Drake (2000, S. 159).

[50] Vgl. die Schlussfolgerungen von Goldstein/O'Connor (2000, S. 29).

nale Handelsordnung, weitet den Bereich der Schutzrechte aus, formuliert Mindeststandards für den Schutz geistiger Eigentumsrechte und verpflichtet die Mitgliedstaaten zur Einführung einer unabhängigen gerichtlichen Anrufungsinstanz. Neben diesen Anforderungen an die einzelstaatliche Durchsetzung geistiger Eigentumsrechte enthält das Abkommen zwei wichtige multilaterale Verstärkungen. Für das TRIPS gelten wie für die gesamte WTO-Ordnung die beiden zentralen Grundsätze der Meistbegünstigung und Inländergleichbehandlung. Zudem kann das WTO-Streitschlichtungsorgan angerufen werden, falls Mitgliedstaaten ihren Verpflichtungen aus dem TRIPS nicht nachkommen.

Es besteht Einigkeit, dass das TRIPS dank seiner technologieneutralen Spezifizierung auch im Online-Bereich volle Anwendung findet (WTO, 1999c). Als ausbaufähige Elemente des TRIPS mit Bezug auf den elektronischen Handel sind insbesondere zu erwähnen:[51]

(i)   Wie auch beim GATS führen die positiven Abweichungen von den Mindeststandards, die in zahlreichen nationalen Gesetzen zum Schutz geistiger Eigentumsrechte verankert sind, zu einem heterogenen Verpflichtungsergebnis der verschiedenen Länder. Verstärkt wird die Heterogenität durch die teilweise ungenügende Umsetzung der Mindeststandards. Dies gilt besonders für die Entwicklungsländer, denen es am Willen oder an den Institutionen mangelt, die eingegangenen Verpflichtungen durchzusetzen. Das Problem heterogener Schutzrechte und ungenügender Durchsetzung von Mindeststandards ist kein spezielles Problem des elektronischen Handels, sondern betrifft den internationalen Handel und die internationale Investitionstätigkeit generell. Durch die Internationalität des elektronischen Handels werden aber diese Probleme offensichtlicher. Der Global Business Dialogue sieht denn auch in der fehlenden Durchsetzung der bestehenden Abkommen

---

[51] Die Bedeutung des TRIPS-Abkommens für den elektronischen Handel und allfällig bestehende Regelungslücken sind hier nicht ausreichend untersucht worden. Dieser Themenbereich wird zu einem späteren Zeitpunkt detaillierter angegangen werden.

Eine WTO E-Commerce Initiative? *131*

zum Schutze geistiger Eigentumsrechte eine deutliche Gefährdung für den elektronischen Handel (GBDe (1999).

(ii) Grundsätzlich sind die bestehenden WIPO-Abkommen und das TRIPS auf elektronische Transaktionen anwendbar. Trotzdem stellen sich im elektronischen Handel besondere Regelungsbedürfnisse, welche die WIPO 1996 durch das WIPO Copyright Abkommen (WCT) und das WIPO Performances und Phonograms Treaty (WPPT) aufgenommen hat.[52] Diese Zusatzabkommen sind bislang nicht in das TRIPS-Abkommen integriert worden, was eine spezifische Lücke im Bereich des elektronischen Handels schafft (WTO, 1999c).

4. E-Commerce Initiative der WTO

Die Analyse der bestehenden WTO-Elemente hat bekräftigt, dass dieser multilateralen Organisation eine größere Rolle bei der Entwicklung des elektronischen Handels zukommt, als ihr im allgemeinen zugesprochen wird. Die bisherigen Bemühungen in der WTO tragen dieser Bedeutung ebenfalls nicht ausreichend Rechnung. Betrachtet man beispielsweise die Ergebnisse des Arbeitsprogramms der WTO zum E-Commerce (vgl. dazu Abschnitt 3. *a)*) so stellt man fest, dass die Verhandlungen reaktiv geprägt waren und nicht als Motor für die weitere Entwicklung des elektronischen Handels wirkten. Im Vordergrund stand die Frage, wie sich das Phänomen des elektronischen Handels in bestehende Vertragstexte einordnen lasse und inwiefern Anpassungen der Vertragstexte als Reaktion auf den elektronischen Handel notwendig seien.

Nach Ansicht von Gétaz[53], der selber die Verhandlungen verfolgte, sei es in Ordnung, Rechtslücken identifizieren zu wollen. Jedoch sollten auf solche Abgrenzungsfragen auch Taten folgen, die bei den Diskussionen zum WTO-

---

[52] Bis Ende 1996 hatten ca. 50 Staaten (darunter auch die USA und EU) die Abkommen unterzeichnet.

[53] Siehe Danksagung zu Beginn des Papieres.

Arbeitsprogramm leider ausblieben. Es sei absurd, im Rahmen des Arbeitsprogramms bestehendes WTO-Recht im Kontext von elektronischen Transaktionen auslegen zu wollen. Das WTO-Recht sei doch grundsätzlich technologisch neutral – und damit auch im E-Commerce anwendbar – und es hat im konkreten Anwendungsfall von einem Streitschlichtungs-Panel und nicht allgemein-abstrakt von WTO-Räten ausgelegt zu werden. Was die WTO-Räte tun können ist, über den Verhandlungsweg neues Recht schaffen oder altes abschaffen, nicht aber bestehendes Recht auslegen. Deshalb Gétaz' Aussage, dass das Arbeitsprogramm nur die Identifizierung von Rechtslücken zum Gegenstand haben sollte. Nach dieser Analyse sollte eine Schließung dieser Lücken durch Verhandlungen angestrengt werden. Abgesehen vom Moratorium zur Zollfreiheit elektronisch übermittelter Leistungen, dessen Weiterführung nach dem Scheitern von Seattle unklar ist, wurden die letzten Schritte, die direkt oder indirekt zur Erweiterung des elektronischen Handels führten, jedoch vor vier bzw. drei Jahren gemacht: 1997 das ITA-Abkommen und 1998 das Vierte Protokoll zur Liberalisierung der Basistelekommunikation. Zur Zeit sind keine neuen gebündelten Initiativen sichtbar.

Angesichts der großen Bedeutung des elektronischen Handels für die weltwirtschaftliche Entwicklung ist diese Inaktivität zu bedauern. Dies gilt insbesondere auch aus Sicht der Entwicklungsländer. Eine konzentrierte Verhandlungsrunde könnte sie wesentlich besser in das entstehende Netzwerk des globalen elektronischen Handels einbinden, als dies im Rahmen der jetzigen Entwicklung geschieht. Gerade die Gefahr des „Digital Divide" sollte Anlass sein, das Thema innerhalb der WTO in seinem Gesamtzusammenhang aufzunehmen.

Eine umfassende E-Commerce Initiative muss von den Lücken der bestehenden Verträge ausgehen. Zu diesem Zwecke fasst Abschnitt *a)* die Ausführungen des dritten Kapitels (S. 104f.) tabellarisch zusammen. Anschließend werden in Abschnitt *b)* die Anforderungen an eine E-Commerce Initiative formuliert. Abschnitt *c)* zeigt alternative Verhandlungsstrategien auf und bewertet die verschiedenen Strategien auf dem Hintergrund der eingangs formulierten Zielsetzung nach einer kohärenten Rahmenordnung für den elektronischen Handel.

a) Inhaltliche Bestandteile einer E-Commerce Initiative

Auf der nächsten Seite findet sich eine Zusammenstellung der Verbesserungsmöglichkeiten bestehender Verträge, die sich aus den Analysen des vorliegenden Papiers ableiten lassen (siehe Tabelle V.3). Häufig handelt es sich dabei um Erweiterungen von bestehenden Verpflichtungen (Änderung von Länderlisten, entweder individuell oder koordiniert). Bei anderen Vorschlägen wäre es zweckmäßig, wenn die Vertragsparteien einen Beschluss zur Interpretation von Vertragstexten verabschieden könnten (beispielsweise hinsichtlich der Kategorisierung von digital übertragbaren Gütern). Schließlich enthält die Liste auch Anliegen, die vermutlich eine Veränderung oder Ergänzung von Vertragstexten erforderlich machen würden (so, wenn ein Abkommen über technische Handelshemmnisse im Dienstleistungsbereich als erforderlich betrachtet würde).

Tabelle V.3: Zusammenstellung der Verbesserungsmöglichkeiten bestehender Verträge

Grundsätzliche Fragestellungen	
WTO-Element	**Handlungsbedarf**
Moratorium	• Das Moratorium sollte Vertragscharakter erhalten und auf unbestimmte Zeit festgelegt werden.
Kategorisierungsfragen	• Kategorisierung digitalisierbarer Güter: GATT oder GATS?
	• Kategorisierung von Online Dienstleistungen innerhalb des GATS: Modus 1 oder 2?

Notwendigkeit von mehr Handelsliberalisierung	
WTO-Element	**Handlungsbedarf**
GATT	
Information Technology Agreement	Ausweitung des ITA-Abkommens auf mehr WTO und Nicht-WTO-Mitglieder
	• Aktualisierung der vom Vertrag abgedeckten Produktpalette, Auträumung von Klassifizierungsdivergenzen, Abbau nicht-tarifärer Handelshemmnisse
GATS	
Handel von Telekommunikationsdienstleistungen	• Ausweitung der Verpflichtungen im Rahmen des Vierten Protokolls
	• Ausschluss gewisser Marktzutrittsbeschränkungen
	• Verstärkung der wettbewerbspolitischen Disziplin im Rahmen des Reference Papers
Handel von anderen E-commerce-relevanten Infrastrukturdienstleistungen	• Mehr Marktzutritts- und National Treatment Eingeständnisse in Modus 1 und 2
	• Einführung von Mindestverpflichtungen in Modus 1 und 2 und Ausschluss gewisser Marktzutrittsbeschränkungen
	• Liberale Neuklassifizierung von neuartigen Infrastrukturdienstleistungen
Handel von Content-Services im E-commerce	• Mehr Marktzutritts- und National Treatment Eingeständnisse in Modus 1 und 2
	• Hier insbesondere Förderung des Exportes arbeitsintensiver Dienstleistungen von Entwicklungsländern zu Industrieländern

WTO-Element	Handlungsbedarf
	• Hier insbesondere auch Förderung des Exportes von qualitativ hochwertigen Dienstleistungen von Industrieländern zu Entwicklungsländern (Medizin, Bildung, Versicherung, etc.) • Einführung von Mindestverpflichtungen in Modus 1 und 2 und Ausschluss gewisser Marktzutrittsbeschränkungen • Liberale Neuklassifizierung von neuartigen Infrastrukturdienstleistungen
TRIPS	• Erweiterung des TRIPS um bestehende WIPO-Abkommen – WIPO Copyright Abkommen (WCT) und das WIPO Performances and Phonograms Treaty (WPPT) –, die den Schutz des geistigen Eigentums im Online-Bereich betreffen

Notwendigkeit von mehr Handelsliberalisierung oder Verbesserung bei bestehenden Vertragselementen

WTO-Element	Handlungsbedarf
GATTS	
Telekommunikationsanhang	• Der Anhang soll nicht nur für öffentliche Telekommunikationsnetze gelten, sondern auch explizit den Zugang zu anderen elektronischen Netzen sichern.
Referenzpapier des Abkommens zur Basistelekommunikation	• Das Reference Paper bezieht sich nur auf die Basistelekommunikation. Eine Erweiterung auf andere Kommunikationsdienste soll geprüft werden.

Handlungsbedarf bei lokalen Regulierungen

WTO-Element	Handlungsbedarf
GATS	
Art. VI (lokale Regulierungen) und Art. VII (Anerkennung von Qualifikation)	Prüfen, ob Art. VI und VII bei vermehrter Marktöffnung für Modi 1 und 2 durch ein Abkommen über technische Handelshemmnisse ergänzt werden sollen.

b) Anforderungen an eine E-Commerce Initiative

Wenige WTO-Mitgliedsländer würden der These widersprechen, dass das Potential des elektronischen Handels besser genutzt werden sollte. Im Gegensatz zu anderen Handelsfragen, bei denen die Mitglieder eher gespalten sind (Landwirtschaft z.B.), besteht in diesem Punkt ein weitgehender Konsens. Trotz dieser Übereinstimmung ist es jedoch noch nicht zu konkreten Aktionen gekommen. Dies mag daran liegen, dass man das Thema bislang zu sehr im Zusammenhang mit anderen Interessen diskutiert und die Möglichkeiten einer konzentrierten E-Commerce Initiative noch zu wenig ausgelotet hat.

Aus unserer Sicht sind für die Planung einer E-Commerce Initiative die folgenden Gesichtspunkte zu beachten:

(i) Entscheidend ist die sektorübergreifende Konzentration auf das Thema elektronischer Handel. In diesem Punkt ist den Bemühungen zur Formulierung des in Abschnitt 2.1 dargestellten WTO-Arbeitsprogrammes zu folgen. Dies würde es auch gestatten, die dort geleisteten Vorarbeiten als Grundlage für weiterführende Verhandlungen zu verwenden.

(ii) Ebenso entscheidend ist allerdings, dass diese Ausrichtung mit einem klaren Verhandlungsmandat versehen wird. Das Ziel ist nicht eine Bestandsaufnahme der vertraglichen Bestimmungen, sondern die Lancierung eines Verhandlungsprozesses, der zu weiteren Liberalisierungsschritten führt. Dabei sollte der WTO-Fokus nicht verloren gehen. Im Vordergrund steht die Marktöffnung aufgrund einer nicht-diskriminierenden Behandlung inländischer und ausländischer Anbieter. Aspekte wie Authentifizierung, Vertragsrecht im Internet, Schutz der Privatsphäre und ähnliche Bereiche sollten nicht mit den Verhandlungen zu einer WTO E-Commerce Initiative verknüpft werden. Dafür gibt es andere Foren.[54] Die vom Generaldirektor der WTO in einer Rede

---

54 Vgl. z.B. dazu GBDe (2000). Diese Stellungnahme benennt andere Foren für diese Fragestellungen und fordert klare Kompetenzverteilungen.

vom 31. Oktober 2000 geäusserte Stoßrichtung, wonach die Verantwortung der WTO im Bereich des elektronischen Handels limitiert und auf spezialisierte Bereiche abgegrenzt sei, ist zu unterstützen. Die WTO sollte sich nicht zur Aufgabe machen, dass Internet zu regulieren (Moore, 2000; vgl. auch WTO (1998b).

(iii) Dabei ist zu beachten, dass der Hauptteil der geforderten Liberalisierungsschritte über eine Anpassung der Länderlisten im GATT und GATS erreicht werden kann. Eine E-Commerce Initiative wäre somit eine sehr „klassische" Verhandlungsrunde – sieht man von der Tatsache ab, dass die Zugeständnisse sektorübergreifend verhandelt werden müssen. Die übrigen Anliegen liessen sich in den meisten Fällen über Entscheidungen des Ministerrates oder des Allgemeinen Rates zur Interpretation von Vertragstexten nach Artikel IX:2 des WTO-Abkommens aufnehmen. Solche Entscheide könnten ein Verhandlungspaket von Länderlisten ergänzen.

(iv) Es ist darauf zu achten, dass das Verhandlungsziel nicht ausschließlich unter der Zielsetzung Liberalisierung zu sehen ist, sondern dass es vielmehr darum geht, die Voraussetzungen dafür zu schaffen, dass alle WTO-Mitglieder an den Möglichkeiten des elektronischen Handels partizipieren können. Dies heißt insbesondere, dass die WTO-Initiative eingebettet sein muss in ein Aktionsprogramm, das die Weltbank und das von der WTO und UNCTAD gemeinsam getragene Trade Development Center einschließt. Für die Entwicklungsländer muss die Marktöffnung verbunden sein mit einem Programm zum Aufbau der erforderlichen Infrastruktur und der Ausbildung.

(v) Schliesslich sollte eine E-Commerce Initiative möglichst unverzüglich an die Hand genommen werden können. Dies macht es gefährlich, eine solche Initiative an das Schicksal einer nächsten großen WTO-Runde zu knüpfen. Selbstverständlich ist es erwünscht, wenn das Thema E-Commerce in einer nächsten Runde einen prominenten Platz einnimmt. Sollte sich aber in den nächsten Monaten zeigen, dass die Aussichten für eine neue große Runde wenig erfolgversprechend sind, müssen Wege gefunden werden, das Thema E-Commerce im Sinne einer thematisch konzentrierten Verhandlungsinitiative aufzugreifen.

Die Stoßrichtung ist somit klar: Die WTO soll Verhandlungen aufnehmen, die sich auf die bessere Nutzung des Potentials aus der Weiterentwicklung des elektronischen Handels konzentrieren. Dazu braucht es abgestimmte Zugeständnisse aus dem GATT und GATS Bereich, die entweder im Rahmen einer in Kürze aufzunehmenden großen Runde oder als separate Initiative verhandelt werden sollten. Die nächste Ministerkonferenz in Quatar könnte dazu den Startschuss geben.

c) *Möglichkeiten einer E-Commerce Initiative*

Liberalisierungsschritte können im Rahmen der WTO auf mehreren Verhandlungsebenen erreicht werden. Abbildung V.2 fasst vier grundsätzliche Möglichkeiten zusammen. Erstens kann jedes Land jederzeit seine Verpflichtungsliste in Richtung eines vermehrten Marktzugangs ändern (Beschränkungen bestehen lediglich hinsichtlich einer Rücknahme bereits eingegangener Verpflichtungen). Solche individuellen Änderungen der hinterlegten Listen können zweitens im Rahmen eines koordinierten Vorgehens erfolgen, womit sicher gestellt wird, dass eigene Marktöffnungen durch angemessene Schritte der Handelspartner ergänzt werden. Die Marktöffnungen im Bereich der Informationstechnologiegüter (ITA) folgten diesem Muster. Der Startschuss zu solchen Verhandlungen wird zweckmäßigerweise durch eine WTO-Ministerkonferenz gegeben. Im Unterschied zur Lancierung einer großen Verhandlungsrunde braucht es aber kein detailliertes Verhandlungsmandat, da eine solche Sektorverhandlung nicht notwendigerweise alle WTO-Mitglieder einschließen muss. Das Schema unterscheidet im Übrigen zwischen umfassenden Verhandlungsrunden, die im Rahmen der bestehenden Verträge die Marktzugangsverpflichtungen aller WTO-Mitglieder erhöhen (dritter Kasten) und Verhandlungsrunden, die zu Vertragsänderungen führen (vierte Alternative). Letzteres war für die Uruguay-Runde charakteristisch; in allen vorhergehenden Runden stand die

Eine WTO E-Commerce Initiative?

Liberalisierung innerhalb der bestehenden vertraglichen Grundlagen im Vordergrund.

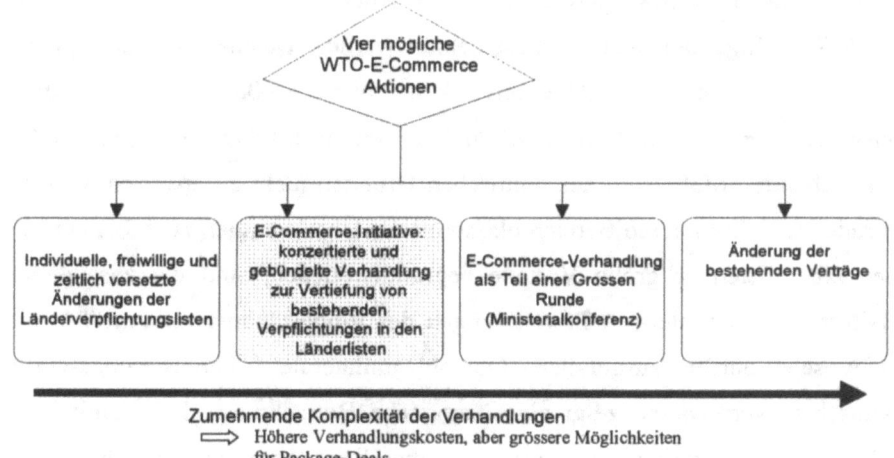

Abbildung V.2: Vier WTO-E-Commerce Aktionen

Wie ist die Forderung nach vermehrter Liberalisierung im E-Commerce vor dem Hintergrund dieser vier Verhandlungsalternativen zu beurteilen? Zuerst ist festzuhalten, dass der überwiegende Teil der Forderungen durch eine Änderung der Verpflichtungslisten der einzelnen Länder eingelöst werden kann. Der Bedarf nach einer Vertragsergänzung ergäbe sich nur dann, wenn festgestellt würde, dass eine deutlich weitergehende Liberalisierung von Dienstleistungssektoren – vor allem im Rahmen der Modi 1 (direkter Dienstleistungsexport) und 4 (Erbringen einer Dienstleistung durch eine natürliche Person im Ausland ohne Niederlassung) – durch nationale Regulierungen nachträglich wieder übermäßig eingeschränkt würde. Es kann sehr wohl sein, dass Art. VI GATS keine ausreichende Basis bietet, um solche regulatorischen Handelshemmnisse bei weiter gehenden Verpflichtungen in hoch regulierten Dienstleistungsmärkten wirksam zu kontrollieren. In diesem Falle wäre es zweckmässig, analog zum GATT Abkommen über technische Handelshemmnisse ein ergänzendes Spezialabkommen zu schließen. Falls es als notwendig betrachtet wird, könnten einige Klassifizierungsfragen (vor allem die digitalisierte Übermittlung von bisher in Gütern enthaltenen Inhalten) durch Beschlüsse des Ministerrates gemäß Artikel IX:2 WTO-Vertrag autoritativ geklärt werden.

Wenn somit das Schwergewicht auf einer Änderung der Verpflichtungslisten der WTO-Mitglieder liegt, so muss geklärt werden, welcher Weg den größten Erfolg verspricht. Eine Alternative kann ohne große weitere Erklärung ausgeschieden werden. Individuelle unkoordinierte Liberalisierungsschritte im ausreichenden Maße sind aus politischen Gründen nicht zu erwarten. Obwohl gerade im E-Commerce Bereich ökonomische Überlegungen auch bei einseitiger Liberalisierung große Vorteile begründen ließen, sind die zusätzlichen Beitritte oder unilateralen Erweiterungen des Eingeständnisses zum ITA oder BTA sehr dürftig ausgefallen. Obwohl unilaterale Liberalisierungsschritte wünschenswert wären, zeigt eine historische Betrachtung, dass damit keine oder nur sehr geringe Sprünge im Liberalisierungsniveau erzielt werden können. Natürlich kann betont werden, dass zu Anfang von reziproken Eingeständnissen zumeist ein Land wie die USA durch ein umfangreiches Angebot an Eingeständnissen einen wesentlichen ersten Schritt zu erfolgreichen Verhandlungen gemacht hat.[55] Diese Art von Verhandlungsführerschaft eines Landes (leadership of the first-mover) ist jedoch auch bei der unten vorgeschlagenen E-Commerce Initiative oder bei jeglichen reziproken Verhandlungen von besonderer Wichtigkeit.

Im Vordergrund steht deshalb die Abwägung der Argumente, die für eine Anbindung der E-Commerce Verhandlungen an eine große Runde, beziehungsweise für eine konzentrierte Aktion analog zu den ITA-Verhandlungen sprechen. Aus inhaltlichen wie auch aus verhandlungspolitischen Gründen ist es gegeben, die Anliegen des E-Commerce im Rahmen einer nächsten großen Verhandlungsrunde aufzunehmen – falls eine solche in absehbarer Zeit gestartet werden kann. Die inhaltlichen Forderungen, wie sie in diesem Auf-

---

[55] Diese Eingeständnisse waren aber z.B. in den Verhandlungen zur Basistelekommunikation oder im Rahmen des Zweiten Protokolls zu finanziellen Dienstleistung immer gebunden an ausreichende reziproke Handelseingeständnisse der Handelspartner und wurden schon des öfteren durch die USA zurückgezogen, wenn die reziproken Gegenangebote nicht ausreichend waren.

satz entwickelt wurden, können Ausgangspunkt für das Bündeln entsprechender Verhandlungsthemen sein. Zentral ist aber, dass die Verhandlungen so strukturiert werden, dass die E-Commerce Themen vertragsübergreifend koordiniert werden können. Insbesondere geht es darum, die Verhandlungen zu Informationstechnologiegütern mit den entsprechenden Verhandlungen im GATS Bereich im Zusammenhang zu sehen. Wie bereits angedeutet, sollten diese Verhandlungen zudem mit einem Aktionsprogramm der Weltbank und der UNCTAD zur Bereitstellung der notwendigen Infrastruktur und Ausbildung gekoppelt werden können.

Es gibt zahlreiche Gründe, die ein großes Fragezeichen zu einer nächsten großen Runde setzen. Es ist nicht auszuschliessen, dass sich die WTO-Mitglieder noch für längere Zeit nicht auf ein Verhandlungsmandat einigen können. Falls die Runde gestartet wird, ist zu erwarten, dass die Verhandlungen ausserordentlich schwierig werden. Dafür spricht vor allem der große politische Druck in Industrieländern, eine nächste Runde dazu einzusetzen, durch Einbezug neuer Themen (Wettbewerb, Umwelt, Sozialstandards) die Spielregeln des Welthandels zu verändern. Ob es möglich sein wird, eine Verhandlungsrunde zur weiteren Liberalisierung innerhalb der bestehenden Verträge (Alternative 3 in Abbildung V.2) zu führen, ist zumindest nicht gesichert, wenn nicht unwahrscheinlich. Vor diesem Hintergrund scheint es uns sehr gefährlich, das Schicksal weiterer Liberalisierungsschritte in E-Commerce Bereich an den Erfolg einer nächsten großen WTO-Runde zu knüpfen.

Aus diesem Grunde plädieren wir dafür, dass unverzüglich die Vorarbeiten in die Hand genommen werden, die Belange des E-Commerce in einer konzentrierten Initiative zu bündeln. Falls sich eine große Verhandlungsrunde ergibt, können diese Vorarbeiten in die entsprechenden Verhandlungen eingebracht und allenfalls als Zwischenergebnis vorzeitig in Kraft gesetzt werden. Falls sich die Hoffnungen auf eine große Verhandlungsrunde zerschlagen, könnten die entsprechenden Belange analog zur ITA-Initiative verhandelt und über eine koordinierte Verankerung von Länderlisten realisiert werden. Zentrale Frage wird sein, ob es möglich sein wird, ein Paket von zusätzlichen Zugeständnissen zu schnüren, das einen ausreichenden Liberalisierungsschritt bringt und die Interessen von Industrie- und Entwicklungsländern ausgewogen aufnimmt. Sicherlich wäre es wünschenswert, wenn die USA oder die EU mit ersten Eingeständnissen und Verhandlungswillen ein fruchtbares Umfeld für die Initiative schaffen. Angesichts der Vielfalt an Themen, wie sie in Abschnitt 4.*a)* (S. 33) zusammengestellt sind, und unter der Voraussetzung, dass auch bei diesem Vorgehen ergänzend eine Infrastrukturinitiative der Weltbank gestartet wird, sind wir verhalten optimistisch, dass ein solches Vorgehen erfolgversprechend sein kann. Wirtschaftlich wünschenswert wäre es auf jeden Fall.

5. Literaturverzeichnis

Acheson, Keith und Christopher Maule (1999), *Much ado about Culture - North American Trade Disputes*, The University of Michigan Press, Ann Arbor.

Aitic (1999), Electronic Commerce within the Framework of the WTO: Implications for the less developed Countries, Agency for International Trade Information and Cooperation, August 1999, http://www.acici.org/aitic/documents/Notes/note5ang.html#3.

Alliance for global Business (1999), A Global Action Plan for Electronic Commerce, http://www.giic.org/focus/ecommerce/agbecplan.html.

Aronson, Jonathan D. (2000), „After Seattle: Trade Negotiations and the New Economy", in: Marsden, C. (ed.), *Regulating the global Information Society*, Kapitel 9, Routledge, London.

Baumann, Helmut (1997), Die Dienstleistungsfreiheit auf dem Gebiet der audiovisuellen Medien - im Rahmen des GATS im Spannungsfeld von Marktfreiheit und kultureller Selbstbestimmung der Europäischen Union, Duncker & Humblot GmBH, Berlin, Mai 1997, Berlin.

BCG (2000), Mobile Commerce: winning on-air Consumers, November 2000, www.bcg.com.

Bronckers, Marco C. E. und J. Pierre Larouche, (1997), „Telecommunications Services and the WTO", *Journal of World Trade*, Vol. 31, No. June 1997, pp. 5-48.

Choi, Soon-Yong, Dale O. Stahl und Andrew B. Whinston (1997), *The Economics of Electronic Commerce*, Macmillan Technical Publishing, Indianapolis.

Drake, William J. (2000), „The international Telecoms Regime", in: Marsden, C. (ed.), *Regulating the global Information Society*, Kapitel 8, Routledge, London.

Drake, William und Kalypso Nicolaidis (1999), *„Global Electronic Commerce and the GATS: The „Millennium Round" and Beyond*, in: P. Sauvé, und R. Stern (eds.), *GATS 2000: New Directions in Services Trade Liberalisation*, Kapitel 14, The Brookings Institution Press, Washington.

Feketekuty, Geza (2000a), „Assessing and Improving the Architecture of GATS", in: P. Sauvé und R. Stern (eds.), *GATS 2000: New Directions in Services Trade Liberalisation*, Kapitel 4, The Brookings Institution Press, Washington.

Feketekuty, Geza (2000b), „Regulatory Reform and Trade Liberalisation in Services", in: P. Sauvé und R. Stern (eds.), *GATS 2000: New Directions in Services Trade Liberalisation*, Kapitel 9, The Brookings Institution Press, Washington.

Forrester (2000), Sizing global online exports, Forrester Research, November 2000.

GBDe (1999), Global Business Dialogue Workplan, Global Business Dialogue on Electronic Commerce, www.gbde.org/media/papers/workplan.html.

GBDe (2000), Electronic Commerce and the WTO, Global Business Dialogue on Electronic Commerce, 20.11.2000, www.GBDe.org/media/papers/GBDe_wto.html.

Goldstein, Andrea und David O'Connor (2000), *E-commerce for Development: Prospects and Policy Issues*, CD/Doc(00)8, September 2000, Paris, OECD Development Centre.

Helpman, E. (1998), General Purpose Technologies and Economic Growth, MIT Press.

Hoekman, Bertrand M. (2000), „Toward a more balanced and comprehensive Service Agreement", in: J. Schott (ed.), *The WTO after Seattle*, Kapitel 9, Institute for International Economics, Washington.

Hoekman, Bertrand M. und Patrick A. Messerlin (2000), Liberalising Trade in Services: Reciprocal Negotiations and Regulatory Reform, in: P. Sauvé und R. Stern (eds.), *GATS 2000: New Directions in Services Trade Liberalisation*, Kapitel 17, pp. 487-508, The Brookings Institution Press, Washington.

ITC (1999), Trade in IT products and the WTO Agreement- Current Situation and Views of Exporters in developing Countries, Geneva, International Trade Centre.

ITC (2001), Offshore Back Office Operations: Supplying Support Services to Global Markets, Geneva, ITC.

ITU (1999), Challenges to the Network: Internet for Development, Geneva, International Telecommunications Union.

Krancke, Jan (2000), „Marktordnung und Barrieren im grenzüberschreitenden Handel mit Kommunikationsdienstleistungen: Dienstleistungen der Informationstechnologie", *Kieler Arbeitspapier* 1008, Kiel, Oktober 2000, Institut für Weltwirtschaft.

Langenfurth, Markus (1999), Der globale Telekommunikationsmarkt – Telekommunikationsdienste als international handelbare Dienstleistung, Universität Münster- Europäische Hochschulschriften.

Mann, Catherine L. (1999), *Electronic Commerce in Developing Countries*, Mai 1999, Institute for International Economics, Washington.

Mann, Catherine L., Sue Eckert und Sarah C. Knight (2000), *Global Electronic Commerce- A Policy Primer*, Juli 2000, Institute for International Economics, Washington.

Mann, Catherine L. und Sarah C. Knight (2000), „Electronic Commerce in the WTO", in: J. Schott (ed.), *The WTO after Seattle*, Kapitel 16, Juli 2000, Institute for International Economics, Washington.

Mattoo, Aaditya und Ludger Schuknecht (2000), Trade Policies for Electronic Commerce, Juni 2000, Nummer: http.//www.cid.harvard.edu/cidtrade/Issues/ ecommerce.html, World Bank.

Messerlin, Patrick A. (2000), „Regulating Culture: has it gone with the Wind?", Juni 2000, pp. 287-321, in: Conference Proceedings of the Australian National University, *Achieving better Regulation of Services*, organized by the Productivity Commission.

Moore, Mike (2000), *Opening Remarks, E-commerce Conference ITC*, 31.10.2000, Geneva, WTO.

Nezu, Risaburo (2000), *E-Commerce: a Revolution with Power*, OECD Directorate for Science, Technology and Industry.

OECD (1997), Dismantling the Barriers to Global Electronic Commerce, Internet-Seite der OECD, in dem Teil „Barriers to Electronic Commerce", www.oecd.org// dsti/sti/it/ec/prod/DISMANTL.HTML.

OECD (1998), Report on international and regional Bodies: Activities and Initiatives in Electronic Commerce, Nummer: SG/EC(98)10/Final, 5.10.1998, OECD Directorate for Science, Technology and Industry.

OECD (1999a), A Review of Market Openness and Trade in Telecommunications, Nummer:DSTI/ICCP/TISP(99)5/Final, 10.12.1999, Paris, OECD.

OECD (1999b), OECD Forum on Electronic Commerce- Report on the Forum, Nummer: SG/EC(99)12, 26.11.1999, Paris, OECD Directorate for Science, Technology and Industry.

OECD (1999c), Revised Report on international and regional Bodies: Activities and Initiatives in Electronic Commerce, Nummer: SG/EC(99)5, 5.10.1999, OECD Directorate for Science, Technology and Industry.

OECD (1999d), Trade Policy Aspects of Electronic Commerce- Online Product Customisation, Nummer: TD/TC/WP(98)65/Final, 17.3.1999, Paris, Trade Directorate (Trade Committee of the OECD).

OECD (2000a), Assessing Barriers to Trade in Services: Using Cluster Approaches to Specific Commitments for interdependent Services, Nummer: TD/TC/WP(2000)9Final, 7.11.2000, Paris, OECD.

OECD (2000b), Electronic Commerce- Existing GATS Commitments for online Supply of Services, Nummer: TD/TC/WP(99)37/Final, 7.12.2000, Paris, Trade Directorate (Trade Committee of the OECD).

OECD (2000c), Electronic Commerce: inititial Survey of unilateral Liberalisation and Facilitation Measures, Nummer: TD/TC/WP(99)38/Final, 30.3.2000, Paris, Trade Directorate (Trade Committee of the OECD).

OECD (2000d), Local Access Pricing and E-commerce, Nummer: DSTI/ICCP/TISP(2000)1FINAL, Juli 2000, Paris, http://www.olis.oecd.org/olis /2000doc.nsf/linkto/dsti-iccp-tisp(2000)1-final.

OECD(2001), Revised Report on international and regional bodies: Activities and Initiatives in Electronic Commerce, Januar 2001, OECD Directorate for Science, Technology and Industry.

OECD Observer (2000), The Digital Divide widens- a Warning, February 2000, OECD Directorate for Science, Technology and Industry, http://www.oecdobserver.org/ news/fullstory.php/aid=165.

Panagariya, Arvind (2000), E-commerce, WTO and developing Countries, UNCTAD, Geneva, http://www.cid.harvard.edu/cidtrade/Issues/ecommerce.html.

Schuknecht, Ludger und Rosa Pérez-Esteve (1999), A Quantitative Assessment of Electronic Commerce, Geneva, September 1999, WTO, http://www.wto.org/english/-tratop_e/ecom_e/erad9901.htm.

Senti, Richard (2000), *WTO - System und Funktionsweise der Welthandelsordnung*, Schulthess Juristische Medien AG, Zürich.

Senti, Richard (2001), „Die Welthandelsordnung der Telekommunikation", in: *Aussenwirtschaft*, Vol. 56. Jahrgang 2001(forthcoming), Heft I, März 2001.

Sy, Habib J. (1999), „Global Communications for a more equitable World", in: UNDP, *Global Public Goods, International Cooperation in the 21st Century*, Oxford University Press, Oxford.

The Economist (2001), *Stop Signs on the Web*, 11.01.2001.

The World Bank Group (2000), The Networking Revolution – Opportunities and Challenges for Developing Countries, June 2000, World Bank.

Tinawi, Emad und Judson O. Berkey (1999), „E-services and the WTO: The Adequacy of the Gats Classification Framework", *OECD (www.oecd.org)*, Paris.

USA (2000), Digital Economy 2000, June 2000, Department of Commerce, www.ecommerce.gov/ede.

Warner, Mark A. A. (2000), „Competition Policy and GATS", in: P. Sauvé und R. Stern (eds.), *GATS 2000: New Directions in Services Trade Liberalisation*, Kapitel 13, The Brookings Institution Press, Washington

Wasescha, Luzius und Markus Schlagenhof (1998), „Information Technology Agreement (ITA)- Towards a New Era of Sectorial Market Liberalisation in WTO", in: *Aussenwirtschaft*, Vol. 53. Jahrgang 1998, Heft I, S. 113-127.

WIPO (2000), A primer on Electronic Commerce and Intellectual Property Issues, Nummer: WIPO/OLOA/EC/PRIMER, May 2000, WIPO, Geneva.

Wirtschaftswoche (2000), Sauber und leer – Europa rollt dem E-Commerce jede Menge Steine in den Weg – vorneweg Frankreich und Deutschland, Nr. 49, 30.11.2000, pp. 26.

WTO (1998), Declaration on Global Electronic Commerce, Nummer: WT/MIN(98)/DEC/2, 18.5.1998, Geneva.

WTO (1998a), Electronic Commerce and the Role of the WTO, Geneva, WTO.

WTO (1998b), Work Programme on Electronic Commerce, Nummer: G/C/W/128, General Council.

WTO (1998c), Work Programme on Electronic Commerce, Nummer: WT/L/274, 30.9.1998.

WTO (1998d), WTO Press Release: ITA II Talks suspended, Nummer: Press 110, 17.7.1998.

WTO (1999a), Communication from Switzerland- Preparing for GATS 2000, Nummer: S/C/W/103, 22.3.1999, Geneva, Council for Trade in Services.

WTO (1999b), Contribution by the Committee on Trade and Development to the WTO Work Programme on Electronic Commerce, Communication from the Chairperson, Nummer: WT/COMTD/19, 15.7.1999, Committee on Trade and Development.

WTO (1999c), The Work Programme on Electronic Commerce - Background Note by the Secretariat, Nummer: IP/C/W/128, 10.2.1999.

WTO (1999d), Work Programme on Electronic Commerce- Information to the General Council, Nummer: G/C/W/158, 26.7.1999, Geneva.

WTO (1999e), Work Programme on Electronic Commerce- Progress Report to the General Council, Nummer:IP/C/18, 30.7.1999, Geneva.

WTO (1999f), Work Programme on Electronic Commerce- Submission by the US, Nummer: WT/GC/16, 12.2.1999, Geneva, Council for Trade in Services.

WTO (1999g), Work Programme on Electronic Commerce-Interim Report to the General Council, Nummer: S/C/8, 31.3.1999, Geneva.

WTO (1999h), Work Programme on Electronic Commerce, Nummer: G/C/W/158, 26.7.1999, Geneva.

WTO (2000a), Chairman's factual progress report to the General Council on the
Work Programme on Electronic Commerce, Nummer: G/L/421, 2.11.2000.

WTO (2000b), Import Licensing for IT products: Canadian national experience paper, Nummer: G/IT/9, 4.7.2000, Geneva.

WTO (2000c), Non-tariff measures work programme, Nummer: G/IT/19, 13.11.2000, Geneva, WTO.

WTO (2000d), Work Programme on Electronic Commerce-Progress Report by the Chairman to the General Council, Nummer: IP/C/20, 4.12.2000, Council for Intellectual Property Rights, Geneva.

WTO (2000e), WTO Programme on Electronic Commerce: Oral Report by the Chairman of the Council for Trade in Services to the General Council on Electronic Commerce, Nummer:S/C/13, 6.12.2000, Council for Trade in Services, Geneva.

WTO internet Page (2000), World Trade Organisation, Eingangsseite im Dezember 2000.

WTO Press release (2000), ITA Committee approves work programme on non-tariff measures, 17.11.2000, www.wto.org.

Professor Dr. Heinz Hauser
Sacha Wunsch-Vincent (MSc)
Universität St. Gallen
Schweizerisches Institut für Aussenwirtschaft
und Angewandte Wirtschaftsforschung (SIAW)
Dufourstr. 48,

CH- 9000 St. Gallen
Heinz.Hauser@unisg.ch
Sacha.Wunsch-Vincent@unisg.ch

VI.
Fragen der Besteuerung des elektronischen Handels

Norbert Herzig und Günther Strunk

1. Einleitung

Geschäftsaktivitäten unter Nutzung moderner Informationstechnologien, wie dem Internet aufgrund der erheblichen betriebswirtschaftlichen Vorteile sind aus der heutigen Unternehmenswelt nicht mehr wegzudenken. Die Kombination zweier technologischer Erscheinungen bzw. Weiterentwicklungen, die Digitalisierung sowie die weltweite Vernetzung haben zu dieser dynamischen Verbreitung der Geschäftsaktivitäten im Rahmen des Electronic Commerce geführt. Neben zahlreichen betriebswirtschaftlichen und rechtlichen Aspekten, die bei Geschäften im Internet Beachtung finden müssen, sind nicht zuletzt auch steuerliche Wirkungen zu berücksichtigen. Es sind dies Fragen der:

- Umsatzsteuer,
- Einkommen-/Körperschaft und Gewerbesteuer und
- Steuerkontrolle und des Verfahrensrechts.

Wenngleich eine Beschränkung auf die Fragen der Besteuerung des Electronic Commerce[1] erfolgen soll, ist darauf hinzuweisen, dass sich weitere erhebliche steuerliche Konsequenzen im Bereich des sogenannten Elektronischen Geschäftsverkehrs[2] ergeben. Als Beispiele seien genannt die Qualifizierungsprobleme im Zusammenhang mit dem Teleworking, also der Abgrenzungsfrage, selbständige oder nichtselbständige Tätigkeit, sowie Schwierigkeiten bei der für die Ermittlung der Steuerpflicht bzw. Festlegung der abkommensrechtlichen Ansässigkeit wesentlichen Frage der Bestimmung der Ansässigkeit physisch präsenter Unternehmen mit ausschließlich virtuellem Ort der Geschäftsleitung.[3]

2. Besonderheiten des Electronic Commerce und sich hieraus ergebende steuerliche Problemfelder

Die Unternehmenstätigkeit wird in Zeiten des Internets in erheblichem Umfang durch die Technik beeinflusst, da die neuen Möglichkeiten bisher unbekannte Geschäftsmodelle und ihre Ausführungen wesentlich verändern und von traditionellen Formen der Geschäftstätigkeiten abweichen. Da sich das derzeitige Besteuerungssystem in Deutschland sowie den meisten Industriestaaten hin-

---

[1] Für die nachfolgenden Ausführungen soll der Begriff des Electronic Commerce wie folgt definiert werden: „Electronic Commerce umfasst die Gesamtheit aller Aktivitäten eines Unternehmens durch Übermittlung von Informationen über bestehende Kommunikationsnetze, um mit Kunden Geschäfte abzuwickeln und Einnahmen zu erzielen. Hierunter fällt sowohl die Anbahnung von Geschäften durch unterschiedliche Marketingmaßnahmen im Internet oder auf anderen Kommunikationswegen, der rechtswirksame Abschluss von Geschäften, die „Lieferung" der Waren oder Dienstleistungen sowie der sich anschließende Bezahlvorgang".

[2] Als „elektronischen Geschäftsverkehr" bezeichnet man alle Geschäfte, die elektronisch getätigt werden. Grundlage ist hierbei die elektronische Verarbeitung und Übertragung von Daten einschließlich Text, Ton und Bild. Er mufasst dabei unterschiedliche Tätigkeiten, wie z.B. den Electronic Commerce, aber auch andere Maßnahmen innerhalb von Unternehmen sowie zwischen verbundenen Unternehmen.

[3] Bei Geschäftsaktivitäten im Internet und der Nutzung von Videokonferenzen, E-mail-Kommunikation ergeben sich Fragen danach, wie die Bestimmung des Ortes der Geschäftsleitung erfolgt, wenn die Geschäftsleitung an mehreren Orten vorgenommen wird oder wie der Sachverhalt zu beurteilen ist, wenn wegen der geforderten Dauerhaftigkeit ein Ort der geschäftlichen Oberleitung nicht bestimmt werden kann.

sichtlich der zu bestimmenden steuerlichen Rechtsfolgen an materiell greifbaren, physischen, dauerhaften und räumlich bestimmbaren Anknüpfungspunkten der Geschäftstätigkeit orientiert, ist zu fragen, welche Probleme und Schwierigkeiten aus der Ortsungebundenheit und weiteren Besonderheiten der Internetaktivitäten auf die Besteuerung resultieren:

a) Neuartigkeit von Geschäftsmodellen durch technische Möglichkeiten

Ein weit verbreitetes Vorurteil zur Frage der Relevanz des Untersuchungsgegenstandes „Besteuerung des Elektronischen Handels" lautet, es handele sich bei diesem wirtschaftlichen Phänomen um nichts anderes als eine Weiterentwicklung der Kommunikation mittels Telefon und Telefax, die eine intensive Diskussion mit den Steuerfragen dieser Wirtschaftsform entbehrlich erscheinen lasse. Einer solchen Beurteilung ist entschieden zu widersprechen. Zwar sind Fälle denkbar, bei denen das Internet nur als alternatives Kommunikationsmedium zu den bisher bekannten Möglichkeiten hinzutritt und genutzt wird und die sich hieraus ergebenden steuerlichen Konsequenzen nicht völlig andersartig sind, als bei der Nutzung traditioneller Medien. Doch neben diesen traditionellen Geschäftsformen mit nur marginalen Änderungen der steuerlichen Beurteilung haben sich neuartige Geschäfts- und Ertragsmodelle entwickelt, die in Umfang und/oder Qualität mit den bisherigen konventionellen Medien und technischen Möglichkeiten nicht möglich waren. So sind zum Beispiel Aktivitäten im sogenannten „Teleservice", also der Steuerung von Produktionsanlagen, der Fehlerbeseitigung, der technischen oder medizinische Online-Beratung oder der Abrechnung von Leistungen über das Internet vollständig neuartig.

b) Digitalisierung führt zur zunehmenden Immaterialisierung von Geschäftsinhalten

Die wirtschaftlichen Gegenstände von Internetgeschäften sind zunehmend immaterielle Güter, wobei der Nutzung der Güter offensichtlich der eindeutige Vorzug vor dem Besitz und Eigentum derselben eingeräumt wird. Vor allem Letzteres hat zur Folge, dass zukünftig mehr und mehr Dienstleistungen von anbietenden Unternehmen erbracht werden, die nicht zuletzt besondere Herausforderungen an die handels- wie steuerbilanzielle Abbildung solcher Transaktionen begründen.

c) Virtualisierung

Die weitgehende Überwindung zeitlicher und räumlicher Distanzen führt zur Auflösung räumlicher und physischer Anknüpfungsmerkmale der Besteuerung, wie dies z.B. bei der Betriebsstätte, dem Ort der Geschäftsleitung, dem Ort der Buchführung oder dem umsatzsteuerlichen Leistungsort der Fall ist. Hinsichtlich des Steuerverfahrensrechtes ergeben sich erhebliche Kontroll- sowie Erhebungsschwierigkeiten.

d) Weltweite Mobilität

Die erhebliche Reduzierung von Marktzugangskosten führt zu einer zunehmenden Internationalisierung der Geschäftsaktivitäten. Da außerdem die räumliche Entfernung des Unternehmens zum Kunden in vielen Fällen unerheblich ist, besteht in einer nicht harmonisierten Steuerwelt die Gefahr der Steuererosion für die Steuerfisci und die Chance der Steueroptimierung für Steuerpflichtige. Da die Bedeutung klassischer Standortfaktoren abnimmt, steigt die relative Bedeutung des Standortfaktors Steuern.

e) Vernetzung

Die weltweite Vernetzung von Unternehmen und die gemeinsame Leistungserstellung im Rahmen von Leistungsnetzen erschwert die zwischenstaatliche Allokation steuerlicher Bemessungsgrundlagen. Der Übergang von Leistungsketten mit eindeutiger Bestimmung von Leistungserbringer und Leistungsempfänger zu Interdependenzen begründenden Leistungsnetzen erfordert eine Anpassung bisher üblicher Verfahren an neue Gegebenheiten.

3. Offene Fragen und Probleme des Status Quo der Besteuerung des Electronic Commerce

Aus der Vielzahl von Problemen und offenen Fragen sollen im Folgenden einige exemplarisch genannt werden. Es sind dies:

Fragen der Besteuerung des elektronischen Handels

a) Gleichbehandlung der Steuerpflichtigen wie der Geschäftsformen

Der Status Quo der Besteuerung führt zu einem erheblichen Gestaltungsspielraum für im E-Commerce tätige Unternehmen, um als unerwünscht angesehene Besteuerungsfolgen zu vermeiden oder begünstigende Besteuerungsfolgen zu erlangen. Die Gleichbehandlung zwischen in- und ausländischen Unternehmen ist für den Bereich des E-Commerce nicht sichergestellt. Im Ausland ansässige Unternehmen können die beschränkte Steuerpflicht in einem Hochsteuerland wie Deutschland ohne wesentliche wirtschaftliche Einbußen oder Restriktionen umgehen. Außerdem besteht keine Gleichbehandlung hinsichtlich der Art der Geschäftsvornahme bei im Ausland ansässigen Unternehmen. Während Unternehmen, die traditionell konventionelle Ladenlokale zum Vertrieb ihrer Produkte nutzen, stets zur beschränkten Steuerpflicht herangezogen werden, ist dies bei Unternehmen, die ihre Kunden über das Internet bedienen, nicht so. Die für die beschränkte Einkommen- oder Körperschaftsteuerpflicht erforderlichen Anknüpfungskriterien können bei gewerblichen Einkünften gem. § 49 Abs. 1 Nr. 2 EStG i.V.m. § 15 EStG dadurch vermieden werden, dass kein eigener Internetserver in Deutschland unterhalten wird, sondern erforderliche Rechner- und sonstige Internetdienstleistungen im Inland von fremden Dritten „zugekauft" werden. Hierdurch wird die steuerpflichtbegründende Etablierung einer Betriebsstätte oder eines ständigen Vertreters verhindert. Während somit ein im Ausland ansässiger Unternehmer aus ertragsteuerlicher Sicht die Begründung einer Betriebsstätte im Inland zu vermeiden sucht, kann sich für einen im Inland ansässigen Unternehmer mit Auslandsaktivitäten die entgegengesetzte Vorgehensweise als steueroptimal darstellen. In Fällen, in denen die Bundesrepublik Deutschland aufgrund eines Abkommens zur Vermeidung der Doppelbesteuerung (nachfolgend als DBA bezeichnet) auf die Besteuerung der, einer Betriebsstätte im anderen Staat zuzurechnenden Einkünfte verzichtet, wird der Steuerpflichtige versuchen, im DBA-Ausland mittels des Internetservers eine Betriebsstätte zu begründen, der dann ein Großteil der Einkünfte zugeordnet und damit der niedrigeren, ausländischen Steuer unterworfen wird. Aus diesem Grund ist die Frage der Betriebsstättenbegründung durch einen Internetserver ein vorherrschendes Thema in der aktuellen Steuerdiskussion. Mit Datum vom 22. Dezember 2000 hat das Committee on Fiscal Affairs der

OECD dem Änderungsvorschlag der Arbeitsgruppe 1 der OECD zur Ergänzung des Kommentars zum OECD-Musterabkommen zugestimmt (http://www.oecd.org/daf/fa/e_com/). Die Festlegung hat nicht nur für das Abkommensrecht Signalwirkung, sondern auch für das nationale Steuerrecht der Staaten und deren Interpretation des Betriebsstättenbegriffs auf die beschränkte Steuerpflicht sowie andere Aspekte des grenzüberschreitenden Geschäftsverkehrs. Neben weiteren wesentlichen Festlegungen führt die OECD aus, dass zukünftig für das Vorliegen einer Betriebsstätte das Vorhanden- und Tätigsein von natürlichen Personen nicht erforderlich ist (Strunk, o.J., S. 1509f.).

Unseres Erachtens führt die unterschiedliche Kosten- und Risikostruktur von Geschäftsaktivitäten im Internet gegenüber dem konventionellen Handel nicht zu derart signifikanten Unterschieden, dass eine Gleichbehandlung beider Handelsformen ausgeschlossen werden kann. Die sich ergebende Ungleichbehandlung der Besteuerung von unbeschränkt und beschränkt Steuerpflichtigen sowie die unterschiedliche Behandlung von Geschäftsaktivitäten innerhalb der Gruppe der beschränkt Steuerpflichtigen, wird unseres Erachtens zu erheblichen Auswirkungen auf das Steueraufkommen führen, die sich unter anderem in einer Reduzierung der Gewerbesteuer niederschlagen wird, weil Unternehmen durch Geschäftsverlagerungen ins Ausland diese inländische Steuerpflicht umgehen werden. Die bei der Verlagerung aus dem Inland zwingend erforderliche Realisierung und Versteuerung stiller Reserven kann diesen Effekt gegebenenfalls ausgleichen. Eine weitere Frage, die in diesem Zusammenhang erörtert werden muss ist, ob im Rahmen der Überlegungen der EU zum „harmful tax competition" eine Beschränkung solcher Gestaltungen möglich oder erforderlich ist.

Für den Bereich der Umsatzsteuer gilt es anzumerken, dass der gegenwärtige Zustand im Bereich der Umsatzsteuer stark wettbewerbsverzerrend ist. Online-Leistungen sollen nach übereinstimmender Auffassung der EU-Staaten als sonstige Leistungen qualifiziert werden (vgl. Hedel, 2001, S. 164ff.; Korf, 2000, S. 1204ff.; Käbisch, 2001, S. 378f.). Bei Leistungen an Privatpersonen innerhalb des Gemeinschaftsgebietes ist daher grundsätzlich am Sitzort des

Leistungserbringers zu besteuern. Eine fiktive Verlagerung des Ortes der Leistung, wie er in § 3a UStG vorgesehen ist, kommt nicht zum Tragen. Eine systemgerechte Besteuerung mit physischen Lieferungen ist für sonstige Leistungen nicht einmal materiell-rechtlich gegeben. Die derzeitige Rechtslage führt dazu, dass Anbieter aus Drittstaaten, die an private Endkunden im Gemeinschaftsgebiet eine digitalisierte Leistung erbringen nicht im Gemeinschaftsgebiet umsatzsteuerpflichtig sind, da der Ort der Leistung im Drittstaat belegen ist und die Steuerbarkeit insoweit nicht gegeben ist. Da für den privaten Endkunden die Umsatzsteuer stets Preisbestandteil darstellt, erzielt der Drittstaatenanbieter, sofern seine Leistung in seinem Staat nicht der Umsatzsteuer unterliegt oder mit einer geringeren Umsatzsteuer belastet ist, gegenüber dem Inlandsanbieter einen wettbewerbsverzerrenden Vorteil, den die EU-Kommission durch einen neuen Vorschlag zukünftig verhindern will.[4]

Eine weitere Ungleichbehandlung ergibt sich bei der Anwendung des Umsatzsteuersatzes in Abhängigkeit von der Darreichungsform der Leistung. Folgendes Beispiel soll dies verdeutlichen:

Der Unternehmer U im Inland verkauft eine Tageszeitung am Kiosk und kann den ermäßigten Umsatzsteuersatz von 7 % hierfür in Anspruch nehmen. Gleichzeitig bietet U seinen Kunden eine identische Onlineversion der Tageszeitung an, für die er eine Umsatzsteuer von 16% in Rechnung stellen muss.

Diese Ungleichbehandlung erscheint unseres Erachtens sachlich nicht gerechtfertigt, zumal sie die Verbreitung von Informationen über das Internet durch steuerliche Mehrbelastungen einschränkt.

b) Schwierigkeiten bei der Bestimmung der Einkunfts- bzw. Umsatzart

Probleme bestehen in der eindeutigen Zuordnung von neuen Geschäftsmodellen im Internet zu den gesetzlich normierten Einkunfts- und Umsatzarten. Diese Schwierigkeiten können sowohl durch die Neuartigkeit der Geschäftstätigkeit als auch durch die besondere Ausgestaltung der Tätigkeit begründet

---

[4] Hinsichtlich der Beurteilung des Vorschlages siehe Gliederungspunkt 4.

sein. Eine Zuordnung im Bereich der Einkommensteuer erfolgt zumeist zu den Einkünften aus Gewerbebetrieb gem. § 49 Abs. 1 Nr. 2 EStG i.V.m. § 15 EStG, aus selbständiger Tätigkeit gem. § 49 Abs. 1 Nr. 3 EStG i.V.m. § 18 EStG, aus Vermietung und Verpachtung gem. § 49 Abs. 1 Nr. 6 EStG i.V.m. § 21 EStG sowie sonstige Einkünfte im Sinne des § 49 Abs. 1 Nr. 9 i.V.m. § 22 EStG.

Während der Vertrieb physischer wie digitalisierter Produkte über das Internet als E-Commerce im engeren Sinne in der Regel zu den Einkünften aus Gewerbebetrieb zu rechnen ist[5], ist demgegenüber die Erbringung von Dienstleistungen über das Internet als Electronic Commerce im weiteren Sinne anzusehen. Hierbei können in Abhängigkeit von der Art der erbrachten Dienstleistung entweder gewebliche Einkünfte gem. § 49 Abs. 1 Nr. 2 EStG oder Einkünfte aus selbständiger Tätigkeit gem. § 49 Abs. 1 Nr. 3 EStG gegeben sein.

Da unterschiedliche Anknüpfungskriterien für die Steuerpflicht je nach Einkunftsart gegeben ist, kann der Steuerpflichtige in einem bestimmten Rahmen seine Geschäftsaktivitäten so gestalten, das steueroptimale Ergebnisse erzielt werden. Typische Erscheinungsformen sind sowohl das bewusste Zusammenfügen unterschiedlicher Leistungen zu einer schuldrechtlich geschuldeten Leistung, also das Bundling von Leistungen. Aber auch die bewusste Fragmentierung von Leistungen erhöht die Schwierigkeiten der Bestimmung der Einkunfts- und Umsatzart, da den wirtschaftlichen Gegebenheiten folgend, auf die Intension der Vertragspartner geschlossen werden muss.

Im Rahmen der Umsatzsteuer erfolgt eine Zuordnung der Leistung zu den Lieferungen oder sonstigen Leistungen, wobei dem Problem der Einheitlichkeit

---

5   Eine Zuordnung zu den Einkünften aus Vermietung und Verpachtung gem. § 49 Abs. 1 Nr. 6 EStG oder zu den sonstigen Einkünften i.S.d. § 49 Abs. 1 Nr. 9 EStG kommt unseres Erachtens nur dann zum Tragen, wenn es sich um die Überlassung individueller Software oder Informationen handelt, bei der dem Urheberrecht vergleichbare Rechtszustände auf den Leistungsempfänger übertragen werden. Zur Abgrenzung der gewerblichen Einkünfte gem. § 49 Abs. 1 Nr. 2 EStG zu den Einkünften gem. § 49 Abs. 1 Nr. 6 siehe auch das BFH-Urteil vom 17.2.2000, I R 130/97, BFH/NV 2000, S. 1182 sowie die Anmerkung von Kessler/Maywald/Peter (2000, S. 425).

Fragen der Besteuerung des elektronischen Handels 157

der Leistung besonderes Augenmerk gewidmet werden muss. Durch die Festlegung der EU-Kommission, zukünftig alle digitalisierten Umsätze als sonstige Leistungen i.S.d. Umsatzsteuergesetzes anzusehen[6], ist ein Großteil der Unsicherheit von den Steuerpflichtigen genommen. Nach dem Entwurf sollen unterhaltende und ähnliche Leistungen, Datenverarbeitungsleistungen, EDV-Dienstleistungen sowie die Überlassung von Software und Informationen als sonstige Leistung angesehen werden und in der Regel am Verbrauchsort besteuert werden.

c) *Fehlende Kenntnis über steuerrelevante Transaktionen*

Durch das Fehlen oder die weitgehende Vermeidung physischer, sichtbarer Anknüpfungspunkte zur Vornahme von Geschäften im Internet ist es für die Finanzverwaltungen aller Länder schwierig, von steuerrelevanten Vorgängen überhaupt Kenntnis zu erlangen. Noch weit problematischer sind unseres Erachtens Tauschgeschäfte, bei denen kein Geldfluss zu verzeichnen ist. Fehlen bei diesen Transaktionen auch noch dokumentierte vertragliche Vereinbarungen, ist es für die Finanzverwaltung nahezu unmöglich, diese steuerrelevanten Aktivitäten zu identifizieren. Selbst wenn eine Identifikation erfolgt, ist die Bewertung der getauschten Leistungen zur Bestimmung etwaiger Einkünfte schwer.

d) *Durchsetzung bestehender Steueransprüche und Kontrolle der eingereichten Steuererklärungen*

Neben der Kenntniserlangung steuerrelevanter Informationen bedarf es neuer Verfahren, um die von den Steuerpflichtigen erklärten Angaben zu überprüfen und einen festgestellten und festgesetzten Steueranspruch auch über die Grenze durchzusetzen.

e) *Schwierigkeiten bei der Bestimmung örtlicher Anknüpfungspunkte*

Besonders gravierend sind die Probleme bei der Bestimmung des Ortes bestimmter Anknüpfungskriterien. So ist beispielsweise der Ort der Tätigkeits-

---

[6] KOM (2000, S. 349) abrufbar unter http://www.europa.eu.int/comm/taxation_customs/index_en.htm.

ausübung bei Aktivitäten im Rahmen des Teleservice über das Internet nur schwer oder nicht bestimmbar. Entsprechendes gilt für die Bestimmung des Ortes der Nutzung. So führt zum Beispiel nur die inländische erwerbswirtschaftliche Nutzung eines Rechtes zur beschränkten Steuerpflicht des anbietenden Unternehmens. Der Nachweis, in welchem Umfang diese Nutzung im Inland gegeben ist, kann im Einzelfall unmöglich sein. Entsprechendes gilt für die Anwendung umsatzsteuerlicher Regelungen auf den Elektronischen Handel. So ist beispielsweise der Ort der Besteuerung von entgeltlichen Vortragstätigkeiten nach geltendem dt. Steuerrecht dort, wo sich der Vortragende physisch während der Leistungserbringung aufhält, ungeachtet davon, dass das Internet technische Möglichkeiten zur Überwindung dieses Erfordernisses anbietet. Es muss außerdem gefragt werden, ob die Anknüpfung des Leistungsortes an die Niederlassung des anbietenden Unternehmens dann noch gelten kann, wenn auch ein Internet-Server als Betriebsstätte bzw. Niederlassung im Sinne des EU-Rechts anzusehen ist.

f) Schwierigkeiten bei der Bestimmung der Angemessenheit von Verrechnungspreisen

Die Individualisierung der Konzernstrukturen sowie gegenüber dem traditionellen Handel unterschiedliche Kosten- und Risikostrukturen und die Veränderung der Wertschöpfungsprozesse durch Intranets (Funktionsfragmentierung, Wertschöpfungsnetze statt Wertschöpfungsketten), führen zu z.T. nicht mit den bisherigen Methoden mehr zu bewältigenden Besteuerungsproblemen. Erwägenswert scheint die verstärkte Einbeziehung globaler Profit-Split-Methoden, die allerdings eine international abgestimmte Gewinnermittlung und -aufteilung erfordern, um Doppelbesteuerungen zu vermeiden.

g) Gefahr der Überbesteuerung bei Quellensteuerabzug

Kommt es im Rahmen der beschränkten Steuerpflicht als Ausnahmeerscheinung zur Besteuerung mittels des Steuerabzugs, ergibt sich regelmäßig die Gefahr der Überbesteuerung, die aufgrund der Vielzahl von Steuerfällen in der

Zukunft vermutlich nicht mehr im Wege der Veranlagung korrigiert werden kann.

Die genannten Fragen und Probleme haben erhebliche Bedeutung für die praktische Unternehmenstätigkeit, denn sowohl die Unsicherheit über die Begründung von Steuerpflichten aufgrund fehlender oder unzureichend abgestimmter gesetzlicher Regelungen sowie bestehende Wettbewerbsverzerrungen und zusätzliche Mitwirkungspflichten und Belastungen des Steuerpflichtigen bei der Ermittlung der Steuerschuld können zu einem volkswirtschaftlich nicht gewünschten Verzicht auf Investitionen im Bereich des E-Commerce führen. Da ein solches Ergebnis nicht akzeptiert werden kann, sollen nachfolgend einige in der Öffentlichkeit bereits diskutierte Handlungsoptionen dargestellt und analysiert werden.

4. Handlungsoptionen

In Anlehnung an die Ergebnisse und Vorgaben der OECD für eine systemgerechte Besteuerung des Elektronischen Handels[7] sollen nur die Handlungoptionen genannt werden, die auf der weitgehenden Beibehaltung des bisherigen nationalen- wie internationalen Besteuerungssystems basieren und keine Fundamentalreform vorsehen, wie dies zum Beispiel die Idee einer Bit Tax beinhaltet. Dies folgt den Entscheidungen der Staaten der EU wie der OECD, die sich in der Vergangenheit wiederholt gegen fundamentale Änderungen des Besteuerungssystems ausgesprochen haben.

Sowohl eine Anknüpfung an technischen wie auch an rechtlichen Bestimmungsgrößen führt nicht zu einer sachgerechten Weiterentwicklung des Steuerrechts. Das von Spanakakis (1998, S. 238) als „Diktat der technologischen Entwicklung" umschriebene Phänomen bedeutet auf der einen Seite die Unbe-

---

[7] Es sind dies: Neutralität der Besteuerung und sachliche wie persönliche Gleichbehandlung, einfache und kostengünstige Steuererhebung, Vermeidung der Mehrfachbesteuerung und gerechte Verteilung von Steuersubstrat und Steuereinnahmen.

einflussbarkeit der Geschwindigkeit und des Umfangs tatsächlicher Veränderungen durch die Technik, zeigt aber auch, dass wegen dieser Dynamik eine Orientierung an zum heutigen Zeitpunkt zutreffenden Bestimmungsgrößen hinsichtlich deren zeitlich nur kurzen Anwendbarkeit nicht die Grundlage für gesetzliche Regelungen sein kann.

Gegen die Orientierung an rechtlichen, außersteuerlichen Einordnungskriterien spricht demgegenüber die fehlende internationale Harmonisierung sowie die unterschiedliche Zwecksetzung einzelner Rechtsgebiete, die eine Übertragung auf das Steuerrecht nicht möglich erscheinen lassen. Außerdem ist auch hier der raschen zeitlichen Änderung rechtlicher Beurteilungen durch die Gerichte besondere Bedeutung beizumessen, so dass die geforderte Kontinuität und Planbarkeit steuerrechtlicher Vorschriften nicht gewährleistet werden könnte.

Gemeinsam bleibt allen wirtschaftlichen Aktivitäten, dass oft die tatsächliche wirtschaftliche Absicht und das Motiv der handelnden Personen bekannt ist oder zumindest vermutet werden kann. Anhaltspunkt für eine sachgerechte Lösung kann daher nur das wirtschaftlich Gewollte der Vertragsparteien bzw. der Handelnden sein. Diese dem Steuerrecht nicht fremde Vorgehensweise[8] bekommt bei Geschäften im Internet eine noch größere Bedeutung, da alternative Anknüpfungspunkte wegen der o. g. Argumente nicht zum Tragen kommen. Es ist Aufgabe des Steuerrechts, im Rahmen zulässiger Typisierungen die wirtschaftlichen Motive als Grundlage für die Besteuerung heranzuziehen, um hierbei unabhängig zu werden von rechtlichen, aber außersteuerlichen Beurteilungen oder von der technisch bestimmten Art und Weise der Produktpräsenta-

---

[8] Zu denken ist an die wirtschaftliche Betrachtungsweise des § 39 Abs. 2 AO, aber auch deren Einsatz bei der Vermeidung als missbräuchlich angesehener Gestaltungen im Sinne des § 42 AO.

tion, der Produktdistribution oder der individuellen Darreichungsform eines Produktes.[9]

Beispielhaft soll auf die Handlungsoptionen zur Vermeidung der Wettbewerbsverzerrung zwischen den Steuerpflichten und der Art der vorzunehmenden Geschäfte eingegangen werden sowie auf den Vorschlag der EU-Kommission zur Umsatzbesteuerung:

a) Keine Änderung der Tatbestandsvoraussetzungen für eine Quellensteuer nach § 49 EStG

Dies kann zur „Inländerdiskriminierung" sowie dem Verlust von Steuereinnahmen der Quellenstaaten führen und erscheint vor diesem Hintergrund nur als theoretische Handlungsoption.

b) Beibehaltung des Betriebsstättenprinzips, aber Vornahme von Änderungen

In Wissenschaft (vgl. Fischer, 1998, S. 1ff.), Steuerberatungspraxis (vgl. Portner, 1998, S. 553f.; Bernütz, 1997, S. 355ff.) und Finanzverwaltung (vgl. Wichmann, 1998, S. 65ff.; Schmitz, 1998, S. 199) werden Überlegungen darüber unternommen, ob der Betriebsstättenbegriff sowohl nach nationalem wie auch nach abkommensrechtlichen Vorschriften geändert bzw. eingeschränkt oder ausgeweitet werden muss, um den besonderen Anforderungen einer virtuellen Geschäftswelt Rechnung zu tragen.

---

[9] Folgendes Beispiel soll dies verdeutlichen: Das wirtschaftliche Interesse beim Kauf eines Buches liegt in der Regel darin, vom in analoger Schriftform wiedergegebenen geistigen, schöpferischen Inhalt Kenntnis zu erlangen. Ein Buch als hierbei verwendetes Medium zur Sicherstellung des wirtschaftlich Gewollten bestimmt nicht den Charakter des Geschäftes, sondern die in dem Buch verkörperte geistige Leistung. Folgt man dieser Einschätzung des Geschäftes, ergibt sich hieraus nahezu zwingend, dass es im Normalfall nicht auf die vom Veräußerer gewählte Darreichungsform des geistigen Inhaltes ankommen kann, welche steuerlichen Folgen sich hieraus ergeben. Dies bedeutet selbstverständlich nicht, dass jede Darreichungsform zur selben steuerlichen Qualifikation führt, da zum Beispiel beim Kauf eines wertvoll gebundenen Buches das Interesse nicht mehr in der Kenntniserlangung des Inhaltes ist, wie dies bei antiquarischen Büchern zumeist der Fall sein wird.

Zunächst ist festzustellen, dass das Betriebsstättenkonzept weitreichende Konsequenzen hat, so dass die Gefahr groß ist, durch Modifizierungen und einzelfallbezogene Ergänzungen bestehende, weitgehend konsistente Besteuerungsregeln in Frage zu stellen. Änderungen, die möglicherweise für Geschäfte im Internet sinnvoll und sachgerecht sind, können für andere Geschäftsaktivitäten zu unlösbaren oder zumindest schwierig zu lösenden Besteuerungsfragen führen.

Neben der konkreten Anwendung des Betriebsstättenbegriffs für unterschiedliche steuerliche Tatbestände muss gefragt werden, warum die Betriebsstätte das zutreffende Anknüpfungsmerkmal für die Begründung der Quellensteuerpflicht ist. Wegen der weitgehenden Gleichstellung des Begriffs der Betriebsstätte nach § 12 AO und nach Art. 5 Abs. 1 OECD-MA[10] kann zur Begründung auch auf die abkommensrechtlichen Regelungen Bezug genommen werden. Da der Grundsatz der Besteuerung im Ansässigkeitsstaat nur in begründeten Ausnahmefällen durchbrochen werden soll, sehen die abkommensrechtlichen Regelungen weitergehende Beschränkungen des Begriffsinhaltes „Betriebsstätte" dadurch vor, dass ein Katalog von Tätigkeiten festgelegt wird, die trotz Erfüllung aller Tatbestandsvoraussetzungen für das Vorliegen einer Betriebsstätte dennoch nicht die Rechtsfolgen einer Betriebsstätte begründen (Art. 5 Abs. 4 OECD-MA). Außerdem ist nicht zu unterschätzen, dass die Steuerkontrolle, -erhebung und -vollstreckung bei Vorliegen einer Betriebsstätte, die meist eigenes Vermögen hat, leichter ist als bei virtuellen Geschäften, die ohne körperliche Präsenz im Quellenstaat auskommen.

Die durch die Betriebsstätte erbrachte Wertschöpfung in Form eines Produktions- oder Vertriebsgewinns soll für die Besteuerung im Quellenstaat nach Ansicht der OECD ausreichend sein. Demgegenüber wird die Inanspruchnahme der Kaufkraft des Quellenstaates, wie sie die Entwicklungsländer fordern, als nicht ausreichend angesehen. Die Ablehnung einer Liefergewinnbesteue-

---

10 BFH-Urteil vom 30.10.1996, II R 12/92, BStBl. II, S.12.

rung gründet sich auf zahlreiche Argumente,[11] die aus der jeweiligen Interessenlage der betroffenen Staaten ableitbar und nachvollziehbar ist. Die Frage nach dem zutreffenden Kriterium für die Erlangung des Besteuerungsrechts kann möglicherweise vor dem Hintergrund der wirtschaftlichen Verbreitung von Direktgeschäften über das Internet an Bedeutung auch zwischen Industrienationen gewinnen. Die praktische Übung der OECD-Staaten hinsichtlich der Erlangung einer Quellensteuer auf Lizenzzahlungen für die Software-Überlassung bestätigt eindrucksvoll, dass zahlreiche Staaten offensichtlich bereit sind, abweichend von gegebenen Vereinbarungen eine Besteuerung im Inland anzunehmen, wenn dies als „gerecht" oder angemessen angesehen wird.

Will man das Betriebsstättenkonzept beibehalten, ergeben sich zahlreiche Möglichkeiten, dieses Prinzip an die Besonderheiten des Internets anzupassen bzw. es zu erweitern. Wie die obigen Ausführungen bereits gezeigt haben, führen die Geschäftsaktivitäten über das Internet recht selten und nur unter einschränkenden Bedingungen zu einer Qualifizierung der Einkünfte als solche gem. § 49 Abs. 1 Nr. 2 EStG, da die dieser Regelung zugrundeliegende Definition des § 12 AO bzw. des § 13 AO nicht erfüllt ist.

c) Ausweitung des Betriebsstättenbegriffs

Eine Ausweitung des Betriebsstättenbegriffs könnte darin liegen, das geforderte Kriterium, dass es sich um eine körperliche Einrichtung handeln muss, die dauerhaft mit dem Erdboden verbunden ist, aufzugeben. Dies kann nicht isoliert vorgenommen werden, sondern ist nur gemeinsam mit der Aufgabe des Kriteriums der festen Verbundenheit mit dem Erdboden möglich, da nur körperliche Gegenstände eine solche aufweisen. Versteht man diese beiden Kriterien lediglich als Definition und Typisierung einer geforderten Verbindung zum Staatsgebiet der Bundesrepublik Deutschland, so sind Definitionen denkbar, die diese auch feststellen könnten, doch bleibt dann unseres Erachtens von dem Grundmuster des Betriebsstättenkonzeptes als einer schnell und einfach nach-

---

[11] Vgl. Schaumburg *(International,* S. 626f.) m.w.N sowie Jacobs (1999, S. 68ff.).

prüfbaren Methode zur Bestimmung der Steuerpflicht kaum noch Substanz übrig.

d) Einschränkung des Betriebsstättenbegriffs

Eine über die Bestimmungen des Abkommensrechtes in Art. 5 Abs. 4 OECD-Musterabkommen hinausgehende Beschränkung des Betriebsstättenbegriffs scheint unseres Erachtens weder sinnvoll noch praktisch durchführbar zu sein. Außerdem wären die Auswirkungen auf die physische Geschäftswelt zu berücksichtigen, in der sich das bisherige Betriebsstättensystem bewährt hat und insoweit eine Änderung nachteilig wäre.

e) Beibehaltung des Betriebsstättenprinzips ohne Änderung aber Ergänzung der Tatbestandsvoraussetzungen „Gewerbliche Einkünfte" um einen Nutzungs- und Verwertungstatbestand

Direktgeschäfte von im Ausland ansässigen Unternehmen, also gewerbliche Tätigkeiten über die Grenze ohne Begründung eines eigenen „festen Stützpunktes" (Jacobs, 1999, S. 281) oder die Inanspruchnahme eines ständigen Vertreters werden aufgrund der geforderten Tatbestandsvoraussetzungen des § 49 Abs. 1 Nr. 2 a) EStG im Inland nicht besteuert. Der Vertrieb digitalisierter Produkte kann in der Mehrzahl der Fälle nicht unter § 49 Abs. 1 Nr. 6 oder 9 EStG erfasst werden, da entweder wegen der Subsidiarität der Einkunftsarten zueinander ein Vorrang der gewerblichen Einkünfte gegeben ist oder aufgrund des wirtschaftlichen Umfangs und der tatsächlichen Ausgestaltung der Tätigkeit bereits isoliert Einkünfte aus Gewerbebetrieb anzunehmen sind. Insoweit scheidet eine Subsumtion unter die Einkünfte aus Vermietung und Verpachtung i. d. R. aus. Den Tatbestandsvoraussetzungen des § 15 EStG folgend, liegt beim Vertrieb digitalisierter Produkte, aber auch beim Vertrieb physischer Güter im Internet, eine gewerbliche Tätigkeit vor. Da diese Qualifizierung auch für die Bestimmung der beschränkten Steuerpflicht aufrechterhalten werden muss, kommt es zur Nichtbesteuerung im Inland. Dem Gedanken der Wettbewerbsneutralität entsprechend, könnte daran gedacht werden, durch Einfügung eines Ergänzungstatbestandes für die Annahme inländischer, beschränkt steuerpflichtiger gewerblicher Einkünfte, eine Gleichbehandlung von Geschäftsaktivitäten, unabhängig von dem bei deren Abwicklung genutzten Kommunikations- und Vertriebswegen, zu schaffen.

Es ist unter anderem zu fragen, ob die bisher vorgenommene Differenzierung des § 49 Abs. 1 Nr. 2a EStG, dass eine beschränkte Steuerpflicht nur dann gegeben ist, wenn der nicht im Inland Ansässige eine Betriebsstätte oder einen ständigen Vertreter in der Bundesrepublik Deutschland unterhält, im Zeitalter der modernen Kommunikationsmöglichkeiten aufrechtzuerhalten ist. Eine Änderung des innerstaatlichen deutschen unilateralen Steuerrechts verlangt allerdings nicht zwingend eine Änderung für Abkommenszwecke. Vielmehr sollte für diese Zwecke an die Beibehaltung des Betriebsstättenprinzips zur Bestimmung des Quellensteuerrechts gedacht werden. Trotz zahlreicher Einwendungen gegen die Ausweitung der beschränkten Steuerpflicht erscheint unseres Erachtens die Diskussion an dieser Stelle keineswegs als abgeschlossen.

f) Änderungen bei der Umsatzsteuer

Für die Umsatzsteuer wäre an die Modifizierung des Verbrauchsortprinzips der Umsatzbesteuerung zu denken. Der Richtlinienvorschlag der EU-Kommission stellt im Verhältnis zwischen EU und Drittstaaten auf das Bestimmungslandprinzip ab und verwirklicht insoweit Wettbewerbsneutralität. Bei Leistungen zwischen Unternehmern und für Leistungen an Abnehmer in Drittstaaten sollen die bekannten Regelungen des § 3a Abs. 3 UStG weiterhin Anwendung finden. Bei Leistungen von Anbietern aus Drittstaaten gegenüber privaten Abnehmern in der Gemeinschaft hat eine Registrierung des ausländischen Unternehmers in der EU zu erfolgen, sofern ein Schwellenwert von 100.000,- EURO überschritten wird. Durch die Registrierung des Drittstaatenanbieters erfolgt eine Fiktion einer Niederlassung innerhalb der Gemeinschaft. Hierdurch ist in jedem Fall die Besteuerung in der EU sichergestellt. Problematisch erweist sich allerdings die Durchsetzbarkeit der Registrierungspflicht sowie der Umstand, dass Drittstaatenunternehmen durch die Wahl des Ortes zur Registrierung innerhalb der EU einen Steuersatzvorteil erzielen können (z.B.

Schweden mit 26% USt-Satz und Deutschland mit 16%). Ohne einen Mechanismus zum Ausgleich der Steuereinnahmen zwischen den Gemeinschaftsstaaten ist zu erwarten, dass diese Regelung nicht die Zustimmung aller Länder erhalten wird (Käbisch, 2001, S. 378f.; Selling, 2000, S. 422; Korf, 2000, S. 1205).

g) Änderungen im Verfahrensrecht

Die Erhöhung der Mitwirkungspflichten des Steuerpflichtigen erscheint den Finanzverwaltungen aller Länder ein Lösungsansatz zur Überwindung identifizierter Probleme beim Besteuerungsverfahren. Als Beispiel möge der erweiterte Zugriff der Finanzverwaltung auf die elektronische Datenverarbeitung der Steuerpflichtigen, wie dies für Betriebsprüfungen ab 01.01.2002 gem. §§ 146, 147 AO möglich ist, genannt werden. Außerdem hofft man, steuerrelevante Informationen durch bestimmte technische Daten zu erlangen, wie dies z.B. durch die Lokalisierung von IP-Nummern sowie der Nutzung des „Open Trading Protocol" oder „logfiles" der Fall ist. Keiner dieser technischen Lösungsansätze bringt jedoch derzeitig akzeptable Lösungen.

5. Fazit

Will man den Versuch eines kurzen Fazits wagen, so lässt sich folgende thesenartige Zusammenfassung vornehmen:

Der Änderungsbedarf des Besteuerungssystems ist enorm und geht weit über die bisher international diskutierten Fragen hinaus.

Die praktische Relevanz und finanzielle Bedeutung für alle Unternehmen kann nicht überschätzt werden.

Es bedarf einer ganzheitlichen Lösung, nicht der isolierten Bewältigung einzelner Aspekte.

Systemgerechte Lösungen – auch im Verhältnis zur konventionellen Geschäftstätigkeit – sind komplex und bedürfen einer sorgfältigen, zeitintensiven Diskussion.

Die Zusammenarbeit von Verwaltung, Rechtsprechung, Gesetzgebung, Unternehmen, Beratung und Wissenschaft ist zwingend.

Wünschenswert ist die Herbeiführung einer mehrheitsfähigen Meinung in Deutschland, um bei internationalen Verhandlungen geschlossen auftreten zu können.

6. Literaturverzeichnis

Bernmütz, Stefan (1997), Ertragsbesteuerung grenzüberschreitender Internet-Transaktionen: Anknüpfung an eine deutsche Betriebsstätte?, IStR 1997, S. 353-357.

Fischer, Lutz (1998), „Grundfragen der Besteuerung von Transaktionen im Internet", in: L. Fischer und G. Strunk (Hrsg.), *Steuerliche Aspekte des Electronic Commerce*, Köln, S. 1ff.

Hedel, Wolfgang (2001), Die Umsatzbesteuerung von Online-Umsätzen nach dem Richtlinien-Vorschlag der Europäischen Kommission vom 7. Juni 2000, IStR 2001, S. 164-169.

Jacobs, O. (Hrsg.) (1999), *Internationale Unternehmensbesteuerung*, 4. Aufl., München, S. 68ff.

Käbisch, Volker (2001), Steuerliche Aspekte des elektronischen Geschäftsverkehrs, DStR 2001, S. 373-381.

Kessler, Wolfgang, Andreas Maywald und Markus Peter (2000), Mögliche Auswirkungen des Satelliten-Urteils auf die steuerliche Behandlung von grenz-überschreitenden Internet-Transaktionen, IStR 2000, S. 425-432.

KOM Kommission der Europäischen Gemeinschaften (2000) 349, Vorschlag für eine Richtlinie des Rates zur Änderung der Richtlinie 77/388/EWG bezüglich der mehrwertsteuerlichen Behandlung bestimmter elektronisch erbrachter Dienstleietungen.

Korf, Ralph (2000), Richtlinienentwurf zur Umsatzbesteuerung des Elektronischen Handels in der Diskussion, DB 2000, S. 1204-1205.

Portner, Rosemarie (1998), Betriebsstätte durch grenzüberschreitende Internet-Transaktionen? - Insbesondere vor dem Hintergrund der Entscheidung des BFH vom 30.10.1996, IStR 1998, S. 553-557.

Schaumburg, Harald (*International*), IStR, 2. Aufl., Köln 1998, S. 626f.

Schmitz, Stephan (1998), Elektronischer Geschäftsverkehr und seine steuerliche Kontrolle, StBp 1998, S. 197-206.

Spanakakis, Georgios (1998), Indirekte Besteuerung des elektronischen Geschäftsverkehrs: Quo vadis?, DSWR 1998, S. 238-241.

Strunk, G. (o.J.), OECD-Stellungnahme: Internet-Server als Betriebsstätte, IWB, Fach 10 International, Gr. 2, S. 1509f.

Wichmann, M. (1998), „Aufteilung der Einkünfte und des Vermögens auf rechtlich selbständige und unselbständige Unternehmensteile", in: L. Fischer und G. Strunk (Hrsg.), *Steuerliche Aspekte des Electronic Commerce*, Köln, S. 65ff.

Professor Dr. Norbert Herzig
Universität zu Köln
Seminar für Allgemeine Betriebswirtschaftslehre
und Betriebswirtschaftliche Steuerlehre

D -50923 Köln
e-mail: herzig@wiso.uni-koeln.de

Professor Dr. Günther Strunk
Lehrstuhl für Allgemeine Betriebswirtschaftslehre,
insbesondere Steuerlehre und Prüfungswesen
an der Technischen Universität Ilmenau
Am Helmholtzring 9

D – 98693 Ilmenau
e-mail: Guenther-Strunk@t-online.de

VII.
Rechtliche Aspekte und Datensicherheit

Ulrich Hübner

1. Einführung – Bedeutung von Datenschutz und Datensicherheit für den elektronischen Handel

Die Nutzung des Internet hat sich in den vergangenen Jahren explosionsartig entwickelt: im Jahre 2000 wurden in den USA knapp 26 Mrd. US $ online ausgegeben.[1] Schätzungen zufolge soll Deutschland 2004 den größten E-Commerce-Markt in Westeuropa darstellen.[2] 2005 rechnet man mit einer Milliarde Internet-Nutzern weltweit.[3] Die Möglichkeiten wirtschaftlicher Tätigkeit im Internet umfassen neben dem Warenhandel die Erbringung von Finanzdienstleistungen. Selbst medizinische oder juristische Beratung wird mittlerweile via

---

[1] Zahlen veröffentlicht vom U.S. Census Bureau, im Internet abrufbar unter: http://www.census.gov/mrts/www/current.html [Stand 2001-02-16].

[2] Quelle: Forrester Research 1999, zitiert nach ECIN (Electronic Commerce Infonet), Umsatzprognosen, im Internet abrufbar unter: http://www.electronic-commerce.org/marktbarometer/daten/umsatz.html [Stand: 2001-03-30].

[3] Quelle: Marktanalyse von eTForecasts vom 06.02.2001, im Internet abrufbar unter: http://www.etforecasts.com/pr/pr201.htm [Stand: 2001-03-30].

Internet durchgeführt; Internet-Auktionen erfreuen sich derzeit größten Zuspruchs.

Mit Zunahme des elektronischen Handels treten auch zahlreiche neue Rechtsfragen in den Vordergrund. Die Virtualität und die Ubiquität, also die Unsichtbarkeit und die Grenzenlosigkeit internationaler Datennetze führen zu einer immensen Zunahme urheber- und wettbewerbsrechtlicher Fragen aufgrund einfacher und verlustfreier Vervielfältigungmöglichkeiten elektronischer Informationen. Der Vertragsschluss via Internet und die damit oftmals einhergehende notwendige Einhaltung von Formvorschriften werfen rechtliche wie auch technische Fragen auf, die bisher noch nicht eindeutig beantwortet werden können und aufgrund des sich rasant entwickelnden technischen Fortschritts auch einem ständigen Wandel unterworfen sind. Fragen des anzuwendenden Rechts bei Verträgen mit grenzüberschreitendem Charakter sowie der Durchsetzbarkeit bestehender Ansprüche werfen Probleme auf, die sowohl bei den Anbietern von Internet-Leistungen wie auch bei den Konsumenten zu Rechtsunsicherheit führen.

Von wichtiger Bedeutung sind in diesem Zusammenhang Fragen des Datenschutzes und der Datensicherheit. Diese beiden – oft in einem Atemzug genannten – Begriffe umfassen gleichwohl voneinander zu unterscheidende Bereiche. Während der Begriff der Datensicherheit in erster Linie die Sicherung von Datenverarbeitungsanlagen und -vorgängen sowie Datenbeständen vor Eingriffen in Form von Zerstörung, Veränderung oder Ausspähung erfasst, insoweit also technischen Charakter hat, versteht man unter dem Begriff des Datenschutzes im Sinne des Bundesdatenschutzgesetzes die Vermeidung von Verletzungen individueller Rechtspositionen durch Missbrauch personenbezogener Informationen (Hobert, 1998, S. 82).

Dass sich beide Bereiche dennoch überschneiden, wird nicht zuletzt deutlich, wenn man sich vergegenwärtigt, dass in einem Betrieb der für die Datenverarbeitung Verantwortliche bei der Erteilung von Zugriffsrechten oder bei der Benutzerkontrolle sowohl an den Schutz des Unternehmens vor Eingriffen –

von außen wie von innen – denken muss, als auch Datenschutzbelange Dritter zu beachten hat. Insoweit lässt sich feststellen, dass Maßnahmen im Sinne des Datenschutzes und der Datensicherheit gemeinsam haben, Datenabläufe und Datenbestände vor missbräuchlichem Zugriff und missbräuchlicher Verwendung zu bewahren. [4]

2. Datensicherheit als Wirksamkeitsvoraussetzung für formbedürftige Verträge im Internet

Aspekte der Datensicherheit im elektronischen Geschäftsverkehr werden praktisch insbesondere dort relevant, wo bei Bezahlung durch Kreditkarte oder bei Angabe von Konto-Verbindungen die Gefahr des Missbrauchs durch Dritte besteht und ohne das Vertrauen des Vertragspartners in die sichere Übermittlung kein Vertrag zustande käme. Rechtlich spielt die Datensicherheit dort eine Rolle, wo die Wirksamkeit eines formbedürftigen Vertrages betroffen ist.[5]

a) Formvorschriften - Funktionselemente der eigenhändigen Unterschrift

Als Ausfluss der im deutschen Zivilrecht verankerten Vertragsfreiheit ist der Abschluss eines Vertrages grundsätzlich an keine Form gebunden (vgl. Palandt/Heinrichs, 2001, §125 Rdnr. 1). Das gilt für den Online- wie für den klassischen Vertragsabschluss gleichermaßen. Dort, wo das Gesetz also nicht die Einhaltung einer bestimmten Schriftform fordert, steht der elektronischen Datenübermittlung demnach nichts im Wege. Besteht allerdings ein Schriftformerfordernis, so ist nach der in § 126 BGB definierten gesetzlichen Schriftform ein Text eigenhändig von dem Aussteller durch Namensunterschrift oder durch notariell beglaubigtes Handzeichen zu unterzeichnen.

---

[4] Zu möglichen Gefährdungen aus allgemeinen Anwendungen des Internet vgl. Holznagel/ Lorenz/ Tabbara (1999, S. 222 m.w.N.).
[5] Vgl. Köhler/ Arndt (2000, S. 44ff.); eingehend zu Rechtsfragen des Vertragsschlusses in Deutschland und den USA Thot (1999).

Diesem Anfordernis kann eine elektronisch übermittelte Erklärung derzeit nicht genügen, da eine eigenhändige Unterschrift hier nicht möglich ist (vgl. BGHZ, 121, S. 224).

Insbesondere sind die verschiedenen Funktionen, welche eine eigenhändige Unterschrift erfüllt bzw. erfüllen soll, durch elektronische Abgabe und Weiterleitung einer Willenserklärung nicht ohne weiteres erfüllbar.

Folgende Elemente zeichnen die eigenhändige Unterschrift aus (vgl. Thot, 1999, S. 68).

Abschlussfunktion: Der bloße Entwurf wird durch die Unterschrift von einer Erklärung mit rechtlicher Verbindlichkeit abgegrenzt.

Perpetuierungsfunktion: Die Unterschrift schafft dauerhafte Les- und Überprüfbarkeit. Eine elektronische Erklärung ist nach Erstellen ohne weiteres abänderbar, ohne dass dies nachzuvollziehen wäre.

Identitätsfunktion: Der Aussteller der Urkunde wird erkenn- und identifizierbar durch die Unverwechselbarkeit der Unterschrift. Dies ist im Internet ohne weiteres nicht einfach möglich.

Echtheitsfunktion: Die räumliche Verbindung zwischen Urkunde und Unterschrift stellt sicher, dass die Erklärung inhaltlich vom Unterzeichner stammt.

Verifikationsfunktion: ein Unterschriftenvergleich kann die Überprüfung der Echtheit der Unterschrift ermöglichen.

Die Beweisfunktion ergibt sich aus §§ 439 Abs. 1, 2, 440 Abs. 1 ZPO.

Warnfunktion: Der bewusste Akt des Unterzeichnens schützt vor übereilten Rechtsgeschäften. Im Internet-Geschäftsverkehr reduziert sich die Abgabe einer Willenserklärung oft auf einen Mausklick.

Die hier angedeutete Schriftformproblematik wird sich durch die Etablierung der digitalen Signatur und eine entsprechende Anpassung der Formvorschriften des Privatrechts an den heutigen Rechtsgeschäftsverkehr möglicherweise in Zukunft erübrigen. Die derzeitigen Formvorschriften werden der Ent-

Rechtliche Aspekte und Datensicherheit 173

wicklung modernen Rechtsverkehrs, der sich zunehmend über Telekommunikationsmittel vollzieht, nicht mehr gerecht.

b) Die digitale Signatur

Zur Regelung der elektronischen Signatur schuf der deutsche Gesetzgeber bereits 1997 im Rahmen des Informations- und Kommunikationsdienste-Gesetzes (IuKDG, hier Art. 3) das Gesetz zur digitalen Signatur (SigG) (BGBl, I, 1997, S. 1870 und S. 1872). In diesem Gesetz sowie der wenig später erlassenen Signaturverordnung (SigV)[6] wurden die technischen und organisatorischen Voraussetzungen geregelt, um einen Sicherungsstandard zu schaffen zur sicheren Feststellung der Authenzität – also der Unverfälschtheit – elektronischer Erklärungen sowie der Identität des Erklärenden. Eine Novellierung des SigG wurde vom Deutschen Bundestag am 15.2.2001 in zweiter und dritter Lesung beraten und beschlossen.[7] Mit diesem neuen SigG soll einerseits auf die Ergebnisse der Evaluierung des IuKDG reagiert werden, zum anderen sollen die Anforderungen der EG-Richtlinie „über gemeinschaftliche Rahmenbedingungen für elektronische Signaturen" vom 13.12.1999 (Europäische Gemeinschaften, 2000, S. 12) (Signatur-Richtlinie) in deutsches Recht umgesetzt werden.[8]

Durch die digitale Signatur soll die unbemerkte technische Manipulation elektronischer Dokumente verhindert und damit die Abschluss-, Identitäts-, Echtheits-, Warn- und Beweisfunktion, welche die traditionelle Schriftform bietet, auch bei elektronischen Dokumenten erreicht werden.[9]

---

[6] Im Internet abrufbar unter: http://www.iid.de/iukdg/gesetz/sigv.html [Stand: 2001-03-30]

[7] Neufassung des SigG mit Änderungsbeschlüssen des Bundestages im Internet abrufbar unter: http://www.computerundrecht.de/150201_sigg_endg.pdf [Stand: 2001-03-30]

[8] Zu entsprechenden gesetzgeberischen Aktivitäten anderer europäischer Staaten vgl. Schlechter (1999), S. 109 m.w.N.).

[9] Im Einzelnen Bizer/ Miedbrodt (2000, S. 147ff. m.w.N.); Bettendorf (2000, S. 14ff.).

Vereinfacht dargestellt funktioniert das System der digitalen Signatur folgendermaßen: Digitale Signaturen werden meist durch ein asymetrisches Verschlüsselungsverfahren erstellt, bei dem der Verfasser eines Dokuments dieses mit einem nur ihm zugänglichen privaten digitalen Schlüssel versieht. Dieser Schlüssel befindet sich beispielsweise auf einer Chip-Karte und ist nur durch Eingabe einer PIN-Nummer abrufbar. Der Empfänger der Nachricht kann unter Zuhilfenahme eines öffentlichen Schlüssels den verschlüsselten Text, den nur jemand mit dem privaten Schlüssel verändern kann, entschlüsseln und feststellen, ob das Dokument tatsächlich mit dem der Person zugeordneten Schlüssel erstellt und ob es verändert wurde.[10]

Dieses System der Digitalisierung weist gleichwohl gewisse Unsicherheitsfaktoren auf, welche die Identität des Ausstellers des Dokuments betreffen. Zum einen ist es nötig sicherzustellen, dass der private und der öffentliche Schlüssel dem Schlüsselinhaber als einer bestimmten Person zuverlässig zugeordnet werden können, was letztlich nur durch die Etablierung zuverlässiger Zertifizierungsstellen zu erreichen ist. Das SigG sieht hierzu verschiedene Maßnahmen vor. Der neue Entwurf zum SigG hat die Anforderungen an die Einrichtung einer Zertifizierungsstelle in Reaktion auf die Signatur-Richtlinie erheblich reduziert.[11] Der Betrieb einer solchen Zertifizierungsstelle wird dann zwar anzeigepflichtig, aber genehmigungsfrei sein (§ 4 SigG-E). Anstelle von Genehmigungsurkunden werden dann Akkreditierungsurkunden ausgestellt, bereits genehmigte Stellen gelten per Gesetz automatisch als akkreditiert.

Zum Zweiten ist die Weitergabe der entsprechenden Chip-Karte nebst PIN-Nummer an andere ohne weiteres möglich, so dass nicht nur der sichere Schluss von der digitalen „Unterschrift" auf den Urheber des Dokuments vereitelt, sondern auch das Signieren beliebig vieler Dokumente möglich wird. Ver-

---

[10] Ausführlich zum System der digitalen Signatur Reisen/ Mrugalla (2000, S. 43ff.).
[11] Im Einzelnen dazu sowie zu weiteren Änderungen Tettenborn (2000), S. 683; S. 687).

gleichbar ist dies mit der Verwendung – nicht einer einzigen sondern unzählig vieler – erteilter Blanko-Unterschriften.

Trotz dieser letztgenannten Unsicherheitsfaktoren bleibt festzuhalten, dass der durch das deutsche SigG vorgesehene Sicherheitsstandard unter dem Aspekt der Datensicherheit – gerade im Vergleich mit anderen europäischen Gesetzen – weit fortgeschritten ist. Signaturgesetz und Signaturverordnung sowie Maßnahmenkataloge und Spezifikationen sorgen dafür, dass nur solche Zertifizierungsstellen entstehen, deren Sicherheitskonzept geprüft und bestätigt wurde.

c) Änderung der Formvorschriften

Hervorzuheben ist, dass das SigG lediglich die technischen Parameter des Signaturverfahrens vorgibt. Zivilrechtliche Rechtsfolgen im Hinblick auf die Erfüllung der gesetzlichen Schriftform sieht das Gesetz jedoch nicht vor.

Die Bundesregierung hat daher – initiiert durch Richtlinien-Vorhaben auf europäischer Ebene, namentlich die Signatur-Richtlinie sowie die E-Commerce-Richtlinie (Europäische Gemeinschaften, 2000, L 178, S. 1) – einen Gesetzesentwurf zur Anpassung der Formvorschriften des Privatrechts an den modernen Geschäftsverkehr erarbeitet.[12]

Nach diesem Entwurf wird als Alternative zur Schriftform eine sog. „elektronische Form" in das BGB eingeführt (§ 126 Abs. 3 BGB-E), welche grundsätzlich der Schriftform gleichgestellt wird, wenn sich nicht aus dem Gesetz etwas anderes ergibt (so für §§ 766, 780 781 BGB). Diese elektronische Form ist dann gewahrt, wenn der Aussteller einer Erklärung dieser seinen Namen hinzufügt und das elektronische Dokument mit einer qualifizierten elektronischen Signatur nach dem SigG versieht (§ 126a BGB-E). Insbesondere wird widerlegbar vermutet, dass eine Willenserklärung dem Signaturschlüsselinhaber zugerechnet werden kann. Ansonsten – wenn also Chip-Karte und PIN-

---

12 Im Internet abrufbar unter: http://www.bmj.de/ggv/bgbrege1.pdf [Stand: 2001-03-30].

Nummer wissentlich weitergegeben wurden – werden die Voraussetzungen einer Anscheins- bzw. Duldungsvollmacht vorliegen. Daneben tritt für bestimmte Fälle, bei denen eine eigenhändige Unterschrift schon bisher entbehrlich war, die erleichterte „Textform" (§ 126b BGB-E). Zudem enthält der Gesetzentwurf einige Änderungen im Recht der Willenserklärungen und Anpassungen des Prozess-, insbesondere des Beweisrechts.

Der Gesetzentwurf setzt die in Art. 9 E-Commerce-Richtlinie enthaltene Forderung an die Mitgliedstaaten um, den Abschluss von Verträgen auf elektronischem Weg nicht zu behindern.

Die in Planung befindliche, aber noch nicht erlassene Richtlinie über den Fernabsatz von Finanzdienstleistungen an Verbraucher (Europäische Gemeinschaften, 1998, C 385, S. 10), welche auch den Fernabsatz von Versicherungsleistungen umfasst, sieht in Art. 3a Nr. 1 des Richtlinien-Entwurfs die Übermittlung von Vertragsbedingungen und Vorabinformationen auf einem „dauerhaften Datenträger" vor. Dies schließt auch E-Mails ein (Art. 2 lit f), die zwar selbst keine dauerhaften Datenträger, sondern lediglich Datensätze darstellen, die durch Abspeichern oder Ausdrucken jedoch dauerhaften Charakter erhalten.

Ein neuer Absatz 3 in § 126 BGB-E sieht vor, dass die schriftliche Form durch die elektronische Form ersetzt werden kann, wenn sich nicht aus dem Gesetz etwas anderes ergibt (so für §§ 766, 780 781 BGB). Diese elektronische Form ist dann gewahrt, wenn der Aussteller einer Erklärung dieser seinen Namen hinzufügt und das elektronische Dokument mit einer qualifizierten elektronischen Signatur nach dem SigG versieht. Insbesondere wird widerlegbar vermutet, dass eine Willenserklärung dem Signaturschlüsselinhaber zugerechnet werden kann und ansonsten – wenn also Chip-Karte und PIN-Nummer wissentlich weitergegeben wurden – die Voraussetzungen einer Anscheins- bzw. Duldungsvollmacht vorliegen.

d) Die Beweiskraft digital erstellter Dokumente

Die Beweiskraft digital erstellter Dokumente im Zivilprozess beschränkt sich derzeit nach h. M. auf eine Berücksichtigung im Rahmen freier richterlicher Beweiswürdigung (vgl. Fritzemeyer, 1999, S. 249f.). Die Qualität einer Privaturkunde im Sinne von § 416 ZPO erreicht das Dokument nicht, da weder eine dauerhafte Verkörperung einer Gedankenerklärung noch eine handschriftliche Unterzeichnung gegeben sind. Sowohl Abschluss wie auch Inhalt eines über Internet geschlossenen Vertrages sind also gerichtlich derzeit nicht absolut sicher beweisbar. Der durch das geplante Gesetz zur Anpassung der Formvorschriften neu einzuführende § 292a ZPO-E sieht vor, dass der Anschein der Echtheit einer in elektronischer Form vorliegenden Willenserklärung, der sich aufgrund der Prüfung nach dem SigG ergibt, nur durch Tatsachen erschüttert werden könne, „die es ernsthaft als möglich erscheinen lassen, dass die Erklärung nicht mit dem Willen des Signaturschlüssel-Inhabers abgegeben worden ist."

3. Datenschutz im Internet

Betrachtet man nunmehr den Begriff des Datenschutzes im engeren Sinne, also Datenschutz als Schutz vor Beeinträchtigungen individueller Rechtspositionen, so ist zunächst auf den Begriff des „Rechts auf informationelle Selbstbestimmung" einzugehen.

Dieses „Recht auf informationelle Selbstbestimmung" hat das Bundesverfassungsgericht in seinem „Volkszählungsurteil" vom 15.12.1983 (BVerfGE, 1984, 65, S.1; S. 43) festgeschrieben und in den Verfassungsrang erhoben.

Mit Blick und in Reaktion auf staatliche Informationseingriffe und die modernen Möglichkeiten elektronischer Datenverarbeitung statuierte das Bundesverfassungsgericht, dass der Einzelne die Befugnis habe, „selbst über die Preisgabe und Verwendung seiner persönlichen Daten zu bestimmen" und zu wissen, „wer was, wann und bei welcher Gelegenheit über ihn weiß." In einer späteren Entscheidung stellte das Bundesverfassungsgericht im Hinblick auf die Frage der Drittwirkung des „Grundrechts auf Datenschutz" für den privaten Bereich fest, dass das Recht auf informationelle Selbstbestimmung „nicht nur vor direkten staatlichen Eingriffen" schütze, sondern „als objektive Norm seinen Rechtsgehalt auch im Privatrecht" entfalte (BVerfGE 84, S. 192; S. 194f.).

a) Rechtsgrundlagen

Bei der Frage nach den Rechtsgrundlagen des Datenschutzes lediglich auf den deutschen Rechtsrahmen zu schauen, würde die Realität des Internet verkennen. Die Ubiquität des Mediums Internet hat die Möglichkeiten grenzüberschreitenden Geschäftsverkehrs – und damit auch Datentransfers – nicht nur theoretisch, sondern auch in der Praxis enorm erweitert.

i) Kollisionsrechtliche Fragen

Was den Datenschutz bei grenzüberschreitenden Geschäftsbeziehungen betrifft, so fragt sich kollisionsrechtlich zunächst einmal, welches Datenschutzrecht überhaupt anzuwenden ist (Hoeren, 2001, S. 206). Bestimmte internationale Regeln bestehen derzeit nicht, sieht man einmal von einem international sich entwickelnden Verhaltenskodex auf freiwilliger Basis ab, dem allerdings kein adäquates Datenschutzniveau zukommt.[13] Auf europäischer Ebene sind die EU-Datenschutz-Richtlinie vom 24.10.1995 (Europäische Gemeinschaften, 1995, L281, S. 31) und die ISDN-Datenschutz-Richtlinie vom 15.12.1997 Europäische Gemeinschaften, 1997, Nr. 24, S. 1) von Bedeutung.

Aus deutscher Perspektive ist derzeit kollisionsrechtlich ausschlaggebend der Sitz der datenverarbeitenden Stelle (Hoeren, 2001, S. 206). Befindet sich diese in Deutschland, ist grundsätzlich auch deutsches Datenschutzrecht anwendbar. Es ist im übrigen nicht möglich, dies durch vertragliche Rechtswahlklauseln abzuändern (vgl. Art. 27, 34 EGBGB). Deliktsrechtlich kommt darüber hinaus der Erfolgsort (neben dem Handlungsort) für das maßgebliche Recht in Betracht (vgl. Art. 40 Abs. 1, S. 2,3, 42, S. 1 EGBGB).

---

13 Ein Überblick über internationale Datenschutzaktivitäten findet sich auf der Website des Berliner Beauftragten für Datenschutz und Akteneinsicht, im Internet abrufbar unter: http://www.datenschutz-berlin.de/ueber/internat.htm [Stand: 2001-03-30].

Mit Umsetzung der EU-Datenschutzrichtlinie wird man allerdings hier differenzieren müssen. Gemäß Art. 4 Abs. 1 lit. a) und c) der Richtlinie ist zunächst Anknüpfungspunkt für die Anwendung nationalen Rechts der Niederlassungsort des für die Datenverarbeitung Verantwortlichen. Besitzt eine Bank oder ein Versicherer eine Niederlassung im Hoheitsgebiet mehrerer Migliedstaaten, also nicht nur in Deutschland, so hat er die notwendigen Maßnahmen zu ergreifen, damit jede dieser Niederlassungen die im jeweils anwendbaren einzelstaatlichen Recht festgelegten Verpflichtungen einhält.

Auch dann findet deutsches oder das Datenschutzrecht eines anderen Mitgliedsaates zukünftig Anwendung, wenn der für die Verarbeitung Verantwortliche nicht im Gebiet der Gemeinschaft, also z. B. in den USA niedergelassen ist und zum Zwecke der Verarbeitung personenbezogener Daten auf Mittel – etwa Terminals – zurückgreift, die in einem Mitgliedstaat belegen sind. Ausgenommen davon sind Mittel, die nur zum Zweck der Durchfuhr durch das Gebiet der Europäischen Gemeinschaft verwendet werden – wenn also beispielsweise ein japanischer Geschäftsmann im Transitbereich eines europäischen Flughafens Daten in seinem Notebook auswertet.

ii) TKG, TDDSG, MDStV, BDSG

Für Anbieter, die auf ihrer Homepage Vertragsabschlüsse über das Internet anbieten, sind im wesentlichen das Telekommunikationsgesetz (TKG), das Teledienstedatenschutzgesetz (TDDSG), der Mediendienstestaatsvertrag (MDStV) und subsidiär das Bundesdatenschutzgesetz (BDSG) zu beachten, welches im Zuge der Umsetzung der EU-Datenschutzrichtlinie eine Änderung erfahren wird.[14] Die geplante Novelle beinhaltet verschiedene Neuerungen, insbesondere das Gebot zur Datenvermeidung und Datensparsamkeit bei der Systemgestaltung (Systemdatenschutz - § 3a E-BDSG) und die Einführung des Datenschutzaudits (§ 9a).

---

14 Im Internet abrufbar unter: http://www.bfd.bund.de/aktuelles/bdsg-syn.pdf [Stand: 2001-03-30]

Die Vorgaben der EU-Datenschutzrichtlinie umfassen eine Reihe von Zielen. Zum einen soll durch Vereinheitlichung der Vorschriften für den öffentlichen und nicht-öffentlichen Bereich bis auf wenige Ausnahmen auf eine Unterscheidung zwischen öffentlicher und nicht-öffentlicher Datenverarbeitung verzichtet werden (Art. 2 lit. d). Indem datenverarbeitende Stellen zur Aufklärung und Information der Betroffenen verpflichtet werden, soll deren Recht auf die Kontrolle der Verarbeitung ihrer personenbezogenen Daten und eine Zweckbindung der Datenverarbeitung erreicht werden (Art. 12). Berufsverbände und andere Vereinigungen sollen Verhaltensregeln ausarbeiten und Verfahren entwickeln können, um hier eine Selbstregulierung zu schaffen (Art. 27). Die Verarbeitung personenbezogener Daten über die rassische oder ethnische Herkunft, politische Meinungen, religiöse oder philosophische Überzeugungen, die Gewerkschaftszugehörigkeit sowie von Gesundheitsdaten und Daten über das Sexualleben sollen untersagt werden (Art. 8).

Datenübermittlung in ein Drittland ist nach Art. 25 der Datenschutzrichtlinie zu unterbinden, wenn dort kein angemessenes Datenschutzniveau besteht. Mitgliedstaaten der EU können jedoch einen Datenexport in Länder genehmigen, wenn die für die Datenverarbeitung Verantwortlichen ausreichende Garantien für den Schutz der Privatsphäre, der Grundrechte und der Grundfreiheiten der betroffenen Personen bieten (Art. 26 Abs. 2).

Anforderungen stellt die Richtlinie auch an den technischen Datenschutz. Die Mitgliedstaaten haben Vorschriften zu erlassen, die dazu verpflichten, angemessene technische und organisatorische Maßnahmen zum Schutz gegen den unberechtigten Zugang zu personenbezogenen Daten sowie gegen deren unberechtigte Änderung und Weitergabe zu ergreifen (Art. 17).

b) Einzelfragen: Cookies, CRM

Die mannigfachen technischen Möglichkeiten bei der Datengewinnung (Cookies, Log-Files, CGI-Skripts etc.) und ihre rechtliche Beurteilung hinsichtlich der daraus resultierenden datenschutzrechtlichen Pflichten werfen komplizierte Fragen auf und können hier nicht vertieft dargestellt werden.

Cookies, also kleine Datenmengen, welche zusammen mit den von dem Benutzer eigentlich angeforderten Daten aus dem Internet an den Nutzer-Computer geschickt werden, um bei erneutem Zugriff Angaben über bisherige Zugriffe an den entsprechenden Server zurückzusenden, ermöglichen die Erstellung von Kundenprofilen, wobei der Betroffene oftmals gar nicht merkt bzw. verhindern kann, was mit ihm und seinen Daten geschieht. Bereits das Setzen von Cookies mit dem Ziel der späteren Verarbeitung bzw. Speicherung erfordert gem. § 3 I TDDSG die Einwilligung des Nutzers. Soweit der Anbieter vor Erhebung und Verwendung personenbezogener Daten nicht ausreichend informiert, ist grundsätzlich nicht von einer generellen Einwilligung des Nutzers auszugehen.[15]

Die Optimierung von Kundenbeziehungen durch sog. Customer Relationship Management (CRM) gewinnt für immer mehr Unternehmen an Bedeutung. CRM-Softwareprogramme, mit denen die unterschiedlichen Kundenkontakte während einer Geschäftsbeziehung systematisch erfasst, ausgewertet, gesteuert und abgewickelt werden können, leisten hier wesentliche Arbeit, indem Nutzungsprofile von Internet-Usern erstellt werden. Aber auch hier gilt, dass die Erhebung, Verarbeitung und Nutzung personenbezogener Daten gemäß § 3 Abs. 1 TDDSG bzw. § 12 MDStV nur bei wirksamer Einwilligung oder Vorliegen eines gesetzlichen Erlaubnistatbestands gestattet ist. Ausdrücklich unterstreichen § 4 Abs. 4 TDDSG sowie § 13 Abs. 4 MDStV, dass die Erstellung von Nutzungsprofilen nur bei Verwendung von Pseudonymen erlaubt ist.

4. Haftungsfragen

Bei der Erörterung von Haftungsfragen im Zusammenhang mit der Verletzung von Datenschutz und Datensicherheit steht weniger die Haftung der Diensteanbieter aus § 5 TDG bzw. § 5 MDStV im Vordergrund, da diese sich

---

[15] Vgl. im Einzelnen zur Zulässigkeit von Log-Files, Cookies u. CGI-Skripts Moos, Datenschutz im Internet, in: Kröger/Gimmy, a.a.O., S. 411, 429 ff. m.w.N.

auf die Verantwortlichkeit für rechtswidrige Inhalte auf einer Website, nicht aber auf den Umgang mit persönlichen Daten der Nutzer oder auf Aspekte der - technisch zu verstehenden - Datensicherheit bezieht (Müller-Terpitz.[16]) Nachfolgend soll vielmehr auf die aus der unzulässigen Verwendung personenbezogener Daten resultierenden Haftungsfragen eingegangen werden

a) Haftung bei Verletzung datenschutzrechtlicher Bestimmungen

Die angesprochenen Datenschutzgesetze selbst sehen keine - zivilrechtlichen - Schadenersatzansprüche vor. Lediglich für den öffentlichen Bereich sieht § 7 BDSG eine verschuldensunabhängige (Gefährdungs-) Haftung öffentlicher Stellen für unerlaubte oder unrichtige Datenverarbeitung vor.[17] Es kommen insoweit für den nicht-öffentlichen Sektor nach allgemeinem Privatrecht vertragliche bzw. vertragsähnliche sowie deliktische Ersatzansprüche in Betracht.

Das Befolgen datenschutzrechtlicher Vorschriften wird man bei jedem via Internet zustandegekommenen Vertragsverhältnis als vertragliche Nebenpflicht einordnen können. Soweit es sich bei der Kommunikation zwischen einem Anbieter und einem Internet-Nutzer bzw. potentiellen Kunden um eine rein vorvertragliche handelt, bei der es zu einem Datenaustausch und der Verwertung von Daten kommt, so kommen Schadenersatzansprüche aus culpa in contrahendo in Betracht, im Rahmen bestehender Vertragsbeziehungen Ansprüche aus positiver Forderungsverletzung.

---

[16] Vgl. dazu im Einzelnen Müller-Terpitz (2000, S. 167ff. m.w.N.); zur strafrechtlichen Verantwortung von Internet-Anbietern Gercke (2000).

[17] Zu erwähnen sei hier § 8 BDSG, der für den nicht-öffentlichen Bereich eine Beweiserleichterung schafft: „Macht ein Betroffener gegenüber einer nicht-öffentlichen Stelle einen Anspruch auf Schadenersatz wegen einer nach diesem Gesetz oder anderen Vorschriften über den Datenschutz unzulässigen oder unrichtigen automatisierten Datenverarbeitung geltend und ist streitig, ob der Schaden die Folge eines von der speichernden Stelle zu vertretenden Umstandes ist, so trifft die Beweislast die speichernde Stelle."

Neben der deliktischen Haftung aus § 823 Abs. 1 BGB wegen Verletzung des Persönlichkeitsrechts (als sonstiges Recht i.S.d. § 823 Abs. 1) ist außerdem eine Haftung aus § 823 Abs. 2 BGB zu erwägen, soweit eine verletzte Datenschutznorm als Schutzgesetz zu werten ist. Auch an eine Haftung nach §§ 824 (Kreditgefährdung durch wahrheitswidrige Verbreitung von Tatsachen) und § 826 (Sittenwidrigkeit der Weitergabe persönlicher Informationen) ist zu denken. Auf der Grundlage von § 823 i.V.m. § 1004 BGB kann der Verletzte auch Beseitigungs- und Unterlassungsansprüche geltend machen.

b) Haftung bei Hackerangriffen, Computerviren (Zerstörung oder Ausspähung)

Fragen der Datensicherheit und des Datenschutzes stellen sich auch bei der rechtlichen Bewertung von Hackerangriffen und der Zerstörung von EDV-Installationen durch Computerviren. Gerade für letzteren Fall sei nur der im Jahre 2000 wohl bekannteste Fall des „I-Love-You"-Virus erwähnt, der sich selbst über die in den angegriffenen Computer-Systemen enthaltene Adresskarteien weiterverbreitete und Daten zerstörte. Die Verletzlichkeit von EDV-Systemen und damit einhergehend die Gefahr für Datenschutz und Datensicherheit werden hier besonders deutlich. Schadenersatzansprüche gegen Hacker und Infizienten sind mangels Feststellbarkeit meist illusorisch.

Ermöglicht werden solche Angriffe oftmals durch die verwendete Software. Genügt diese nicht den an sie zu stellenden Sicherheits- und Qualitätserwartungen, weil sie derartige Virenangriffe nach dem Stand der Technik eigentlich abwehren sollte, so stellt sich bei derartigen Sicherheitsmängeln die Frage der Produkthaftung des Software-Herstellers.

Die Beantwortung der Frage, welcher Sicherheitsstandard von einem Software-Produkt zu erwarten ist, wird sich nach dem jeweiligen Stand von Wissenschaft und Technik, dem technisch Machbaren also, aber auch nach wirtschaftlichen Gesichtspunkten richten (vgl. Bartsch, 2000, S. 721). Von einem teureren Produkt wird man mehr Sicherheit erwarten können als von einem billigen.

Eine Haftung des Herstellers kommt hier zum einen aus § 823 Abs. 1 BGB sowie aus § 1 ProdHaftG in Betracht. Während die Haftung des § 823 Abs. 1 BGB einen Pflichtverstoß (Verletzung der Konstruktions-, Produktions-, Instruktions- oder Produktbeobachtungspflicht) voraussetzt (Palandt/Putzo, 2001, § 823, Rdnr. 205ff.), basiert die Haftung aus dem Produkthaftungsgesetz auf einem objektiven Fehler (nicht erreichter aber von der Software zu erwartender Sicherheitsstandard) (vgl. § 3 ProdHaftG). Ausschlaggebend ist in beiden Fällen die zu erwartende Produktsicherheit. Da nach § 823 BGB außerdem Schmerzensgeld möglich ist und keine Haftungshöchstgrenze wie nach § 10 ProdHaftG besteht, bleibt eher eine Haftung aus § 823 BGB bedeutsam.

Eine Sachbeschädigung i.S.v. § 823 BGB liegt nicht nur bei einer Substanzzerstörung, sondern bereits bei einer Funktionsstörung vor – also beispielsweise bei der Löschung von Daten in einer Adresskartei oder der Beschädigung eines Datenträgers wie der Festplatte.

Dem Geschädigten kommt in diesem Fall eine Erleichterung der Beweislast zugute. Er muss lediglich nachweisen, dass die Software bei einer Virenattacke durch bestimmte schädigende Vorgänge reagiert, dem Nutzer obliegt es jedoch nicht aufzuzeigen, welcher Sicherheitsstandard konkret unterschritten wurde (Bartsch, 2000, S. 721).

Möglicherweise muss sich der Geschädigte natürlich ein Mitverschulden anrechnen lassen, wenn er beispielsweise kostenlose „Updates" des Virenschutzes nicht vorgenommen hat.

5. Schlussbemerkung

Datenschutz und Datensicherheit werden durch die fortschreitende Technisierung und die Internationalität des Mediums Internet vor ständig neue Herausforderungen gestellt. Gerade die Ubiquität des Internet macht deutlich, dass ein rein nationaler Ansatz zur rechtlichen Erfassung und Lösung der damit einhergehenden Probleme völlig unzureichend – ja geradezu naiv – wäre. Eine

Rechtliche Aspekte und Datensicherheit

Rechtsvereinheitlichung auf europäischer Ebene ist derzeit zumindest auf einem guten Wege. Gleichwohl bleibt abzuwarten, ob die Umsetzung der EU-Datenschutzrichtlinie in den europäischen Einzelstaaten wirklich dazu führen wird, dass die Errichtung von Daten-Oasen – die Niederlassung von Internet-Unternehmen in dem Staat mit dem niedrigsten Schutzniveau – vermieden werden kann. Das außereuropäische Recht (USA, Karibik, Südamerika, Hongkong usw.) ist dabei nicht erfasst.

Ein weiteres Problem, welches in seiner Dimension noch weit weniger erfasst ist, stellt die Möglichkeit effektiver Rechtsverfolgung bei Datenschutzverletzungen bzw. bei Eigentumsverletzungen aufgrund mangelnder Sicherheitsstandards dar. Einheitliches oder zumindest überschaubares Recht nützt den Betroffenen bei derartigen Eingriffen nur insoweit, als der Schädiger überhaupt „zu packen" ist. Diesbezüglich sei noch einmal das zuletzt erwähnte Beispiel des „I-Love-You"-Virus angesprochen: Natürlich würde sich der von einem Virus Geschädigte mit seinem Schadenersatzanspruch direkt an den ursprünglichen Initiator der Virus-Attacke halten, wenn er ihn überhaupt identifizieren und dann auch effektiv gerichtlich verfolgen könnte, was – wenn nicht unmöglich – regelmäßig schwierig oder nur mit enormem Aufwand möglich sein dürfte.

Festzuhalten bleibt, dass elektronischer Handel in Zukunft wohl nur dann das durch das Medium Internet gebotene Potential wird ausschöpfen können, wenn das Vertrauen der Beteiligten in effektiven Datenschutz und ein hohes Maß an Datensicherheit geschaffen werden kann. Was den deutschen und europäischen Rechtsrahmen angeht, so sind durch die Maßnahmen zur Etablierung der digitalen Signatur als Äquivalent bzw. Ergänzung der gesetzlichen Schriftform bereits gute Ansätze geschaffen worden. Ansonsten bleibt Sicherheit ein international noch lange nicht gelöstes, wenn in absehbarer Zeit überhaupt lösbares Problem. Außerhalb des rechtlichen Rahmens wird es für die Entwicklung des elektronischen Geschäftsverkehrs vor allem auf das Vertrauen in den Vertragspartner ankommen, was naturgemäß etablierten Unternehmen mit Marken zunächst einen entscheidenden Vorteil bietet.

6. Literaturverzeichnis

Bartsch, Michael (2000), „Computerviren und Produkthaftung", Computer und Recht, Jg. 16, H. 11, S. 721ff.

Bettendorf, Jörg (2000), „Elektronischer Geschäftsverkehr", in: Sigrun Erber-Faller (Hrsg.), *Elektronischer Rechtsverkehr*, Neuwied, S. 14ff.

BGBl (1997), *Bundesgesetzblatt*, Bd. I, S. 1870; S. 1872.

BGHZ (1994), *Entscheidungen des Bundesgerichtshofes in Zivilsachen*, hrsg. von den Mitgliedern des Bundesgerichtshofes und der Bundesrechtsanwaltskammer, Bd. 121, Köln, S. 224ff.

Bizer, Johan und Anja Miedbrodt (2000), „Die digitale Signatur im elektronischen Rechtsverkehr", in: Detlef Kröger und Marc A. Gimmy (Hrsg.), *Handbuch zum Inter
netrecht. Electronic Commerce – Informations-, Kommunikations- und Mediendienste*, Berlin u.a., S. 147ff. m.w.N.

BVerfGE (1984), Entscheidungen des Bundesverfassungsgerichts, hrsg. von den Mitgliedern des Bundesverfassungsgerichts, Bd. 65, S. 1ff., Köln.

BVerfGE (1992), Entscheidungen des Bundesverfassungsgerichts, hrsg. von den Mitgliedern des Bundesverfassungsgerichts, Bd. 84, S. 192ff., Köln.

Europäische Gemeinschaften (1995), Richtlinie 95/46/EG des Europäischen Parlaments und des Rates zum Schutz natürlicher Personen bei der Verarbeitung personenbezogener Daten und zum freien Datenverkehr vom 24.10.1995, *Amtsblatt der Europäischen Gemeinschaften*, Nr. L 281, S. 31.

Europäische Gemeinschaften (1997), Richtlinie 97/66/EG des Europäischen Parlaments und des Rates über die Verarbeitung personenbezogener Daten und den Schutz der Privatshäre im Bereich der Telekommunikation vom 15.12.1997, *Amtsblatt der Europäischen Gemeinschaften* Nr. 24, S. 1.

Europäische Gemeinschaften (1998), Vorschlag für eine Richtlinie des Europäischen Parlaments und des Rates über den Fernabsatz von Finanzdienstleistungen an Verbraucher und zur Änderung der Richtlinie 90/619/EWG des Rates und der Richtlinien 97/7/EG und 98/27/EG, *Amtsblatt der Europäischen Gemeinschaften* Nr. C 385, S. 10).

Europäische Gemeinschaften (2000), Richtlinie 1999/93/EG des Europäischen Parlaments und des Rates vom 13.12.1999 über gemeinschaftliche Rahmenbedingungen für elektronische Signaturen, *Amtsblatt der Europäischen Gemeinschaften* Nr. L 13. S. 12.

Europäische Gemeinschaften (2000), Richtlinie 2000/31/EG des Europäischen Parlaments und des Rates über bestimmte rechtliche Aspekte der Dienste der Informationsgesellschaft, insbesondere des elektronischen Geschäftsverkehrs im Binnenmarkt vom 8.6.2000, *Amtsblatt der Europäischen Gemeinschaften* Nr. L 178, S. 1.

Fritzemeyer, Wolfgang (1999), „Der Vertragsschluß im Internet – Rechtliche Rahmenbedingungen", in: Ivo Geis (Hrsg.), *Rechtsaspekte des elektronischen Geschäftsverkehrs*, Hamburg, S. 249f.

Gercke, Marco (2000), Rechtswidrige Inhalte im Internet, Köln.

Hobert, Guido (1998), Datenschutz und Datensicherheit im Internet: Interdependenzen und Korrelation von rechtlichen Grundlagen und technischen Möglichkeiten, Fankfurt/Main, S. 82.

Hoeren, Thomas (2001), Rechtsfragen im Internet – Arbeitsunterlagen, S. 206, abrufbar im Internet unter: http://www.uni-muenster.de/Jura.itm/hoeren/materialien/Skriptir.pdf. Stand 2001-04-01, m.w.N.

Holznagel, Bernd, Regine Lorenz und Tarik Tabbara (1999), „Datenschutzrechtliche Aspekte des elektronischen Zahlungsverkehrs", in: Bernd Holznagel und Thomas Hoeren (Hrsg.), *Rechtliche Rahmenbedingungen des elektronischen Zahlungsverkehrs. Hemmnisse – Verletztlichkeiten – Haftung, Grundlagen und Praxis des Wirtschaftsrechts*, Bd. 16, Berlin, S. 222 m.w.N.

Köhler, Markus und Hans-Wolfgang Arndt (2000), *Recht des Internet*, 2. Aufl., Frankfurt/Main, S. 44ff.

Moos, Flemming (2000), „Datenschutz im Internet", in: Detlef Kröger und Marc A. Gimmy (Hrsg.), *Handbuch zum Internetrecht. Electronic Commerce – Informations-, Kommunikations- und Mediendienste*, Berlin u.a., S. 411; S. 429ff. m.w.N.

Müller-Terpitz, Ralf (2000), „Verantwortung und Haftung der Anbieter", in: Detlef Kröger und Marc A. Gimmy (Hrsg.), *Handbuch zum Internetrecht. Electronic Commerce – Informations-, Kommunikations- und Mediendienste*, Berlin u.a., S. 167ff. m.w.N.

Palandt, Otto (2001), Bürgerliches Gesetzbuch, 60. Aufl., § 823 Rdnr. 205ff., Bearbeiter: Hans Putzo.

Palandt, Otto (Hrsg.) (2001), *Bürgerliches Gesetzbuch*, 60. Aufl., München, § 125 Rdnr. 1, Bearbeiter: Helmut Heinrichs.

Reisen, André und Christian Mrugalla (2000), „Digitale Signaturen – Prinzip und Sicherheitsinfrastruktur", in: Sigrun Erber-Faller (Hrsg.), *Elektronischer Rechtsverkehr*, Neuwied, S. 43ff.

Schlechter, Richard (1999), „Ein europäischer Rahmen für elektronische Signaturen", in: Ivo Geis (Hrsg.), *Rechtsaspekte des elektronischen Geschäftsverkehrs*, Hamburg, S. 109 m.w.N.

Tettenborn, Alexander (2000), „Die Novelle des Signaturgesetzes", *Computer und Recht*, Jg. 16, H. 10, S. 683ff.

Thot, Norman B. (1999), „Elektronischer Vertragsschluß – Ablauf und Konsequenzen. Ein Rechtsvergleich zwischen dem amerikanischen und deutschen Recht", *Europäische Hochschulschriften*, Reihe 2: Rechtswissenschaft, Bd. 2824, Frankfurt/Main.

Professor Dr. Ulrich Hübner
Universität zu Köln
Institut für Versicherungsrecht
Kerpener Str. 30

D - 50931 Köln

VIII.
Rechtssicherheit und Marktbeherrschung im elektronischen Welthandel: die Globalisierung des Rechts als Herausforderung der Rechts- und Wirtschaftstheorie

Gralf-Peter Calliess *

1. Einleitung

Der elektronische Handel wird die Wirtschaft tiefgreifend verändern: insoweit herrscht weitgehend Einigkeit. Welche konkreten Auswirkungen sich aus der Etablierung eines elektronischen Weltmarktplatzes für die Handels- und Wettbewerbsstrukturen ergeben werden, ist hingegen unklar. Gegenwärtig konkurrieren zwei unterschiedliche Visionen:

Nach einer Ansicht wird die Welt zwar etwas virtueller und vor allem effizienter, im übrigen bleibt aber alles wie es ist. Die Aufregung um die New Economy ist danach völlig übertrieben, in einer anstehenden Konsoli-

---

* Diese Arbeit wurde von der Volkswagen-Stiftung im Rahmen des Forschungsvorhabens „Globales Recht für grenzüberschreitende Schuldverträge zwischen Unternehmern und Verbrauchern im elektronischen Geschäftsverkehr" gefördert.

dierungsphase werden die meisten Internet-Start-Ups vom Markt verschwinden oder von den großen etablierten Unternehmen übernommen. Wenige Global Player werden die elektronischen Weltmärkte unter sich aufteilen, wobei diese jeweils über regionale Tochterunternehmen tätig werden. Für kleine Unternehmen verbleiben allenfalls Marktnischen.

Die Gegenvision beschreibt den elektronischen Handel als Welt des vollständigen Wettbewerbs. Marktzutrittsschranken werden durch das Internet weitgehend beseitigt, so dass auch kleine Unternehmen mit minimalen Investitionen Zugang zum Weltmarkt erlangen können. Standort und Größe eines Unternehmens verlieren an Bedeutung, während Flexibilität, Innovationskraft und Schnelligkeit zu alles entscheidenden Faktoren werden. Zwischen einer auf hoher Markttransparenz beruhenden neuen Verbrauchersouveränität und einem verschärften internationalen Standortwettbewerb werden den „mice" gegenüber den „elephants" die besseren Chancen eingeräumt.

Wenn einem die zweite Vision aus wettbewerbspolitischer Sicht auch sympathischer erscheinen mag, so liegt die Wahrheit doch wahrscheinlich – wie so häufig – irgendwo in der Mitte (Klodt, 2001). Der elektronische Handel birgt spezifische Herausforderungen an die Rechts- und Wirtschaftspolitik. So haben die Europäische Union und der deutsche Gesetzgeber in den vergangenen Jahren eine Reihe von Maßnahmen ergriffen, die wirksame elektronische Vertragsschlüsse ermöglichen und gleichzeitig die Rechte des Verbrauchers sichern sollen (Hübner, 2001).[1] Die Politik stößt allerdings auf Grenzen, wo es um inhärent globale Probleme geht (Schäfer, 1999; Engel, 2000). Wo etwa soll der institutionelle Rahmen für den grenzüberschreitenden elektronischen Handel herkommen und wer tritt den Beherrschern der elektronischen Weltmärkte

---

[1] Auf europäischer Ebene sind als wichtigste Maßnahmen die Fernabsatzrichtlinie (97/7/EG), die Signaturrichtlinie (99/13/EG) und die E-Commerce-Richtlinie (2000/31/EG) zu nennen. Eine E-Banking-Richtlinie (KOM (1999) 559) befindet sich in Vorbereitung. Der deutsche Gesetzgeber ist der EU durch Erlass des Informations- und Kommunikationsdienstegesetzes und den korrespondierenden Mediendienstestaatsvertrag zum Teil mit der Folge eines entsprechenden Anpassungsbedarfs an die später erlassenen Richtlinien vorausgeeilt, während er die Umsetzungsfrist im Falle des Fernabsatzgesetzes sogar knapp überschritten hat.

entgegen? Diesen Fragen an eine als interdisziplinäre Institutionentheorie verstandene Rechts- und Wirtschaftstheorie, die im Zweifelsfalle auch ohne Staat und Politik auskommen muss, wird im Folgenden nachgegangen.

2. Elektronischer Handel: jenseits von Transaktionskosten

Fasst man unter E-Commerce zunächst einmal sämtliche Phänomene der Kommerzialisierung des Internet auf, so stellt sich das Internet als gigantische Maschine zur Reduktion von Transaktionskosten dar (Kenney/Curry, 2000, S. 34). Denn das Internet ist eine Infrastruktur, die Information und Kommunikation weltweit nahezu in Echtzeit zu sehr geringen, entfernungsunabhängigen Kosten ermöglicht. Bezeichnen Transaktionskosten diejenigen Reibungsverluste, die bei der Bestimmung, Übertragung und Durchsetzung von Verfügungsrechten für einen bestimmten Leistungsaustausch entstehen, so handelt es sich dabei vornehmlich um Kosten der Information und Kommunikation (Picot 1993, S. 4194). Gliedert man die Transaktionskosten nach Anbahnungs-, Vereinbarungs-, Abwicklungs-, Kontroll- und Anpassungskosten (Picot 1993, S. 4195; ähnlich Bonus/Maselli, 2000, S. 3075), so scheint der Schwerpunkt der Kostenersparnis durch das Internet im Bereich der Anbahnungskosten, also der Kosten der Information über potentielle Vertragspartner, Preise, Qualität und sonstige Konditionen, zu liegen. In den übrigen Bereichen sinken zwar die Kosten der Kommunikation an sich, nicht unbedingt aber der damit verbundene Zeitaufwand, der weitgehend vom Grad der Standardisierung des Leistungsaustausches abhängig ist.

Der konkrete Umfang der Kostenvorteile hängt im übrigen vom Ausmaß der Elektronisierung des Handels ab: je mehr Verfahrensschritte im Prozess des Leistungsaustausches online vorgenommen werden, desto höher die Kostenvorteile gegenüber dem traditionellen Handel. Im Idealfall der digitalisierbaren Güter (Musik, Video) und Dienstleistungen (E-Banking) kann die gesamte Transaktion, von der Anbahnung (Information) über den Vertragsschluss, die Lieferung und Bezahlung bis hin zur Behandlung von Leistungsstörungen (Reklamation, Rückabwicklung, Streitschlichtung) elektronisch abgewickelt werden. Bei der Lieferung physischer Waren an Verbraucher (Bücher) stehen den Kosteneinsparungen bei der Vertragsanbahnung hingegen erhöhte Aufwendungen im Bereich der Logistik gegenüber.[2]

Aus der Art des beschriebenen Kostensenkungspotentials lassen sich m.E. zwei Schlussfolgerungen im Hinblick auf zukünftige Änderungen der Handelsstrukturen ableiten:

- Erstens wird der Direktvertrieb zwischen Produzenten und Endabnehmern deutlich zunehmen. Zahlreiche Intermediäre, ja sogar ganze Handelsstufen verlieren im elektronischen Handel weitgehend ihre Funktion.[3]

- Zweitens wird der grenzüberschreitende Waren- und Dienstleistungsverkehr als Folge der Ubiquität des Internet (Engel, 2000) extreme Zuwachsraten aufweisen. Insbesondere im Bereich der digitalisierbaren Güter und elektronischen Dienstleistungen wirkt E-Commerce als Katalysator einer Globalisierung, die jenseits der internationalen Kaufmannschaft auch kleinere und mittlere Unternehmen und den Verbraucher miteinbezieht.

Diese Schlussfolgerungen sind nicht deckungsgleich, führen zusammen genommen aber zu der These, dass ein Unternehmer das in den Möglichkeiten

---

[2] An dieser Stelle sei angemerkt, dass der Transaktionskostenbegriff zuweilen sehr weit gebraucht wird. Ob die Kosten der Einrichtung und Unterhaltung eines stationären Handelssystems als Vertriebskosten noch zu den Transaktionskosten gehören (so Kenney/Curry, 2000), mag Ansichtssache sein, Logistikkosten dürften jedenfalls nicht mehr dazu zählen, wenn man der o.g. Definition folgt, da ja nicht die Kosten des Leistungsaustausches selbst, sondern die der Übertragung von Verfügungsrechten gemeint sind.

[3] Natürlich bleibt in einigen Bereichen die Bündelungsfunktion des Handels erhalten (z.B. Lebensmittel). Bei höherwertigen Produkten hat der Direktvertrieb hingegen Aussicht auf Erfolg, wenn vergleichbar dem klassischen Fabrikverkauf die Kostenvorteile teilweise an den Verbraucher weitergegeben werden. Aus diesem Grunde stellt sich die Frage, ob der Begriff „E-Commerce" wirklich zutreffend mit „elektronischer Handel" übersetzt ist. Denn Handel treiben im klassischen Sinne nur die Kaufleute, die selbst nichts produzieren, sondern nur kaufen und weiterverkaufen. Präziser erscheint der juristisch gebräuchliche Terminus „elektronischer Geschäftsverkehr".

des E-Commerce enthaltene Potential zur Senkung der Transaktionskosten optimal nutzt, wenn er die von ihm hergestellten Produkte weltweit direkt an den Endabnehmer vertreibt.[4] Das ergibt sich schon daraus, dass der räumlich relevante Markt im elektronischen Handel per se der Weltmarkt ist. Wer einen E-Shop eröffnet, erreicht damit – jedenfalls bei Verwendung der Weltsprache Englisch – potentiell alle Internetnutzer der Welt. Während die Transaktionskosten im traditionellen Außenhandel besonders hoch sind (Streit/Mangels 1996, S. 75), müssten im elektronischen Handel hingegen erst besondere technische Vorkehrungen getroffen werden, um den räumlich relevanten Markt einzugrenzen.[5] Folglich ist das Einsparpotential gerade im grenzüberschreitenden Waren- und Dienstleistungsverkehr besonders hoch.

3. Die Bedeutung rechtlicher Transaktionskosten im grenzüberschreitenden Handel

Wirtschaftliche Transaktionen bedürfen eines institutionellen Rahmens, um die Transaktionskosten durch Stabilisierung von Verhaltenserwartungen soweit zu senken, dass das Vorkommen solcher Transaktionen überhaupt wahrscheinlich wird. Im Binnenhandel wird diese Funktion vom nationalstaatlichen Wirtschaftsrecht erfüllt. Der institutionelle Rahmen kann freilich in Abhängigkeit vom Maß an Rechtssicherheit, welches gewährleistet wird, mehr oder weniger effizient ausfallen. Recht selbst ist damit ein Transaktionskostenfaktor und als solcher Gegenstand der ökonomischen Analyse des Rechts (Posner, 1998). Im Rahmen einer Analyse des Binnenhandels mag man diese rechtlichen Transaktionskosten mit der Neoklassik noch als Konstante ausklammern können, weil alle Transaktionspartner von den Vor- und Nach-

---

[4] Unbestritten kann es auch im E-Commerce zahlreiche Gründe für die Einschaltung von Intermediären, seien dies unabhängige Handelsplattformen, elektronische Marktplätze oder virtuelle Kaufhäuser, geben. Inhaber begehrter Marken sowie Anbieter von einmaligen bzw. konkurrenzlosen Produkten haben aber wenig Grund, Dritte am Vertrieb zu beteiligen.

[5] Zu den Möglichkeiten eines „Zoning" des Internet über digitale Signaturen vgl. Lessig (1999, 30 ff.).

teilen gleichermaßen betroffen sind. Bei grenzüberschreitenden Transaktionen werden hingegen mehrere nationale Rechtssysteme berührt, so dass sich jeweils die Frage stellt, welches Recht anwendbar ist, ob eine Doppelregulierung greift etc.

Dabei ist nach öffentlichem und privatem Wirtschaftsrecht zu unterscheiden. So unterliegt etwa ein Anbieter von Finanzdienstleistungen zunächst in seinem Heimatstaat öffentlich-rechtlichen Aufsichtsregeln zum Schutz der Anleger und zur Wahrung der Stabilität des Finanzsystems. Will er diese Finanzdienstleistungen auch in einem anderen Staat erbringen, so unterliegt er zusätzlich dem Marktrecht im Vertriebsstaat, d.h. der Vertrieb des Produktes muss den dortigen Behörden angezeigt werden, bestimmte länderspezifische Anforderungen müssen erfüllt werden usw. (Calliess, 2000). Darüber hinaus stellt sich die Frage, welchem Privatrecht die vertraglichen Beziehungen mit den Anlegern unterliegen. Hierzu enthält jede nationale Privatrechtsordnung eigene Kollisionsregeln, das sog. Internationale Privatrecht, so dass die Frage nach der Geltung einer bestimmten Privatrechtsordnung häufig davon abhängt, vor welchem Gericht Klage erhoben wird. Das Internationale Privatrecht bietet damit keine hinreichende Rechtssicherheit, um grenzüberschreitende Transaktionen zu fördern (Streit/Mangels, 1996, S. 81).

Das gilt insbesondere dann, wenn ein Anbieter – wie im Falle des inhärent globalen E-Commerce - aus seinem Heimatstaat heraus Produkte in eine Vielzahl von anderen Ländern exportieren möchte, da dann ebenso viele unterschiedliche Rechtsordnungen zu berücksichtigen sind (Junker, 1999). Diese rechtliche Komplexität wird beim Handel unter Kaufleuten (B2B) reduziert, weil nach dem Internationalen Privatrecht vieler Länder das anzuwendende Privatrecht entweder durch freie Vereinbarung der Parteien bestimmt wird, oder aber mangels einer solchen Rechtswahl das Recht am Sitz desjenigen gilt, der die „vertragscharakteristische Leistung" erbringt, also kein Geld zahlt, sondern eine Ware liefert oder eine Dienstleistung erbringt. Im grenzüberschreitenden B2B-E-Commerce unterliegt der Anbieter von Waren und Dienstleistungen damit regelmäßig nur einer Privatrechtsordnung, nämlich der eigenen (Herkunftsstaatprinzip) oder einer gewählten (Rechtswahlfreiheit).

Im Verkehr zwischen Unternehmern und Verbrauchern sind diese Grundsätze hingegen eingeschränkt. Aus Gründen des Verbraucherschutzes gilt etwa im harmonisierten Internationalen Privatrecht der Europäischen Union (EVÜ) grundsätzlich das Privatrecht am Wohnort des Verbrauchers, von dessen Verbraucherschutzniveau auch im Wege der Rechtswahl nicht zu Ungunsten des Verbrauchers abgewichen werden darf (Mankowski, 1999; Calliess, 2001). Grenzüberschreitender B2C-E-Commerce unterliegt deshalb den je unterschiedlichen verbraucherschutzrechtlichen Anforderungen aller beteiligten Staaten. Die Kosten der Abstimmung der Allgemeinen Geschäftsbedingungen des Unternehmers mit allen involvierten Privatrechtsordnungen – falls eine solche aufgrund von Inkohärenzen nicht überhaupt unmöglich ist – sind absurd. Das internationale Verbraucherschutzrecht stellt sich damit für kleinere und mittlere Unternehmen als Zutrittsschranke zum globalen Marktplatz dar. Im Ergebnis kann festgehalten werden, dass die rechtlichen Transaktionskosten im grenzüberschreitenden Handel extrem hoch ausfallen.

Im Rahmen der traditionellen Außenhandelsstrukturen ist dies allerdings kein größeres Problem. Denn der grenzüberschreitende Warenverkehr wird von der internationalen Kaufmannschaft in einer Weise organisiert, die die rechtlichen Transaktionskosten als eher marginal erscheinen lässt. Die Rechnung ist relativ einfach: wenn sehr große Volumina bewegt werden, dann fallen selbst hohe Rechtsberatungskosten bei international tätigen Anwaltsbüros, gemessen am Umsatz, kaum ins Gewicht. Kleine grenzüberschreitende Transaktionen lohnen im gegenwärtigen institutionellen Rahmen hingegen nicht. Die internationale Kaufmannschaft hat im Import/Export-Geschäft deshalb eine Bündelungsfunktion übernommen, die darüber hinaus zur Folge hat, dass der Kreis der Transaktionspartner überschaubar bleibt. Da in kleinen Gruppen ein höheres Maß an sozialer Kontrolle erfolgt, konnten die Kaufleute sich zudem jenseits der nationalen Rechtssysteme auf ein eigenes, von sozialen Sanktionen getragenes Soft-Law-System, die *lex mercatoria*, stützen, welches wesentlich auf internationalen Handelsbräuchen und einer außerstaatlichen Schiedsgerichtsbarkeit fußt (Streit/Mangels, 1996; Berger, 2000).

Grenzüberschreitender Dienstleistungsverkehr hat dagegen bisher nur in Nischen stattgefunden. Unter grenzüberschreitendem Dienstleistungsverkehr werden in Anlehnung an die Unterscheidung zwischen Dienstleistungsfreiheit und Niederlassungsfreiheit im EG-Vertrag solche Transaktionen verstanden, bei denen der Leistungserbringer im Staat des Leistungsempfängers nicht über eine eigenständige Niederlassung verfügt. Verträge werden dann entweder über Fernkommunikationsmittel (Post, Telefon) geschlossen, oder der Verbraucher reist zum Leistungserbringer, bzw. der Verbraucher wird von einem Reisevertreter des Leistungserbringers aufgesucht. Letzteres lohnt allerdings wiederum nur ab einem bestimmten Transaktionsvolumen. So werden etwa sog. „High Net Worth Individuals", also Privatanleger mit mindestens einer Million DM verfügbaren Anlagekapitals, von Angestellten Schweizer Banken in Deutschland besucht. Zur Vermeidung der Anwendbarkeit deutschen Bankaufsichtsrechts fungieren diese formal nicht als Vertreter, sondern bloß als Boten. Auch von Produzenten feiner englischer Herrenschuhe ist bekannt, dass diese Ihre Kunden zum Aufmaßservice in Deutschland aufsuchen.[6]

Im Retailgeschäft werden hingegen nur einige Global Player über eigenständige Tochtergesellschaften tätig, die dann vollumfänglich dem deutschen öffentlichen und privaten Wirtschaftsrecht unterliegen. Die hohen rechtlichen und tatsächlichen Aufwendungen, die mit der Etablierung von Tochtergesellschaften verbunden sind, lohnen sich nur, wenn sie als versunkene Transaktionskosten in der Folge auf eine breite Transaktionsbasis im B2C-Massengeschäft umgelegt werden können.

---

6 Aufgrund hoher faktischer Transaktionskosten kommen grenzüberschreitende Dienstleistungen im traditionellen Handel sehr selten vor. Da sie im Gegensatz zum grenzüberschreitenden Warenverkehr nur schwer kontrollierbar sind, unterliegen sie gegenwärtig kaum einer rechtlichen Regulierung. Gemäß dem Territorialitätsprinzip ist der Anwendungsbereich nationaler Dienstleistungsregulierungen regelmäßig nur dann eröffnet, wenn der Dienstleistende eine Betriebsstätte im Vertriebsstaat hat. Eine WTO-E-Commerce Initiative müsste deshalb weniger auf die Beseitigung von Hindernissen des grenzüberschreitenden Dienstleistungsverkehrs (Hauser/Wunsch-Vincent, 2001), als auf eine Verhinderung der erstmaligen Regulierung von grenzüberschreitenden Dienstleistungen zielen.

4. Recht für den elektronischen Weltmarkt: institutionelle Experimente jenseits des Staates

Wenn als Folge des Abbaus faktischer Transaktionskosten durch das Internet (s.o. 2.) die Möglichkeit entsteht, auch wertmäßig kleinste Transaktionen im Business to Consumer (B2C) Bereich grenzüberschreitend abzuwickeln, dann wird die Abwesenheit von Rechtssicherheit allerdings zum Problem. Anders formuliert steigt das relative Gewicht rechtlicher Transaktionskosten im grenzüberschreitenden Geschäftsverkehr enorm an, weil die faktischen Transaktionskosten in diesem Bereich durch die Etablierung des E-Commerce minimiert werden. Aus diesem Befund ergibt sich ein hoher Normierungsbedarf im Hinblick auf einen institutionellen Ordnungsrahmen für den globalen B2C-E-Commerce.

Solange dieser Normierungsbedarf nicht gedeckt wird, spricht vieles dafür, dass die beschriebenen Potentiale des B2C-E-Commerce nicht ausgeschöpft werden können. In der Tat findet ein globaler E-Commerce im Sinne der zweiten Vision gegenwärtig kaum statt. Vielmehr realisiert sich bisher eher die erste Vision, wenn die Global Player des E-Commerce jeweils über eigene Tochtergesellschaften in Deutschland bzw. im Europäischen Binnenmarkt tätig werden. Die Unternehmensorganisation von AOL-Europe, Amazon.de oder Yahoo-Deutschland unterscheidet sich in rechtlicher Hinsicht nicht von der des traditionellen Handels, etwa des amerikanischen Katalogversandhauses Land´s End, das in Deutschland über eine Niederlassung nach deutschem Recht tätig wird.

Wie wird also das normative Vakuum, das der gegenwärtige Rechtsrahmen lässt, zukünftig ausgefüllt? Aus transaktionskostenanalytischer Sicht wäre die Lösung über ein internationales Einheitsrecht ideal, da die rechtlichen Transaktionskosten im grenzüberschreitenden E-Commerce dann denen im nationalstaatlichen Binnenhandel entsprächen. Die Abwesenheit eines funktionsfähigen globalen politischen Systems macht eine solche Lösung allerdings sehr unwahrscheinlich. Im gegenwärtigen institutionellen Rahmen wäre lediglich der Weg über einen völkerrechtlichen Vertrag denkbar, der sodann von den einzelnen Staaten in nationales Privatrecht umgesetzt werden müsste. Ein

Blick auf die schier unendliche Entstehungsgeschichte des UN-Kaufrechts, dessen Anwendungsgebiet auf den internationalen Warenkauf zwischen Kaufleuten beschränkt ist, zeigt, dass mit einer vergleichbaren Regelung für den B2C-E-Commerce in absehbarer Zeit nicht gerechnet werden kann.

Daher stellt sich die Frage, ob sich im Vorfeld eines in weiter Ferne liegenden Einheitsrechts nicht ein globales Soft-Law-System für elektronische Verbraucherverträge, vergleichbar etwa der lex mercatoria, entwickeln lässt (Johnson/Post, 1996; Mefford, 1998). Ein global einheitlicher Verbraucherschutzstandard kann sich dabei als Gewohnheitsrecht zunächst ganz automatisch – gleichsam als *unintended side effect* – aus dem zunehmenden praktischen Vollzug von grenzüberschreitenden Verbraucherverträgen ergeben, indem sich bestimmte, im Rahmen der Privatautonomie im Einzelfall vereinbarte Vertragsklauseln (etwa ein Rücktritts- oder Umtauschrecht) in der Rechtspraxis durchsetzen (Berger, 1999). Im Gegensatz zum Wettbewerb der Rechtsordnungen als Wettbewerb zwischen in sich systematisierten, auf Vollständigkeit angelegten Regelungsentwürfen (Streit/Wolgemuth, 1999) bedarf die Entstehung von Gewohnheitsrecht im Wettbewerb einzelner Vertragsklauseln aber eines ganz erheblichen Zeitraums und wird kaum in absehbarer Zeit zum nötigen Maß an Rechtssicherheit führen.

Als Alternative bietet es sich deshalb an, einheitliche Verbraucherschutzstandards und effektive Verfahren zu deren Durchsetzung mit den Mitteln der Selbstregulierung zu etablieren, an die sich die Wirtschaft im Wege der freiwilligen Selbstverpflichtung bindet. Unter dem Stichwort Selbstregulierung im Internet werden neben dem Verbraucherschutz vor allem Fragen des Datenschutzes und der Datensicherheit (Carblanc, 2000) sowie der Kontrolle von Inhalten im Hinblick auf den Jugendschutz (Waltermann/Machill, 2000) diskutiert. Vorbild für eine Selbstregulierung des Internet in diesen traditionellen Bereichen nationalstaatlicher Politik ist die seit Entstehung des Internet relativ erfolgreiche Etablierung und Fortentwicklung technischer Standards (Protokolle, Domain-Namen, Adressen, Root Server etc.) unter dem Dach der Internet Society (ISOC), deren Aufgaben teilweise von der Internet Corporation for Assigned Names and Numbers (ICANN) übernommen wurden (Mayer, 2000).

In die Entwicklung und Etablierung effektiver Selbststeuerungsmechanismen, speziell auf dem Gebiet des Verbraucherschutzes im elektronischen Geschäftsverkehr, sind zahlreiche staatliche, internationale und private transnationale Organisationen involviert, von der Europäischen Kommission und der Federal Trade Commission über die OECD, G 7 (8), WTO, ITU, UNCITRAL, UN/CEFACT, ISO, CEN, ICC, Unidroit bis hin zum Trans Atlantic Consumer Dialogue (TACD), dem Global Business Dialogue on E-Commerce (GBDe), der Bertelsmann-Stiftung, Internet-Service-Provider-Verbänden etc. (Calliess, 2001). Internetregulierung scheint hier nur im Wettbewerb hybrider Akteure zwischen Staat, Wirtschaft und ziviler Bürgergesellschaft möglich (Jayasuria, 1999; Perrit, 2000; Grewlich, 2000; Engel/Keller, 2000).

Ziel insbesondere der privaten Akteure, die teils (z.B. GBDe) auf Anregung staatlicher Akteure (EU-Kommission) etabliert wurden (der aktivierende Staat), ist es, im Wege der Selbstregulierung, etwa durch Bildung von Kartellen der großen Internet Service und Content Provider, weltweit gültige Standards für Jugend-, Daten- und Verbraucherschutz in Codes of Conduct niederzulegen und zu deren Durchsetzung trustmarks, filtersoftware sowie nicht-staatliche Konfliktlösungsmechanismen (Alternative Dispute Resolution, „ADR") zu etablieren (GBDe, 2000). Damit soll im Interesse der New-Economy einerseits das Vertrauen der Verbraucher gewonnen werden, weil sich nur ein „clean and safe internet" vermarkten lässt (Pichler, 2000), andererseits soll – wie bei jeder Selbstregulierungsinitiative – eine kontraproduktive (national-, supra- oder internationale) staatliche Überregulierung verhindert und das derzeitige Regulierungschaos beseitigt werden (Christiansen, 2000).

Es bleibt abzuwarten, ob es den privaten Selbstregulierungsinitiativen im Regulierungswettbewerb gelingt, Rechtssicherheit für den elektronischen Welthandel zu schaffen. Wie gezeigt wurde, ist die Beseitigung von Rechtsunsicherheit als Transaktionskostenfaktor gerade für kleinere und mittlere Unternehmen, und damit für die Entwicklung der Wettbewerbsstrukturen im Welthandel, von entscheidender Bedeutung. Es besteht allerdings die Gefahr, dass sich innerhalb der Selbstregulierungskartelle (GBDe) vornehmlich die Interessen der Global Player durchsetzen. Durch Marktbeherrscher dominierte private Rechtsregime für den elektronischen Weltmarkt führten dann zu einer Verlagerung des Problems von der Rechtssicherheit zur Gerechtigkeit.

5. Programme als Recht: die neue Macht der Marktbeherrscher

Es ist ein gesellschaftspolitisches Experiment ohne Vorbild, dass eine Infrastruktur, die wie das Internet nicht nur die Wirtschaft, sondern alle sozialen Bereiche revolutionieren wird, im Wettbewerb zwischen privaten Akteuren aufgebaut wird. Die Vorteile dieses Vorgehens sind bekannt: Der Staat wäre mit der Finanzierung der nötigen Investitionen überfordert, das Risiko von innovationshemmenden Fehlinvestitionen wird im Infrastruktur- und Technologiewettbewerb gemindert. Auf der Kehrseite ist dies allerdings mit einem enormen Machtzuwachs auf der Seite der beteiligten Internet Access-, Service- und Contentprovider verbunden. Mit dem Wortspiel „Code as Law" hat Lawrence Lessig (1999) darauf aufmerksam gemacht, dass der Bereich des „Politischen" in der virtuellen Welt des „Cyberspace" ins Unendliche ausgedehnt wird, weil die Naturgesetze der realen Welt durch prinzipiell änderbare und damit entscheidungsabhängige Regeln ersetzt werden, die im scheinbar unpolitischen Gewand der Netzarchitektur und der Softwareprogramme unsichtbar die Handlungsmöglichkeiten der Nutzer strukturieren und begrenzen.

Da die Neue Ökonomie durch hohe Netzwerkexternalitäten und einen Alles-oder-nichts-Wettbewerb geprägt ist, läuft die klassische, auf die Kontrolle marktbeherrschender Unternehmen gerichtete Wettbewerbspolitik zunehmend ins Leere, während das Offenhalten von Netzen i.S.v. diskriminierungsfreiem Zugang für Dritte an Bedeutung gewinnt (Klodt, 2001). Jenseits der kartellrechtlichen Zielsetzung einer Verhinderung des Missbrauchs von Marktmacht zum Nachteil von Wettbewerbern oder zur Ausbeutung der Verbraucher werden sich Zugangsansprüche i.S.d. „essential-facilities"-Doktrin zukünftig auch gegen nicht vornehmlich wettbewerbsbezogene Maßnahmen der Marktbeherrscher richten müssen. Denn wenn die öffentliche

Infrastruktur der Straßen und Plätze an Bedeutung verliert, weil öffentliche Kommunikation zunehmend in den virtuellen Räumen des Internet stattfindet, dann stellt sich irgendwann die Frage nach der Demonstrations- und Meinungsfreiheit im Internet. Je erfolgreicher die neue Ökonomie ist, desto eher wird das Internet zu einer wesentlichen Infrastruktur. Aus grundrechtstheoretischer Sicht macht es dann aber keinen Unterschied, ob diese Infrastruktur von Privaten oder vom Staat bereitgestellt wird. In einem „Winner-take-all" Wettbewerb besteht für den Nutzer nämlich kein relevanter Unterschied mehr zwischen diesen Alternativen. Netzarchitektur und Software der Marktbeherrscher müssen deshalb grundrechtskonform, d.h. im Hinblick auf die Freiheitsrechte der Nutzer ausgestaltet werden.

Wer aber schafft eine freiheitliche Verfassung des Internet und wer setzt diese durch? Ein Weltkartellrecht mit behördlicher Durchsetzung erscheint illusorisch. An Selbstregulierung dürfte hier jedes Interesse fehlen, so dass letztlich nur die dezentrale Durchsetzung von Grundrechten und kartellrechtlichen Zugangsansprüchen durch nationale Gerichte bleibt, wobei Regelbildung (i.S.d. der Begründung konkreter Ansprüche gegen Marktbeherrscher im Wege der Grundrechtskonkretisierung) und Regeldurchsetzung in einem rechtsschöpferischen Akt zusammenfallen würden. Wichtig wäre dabei, dass sich die nationalen Gerichte als Teil eines internationalen Diskurses verstehen, in welchem um die angemessene Begründung und Anwendung allgemeiner Grundsätze des Kartellrechts und universell gültiger Menschenrechte gerungen wird. Aufgabe der Rechts- und Wirtschaftswissenschaften wäre es in diesem Zusammenhang, diesen Diskurs durch Ausarbeitung wettbewerbstheoretischer, bzw. rechts- und wirtschaftsphilosophischer Maßstäbe anzuregen und zu strukturieren.

6. Fazit

Worin liegen nun die entscheidenden Herausforderungen, die der globale elektronische Handel für die Wissenschaften von Wirtschaft, Politik und Recht mit sich bringt, und wie können diese bewältigt werden? Zusammenfassend kann zunächst festgehalten werden, dass das Internet als Katalysator der Globalisierung wirkt, indem es die faktischen Kosten von Transaktionen i.S.v. Informations- und Kommunikationskosten minimiert, was sich insbesondere im grenzüberschreitenden Handel auswirkt. Als Folge steigt die relative Bedeutung der rechtlich begründeten Transaktionskosten, so dass die Schaffung eines auch für den Massenverkehr mit niedrigen Transaktionsvolumen geeigneten institutionellen Rahmens ins Zentrum des Interesses rückt. Das Internationale Privatrecht und das öffentliche Wirtschaftsaufsichtsrecht sind gegenwärtig auf den traditionellen internationalen Handel sowie auf Direktinvestitionen multinationaler Konzerne ausgerichtet, für kleinere und mittlere Unternehmen, die im grenzüberschreitenden B2C-E-Commerce tätig werden wollen, wirkt der Rechtsrahmen dagegen als Marktzutrittsschranke. Die nötige Rechtssicherheit könnte nur ein globales Recht des elektronischen Handels gewährleisten. Mangels eines funktionsfähigen politischen Weltsystems ist ein entsprechendes internationales Einheitsrecht nicht zu erwarten. Interessierte Global Player versuchen daher gegenwärtig, einen globalen Rechtsrahmen als selbstgeschaffenes Recht der Wirtschaft im Wege der Selbstregulierung („lead by the industry and, driven by the markets": GBDe, 2000) nach dem Vorbild der lex mercatoria zu schaffen. An diesem Prozess beteiligen sich auch verschiedene internationale Organisationen staatlicher (OECD) oder zivilgesellschaftlicher (TACD) Herkunft. Die großen Unternehmen der Weltwirtschaft werden aber nicht nur explizit normierend tätig, sondern treten darüber hinaus ganz unscheinbar als implizite Gesetzgeber auf, wenn sie als marktbeherrschende und vertikal integrierte Access-, Service- und Contentprovider (AOL Time Warner) über Netzarchitektur und Softwarecodes die „Naturgesetze" des Cyberspace bestimmen.

Aus der so beschriebenen Entwicklung ergibt sich *Erstens* die Frage, ob ein „Global Law without a State" (Teubner, 1997) im Wege der Co-Regulierung zwischen internationalen staatlichen, privatwirtschaftlichen und zivilgesellschaftlichen Akteuren entstehen und unter welchen Bedingungen ein solches Regelsystem funktionsfähig und legitim sein kann. *Zweitens* ist zu untersuchen, wie die von der Globalisierung weitgehend ausgeschlossenen Systeme

Recht und Politik auf diese Entwicklung reagieren können, um die neue Macht der globalen Ökonomie in einen klassische Freiheiten sichernden Rechtsrahmen einzubinden. Gesucht wird ein funktionales Äquivalent für den auf globaler Ebene nicht institutionalisierten demokratischen Rechtsstaat (Calliess, 1999, S. 269).

Diese Fragen bewegen sich außerhalb des Rahmens einer auf den Nationalstaat ausgerichteten Rechts- und Wirtschaftspolitik und sind – gerade deshalb – besonders interessant. Ihre Beantwortung bedarf theoretischer Ansätze, die den Rechtsbegriff von seiner Verengung auf staatlich gesetztes Recht befreien, indem soziale Normen und Prozesse der Institutionalisierung einbezogen werden. Neben der Rechtssoziologie bietet hier die Neue Institutionenökonomik vielversprechende Ansätze, von denen die Rechtstheorie lernen kann (Kirchner, 1997). In einem interdisziplinären Gespräch könnte die Wirtschaftswissenschaft andererseits vom Recht lernen, dass die Frage nach einer Weltordnung für den elektronischen Handel bzw. nach einer Konstitutionalisierung der globalen Ökonomie nicht unter reinen Effizienzgesichtspunkten lösbar ist, sondern der normativen Stellungnahme bedarf, ja eigentlich nur auf der Grundlage eines Hintergrundkonsenses über gewisse universell gültige Rechtsprinzipien möglich ist.

7. Literaturverzeichnis

Berger, Klaus Peter (1999), The Creeping Codification of the Lex Mercatoria, Kluwer.

Berger, Klaus Peter (2000), „The New Law Merchant and the Global Market Place: A 21st Century View of Transnational Commercial Law", *International Arbitration Law Review*, S. 91.

Bonus, Holger und Anke Maselli (2000), „Transaktionskostenökonomik", in: *Gabler Wirtschafts Lexikon*, 15. Aufl., S. 3074.

Calliess, Gralf-Peter (2001), „Globale Kommunikation – staatenloses Recht. Zur (Selbst-) Regulierung des Internet durch prozedurales Recht am Beispiel des Verbraucherschutzes im elektronischen Geschäftsverkehr", *Archiv für Rechts- und Sozialphilosophie* (ARSP), Beiheft Nr. 79, S. 61.

Calliess, Gralf-Peter (2000), „Heimatstaatprinzip und Europa-Pass im europäischen Finanzmarktrecht", *Europäisches Wirtschafts- und Steuerrecht* (EWS), S. 432.

Calliess, Gralf-Peter (1999), *Prozedurales Recht*, Baden-Baden.

Carblanc, Anne (2000), Privacy Protection and Redress in the Online-Environment: Fostering Effective Alternative Dispute Resolution, Conference Paper, (http://www.oecd.int/subject/e_commerce).

Christiansen, Per (2000), „Selbstregulierung, regulatorischer Wettbewerb und staatliche Eingriffe im Internet", *MultiMedia und Recht*, S. 123.

Engel, Christoph (2000), „Das Internet und der Nationalstaat", in: Völkerrecht und Internationales Privatrecht in einem sich globalisierenden System: Auswirkungen der Entstaatlichung transnationaler Rechtsbeziehungen, *Berichte der Deutschen Gesellschaft für Völkerrecht*, Bd. 39, S. 353.

Engel, Christoph und Kenneth H. Keller (eds.) (2000), *Governance of Global Networks in the Light of Differing Local Values*, Baden-Baden.

GBDe (2000), Global Business Dialogue on Electronic Commerce, Summary of Recommendations Affecting Consumer Confidence, (www.gbde.org).

Grewlich, Klaus W. (2000), „Governance im Cyberspace – Regulierung globaler Netze im Systemwettbewerb?", *Recht der Internationalen Wirtschaft* (RIW), S. 337.

Hauser, Heinz und Sacha Wunsch-Vincent (2001), „Eine WTO E-Commerce Initiative?", in: Juergen B. Donges und Stefan Mai (Hrsg.), *E-Commerce und Wirtschaftspolitik*, Stuttgart, S. 93-148 (in diesem Band).

Hübner, Ulrich (2001), „Rechtliche Aspekte und Datensicherheit", in: Juergen B. Donges und Stefan Mai (Hrsg.), *E-Commerce und Wirtschaftspolitik*, Stuttgart, S. 169-188 (in diesem Band).

Jayasuriya, Kanishka (1999), „Globalization, Law, and the Transformation of Sovereignty: The Emergence of Global Regulatory Governance", *Indiana Journal of Global Legal Studies*, Vol. 6 No. 2, p. 425 (http://www.law.indiana.edu/glsj/vol6/no2/toc.html).

Johnson, David R. und David G. Post (1996), „Law and Borders – The Rise of Law in Cyberspace", *48 Stanford Law Review* 1367, (www.cli.org)

Junker, Abbo (1999), „Internationales Vertragsrecht im Internet. Im Blickpunkt: Internationale Zuständigkeit und anwendbares Recht", *Recht der Internationalen Wirtschaft* (RIW), S. 809.

Kenney, Martin und James Curry (2000), Beyond Transaction Costs: E-Commerce and the Power of the Internet Dataspace, Working Paper 18, E-Conomy Projekt, Berkeley (http://e-conomy.berkeley.edu).

Kirchner, Christian (1997), „Kartellrecht und neue Institutionenökonomik: Interdisziplinäre Überlegungen", in: Jörg Kruse, Kurt Stockmann und Lothar Vollmer (Hrsg.), *Wettbewerbspolitik im Spannungsfeld nationaler und internationaler Kartellrechtsordnungen*, Baden-Baden, S. 33.

Klodt, Henning (2001), „Marktstrukturen in der neuen Ökonomie", in: Juergen B. Donges und Stefan Mai (Hrsg.), *E-Commerce und Wirtschaftspolitik*, Stuttgart, S. 31-48 (in diesem Band).

Lessig, Lawrence (1999*)*, *Code and other Laws of Cyberspace*, Basic Books, New York.

Mankowski, Peter (1999), „Das Internet im Internationalen Vertrags- und Deliktsrecht", *Rabels Zeitschrift für ausländisches und internationales Privatrecht*, S. 203.

Mayer, Patrick (2000), „Selbstregulierung im Internet: Institutionen und Verfahren zur Setzung technischer Standards", *Kommunikation & Recht*, S. 13.

Mefford, Aron (1998), „Lex Informatica: Foundations of Law on the Internet", *Indiana Journal of Global Legal Studies*, Vol. 5 No. 1 p. 211 (http://www.law.indiana.edu/ glsj/vol5/no1/mefford.html).

Perrit, Henry H. (2000), „Hybrid International Institutions for Regulating Electronic Commerce and Political Discourse on the Internet", *MultiMedia und Recht*, Beilage 7/2000, S. 1.

Pichler, Rufus (2000), Trust and Reliance – Enforcement and Compliance: Enhancing Consumer Confidence in the Electronic Marketplace, JSM Thesis, (www.law.stanford.edu/library/special/rufus.thesis.pdf).

Picot, Arnold (1993), „Transaktionskostenansatz", in: Waldemar Wittmann (Hrsg.), *Handwörterbuch der Betriebswirtschaft*, 5. Aufl., S. 4194.

Posner, Richard A. (1998), *Economic Analysis of Law*, 5th ed.

Schäfer, Wolf (1999), „Globalisierung: Entmonopolisierung des Nationalen?", *Schriften des Vereins für Socialpolitik* N.F. Bd. 263, S. 9.

Streit, Manfred E. und Antje Mangels (1996), „Privatautonomes Recht und grenzüberschreitende Transaktionen", *ORDO* 47, S. 73.

Streit, Manfred E. und Michael Wohlgemuth (Hrsg.) (1999), *Systemwettbewerb als Herausforderung von Politik und Theorie*, Baden-Baden.

Teubner, Gunther (ed.) (1997), *Global Law Without A State*, Aldershot, Dartmouth.

Teubner, Gunther (1996), „Globale Bukowina. Zur Emergenz eines transnationalen Rechtspluralismus", *Rechtshistorisches Journal*, S. 255.

Waltermann, Jens und Marcel Machill (eds.) (2000), *Protecting our Children on the Internet, Bertelsmann Foundation*, Gütersloh.

Dr. Gralf-Peter Calliess
Freie Universität Berlin
Institut für deutsches und europäisches
Wirtschafts-, Wettbewerbs- und Eniergierecht
Botzstr. 3

D-14195 Berlin
email: calliess@zedat.fu-berlin.de

IX.
„Wie virtuell ist E-Commerce?" oder „Ohne Logistik läuft auch im Internet nichts"

Cara Schwarz-Schilling

1. Auswirkungen des Internet auf die Organisation des Handels

Die These, dass das Internet den Ablauf von Handelstransaktionen revolutioniert, ist zum Allgemeinplatz geworden. Im Internet entstehen neue Intermediäre, die sowohl als Makler, Auktionator, Börsen so wie auch als Händler auftreten. Ihre Wertschöpfung entsteht durch die Verbesserung von Informations- und Finanzflüssen.

Ganz im Coase'schen Sinne stellt sich für viele Transaktionen die Frage neu, ob sie innerhalb einer Firma oder über den Markt laufen sollen. E-Commerce senkt Kosten der Transaktionen zwischen Firmen. Beim Aufbau zentraler Börsen entstehen Größenvorteile, die Automatisierung der Handelsvorgänge reduziert notwendiges Verkaufspersonal. Wenn die Marktorganisationskosten fallen, vergrößern sich die Vorteile des Outsourcing. Dies kann zu mehr vertikaler Desintegration führen. Wenn durch die Möglichkeit des E-Commerce Transaktionen innerhalb von Unternehmen auf den Markt verlegt werden, steigt die Anzahl der Intermediäre.

Auf der anderen Seite ist häufig zu hören, dass E-Commerce zu einem verstärkten Direktvertrieb führt und damit Handelsketten abkürzt, weil entweder der Einzelhandel oder aber Groß- und Einzelhandel übersprungen werden. (Dell-Computer ist ein Beispiel für ein Unternehmen, das ausschließlich ohne Zwischenhandel direkt an Endkunden liefert.)

Beides kann richtig sein: Die Handelskette im klassischen Sinn kann kürzer werden, aber E-Commerce dennoch zu einer steigenden Zahl von Intermediären führen, da infolge des Interneteinsatzes die Abläufe entlang der Wertschöpfungskette vom Hersteller zum Endkunden neu zugeschnitten werden und neue Spezialisierungsvorteile entstehen. Reorganisation ist bei den Unternehmensprozessen Auftragsannahme, Lagerhaltung, Kommissionierung und Versand (Auftragsgröße, Bestellzyklen, Durchlaufzeiten, Sortiertechnik), Bezahlung, Zustellung (Sendungsverfolgung, elektronischer Zustellnachweis), Fakturierung (Liefernachweis, elektronische Rechnungslegung) und letztendlich Retouren bzw. Reklamationen im Gange. Zunehmend werden diese Prozesse im Internet abgebildet.

2. Auswirkungen von E-Commerce auf den Paket- und Logistikbereich

Funktionierende Logistik ist eine entscheidende Voraussetzung für den Geschäftserfolg von E-Commerce: Denn der Vorteil der Schnelligkeit und Annehmlichkeit des Interneteinkaufs darf nicht durch Verzögerung und Unannehmlichkeiten bei der Abwicklung und Zustellung wieder verloren gehen. Vor allem die Zustellung auf der letzten Meile stellt nach wie vor ein Problem dar.

In dieser Notiz geht es um die nicht-virtuelle Rückseite des Internet, nämlich die Organisation des Back-Offices und die Auswirkungen von E-Commerce auf die Logistikbranche.

Die klare Trennung zwischen dem Markt für den Warenstrom und den Märkten für Informations- und Finanzströme, bei der Speditionen nur den

Transport von A nach B übernahmen, existiert im Bereich der Faktormärkte schon seit einigen Jahren nicht mehr. Unternehmen beschränken ihre Aktivitäten zunehmend auf Kernprozesse, streben nach Just-in-time Produktion und vergeben die übrigen Aktivitäten im Rahmen von Outsourcing. Dabei sind möglichst Komplettangebote von einem Logistikdienstleister gefragt, um den Koordinierungsaufwand mit Dienstleistern gering zu halten. Die Erfordernisse der Internetökonomie werden diesen Anpassungsprozess im Logistikbereich verstärken.

In der Regel werden im Paket- und Logistikmarkt sowie auch in Marktstudien zum Thema E-Commerce Marktsegmente danach unterschieden, ob Transaktionen und entsprechend Transporte zwischen Unternehmen, zwischen Unternehmen und Endkunden oder zwischen Endkunden stattfinden.

Das größte Marktsegment umfasst die Transaktionen zwischen Unternehmen (Business to business, kurz B2B) und damit sämtliche Faktormärkte, bei denen Güter transportiert werden. Sie sind durch große Losgrößen (hohe Volumina pro Auftrag), hohe Stoppfaktoren (Stoppfaktor: Häufigkeit der Stopps und Anzahl der Pakete pro Stopp) und regelmäßige Lieferungen gekennzeichnet. Der Zeitpunkt der Zustellung während normaler Geschäftszeiten ist unproblematisch. In diesem Segment sind bereits in der Vergangenheit Electronic Data Interchange (EDI) Systeme verwandt worden. Das Wachstumspotential entsteht vor allem dadurch, dass Transaktionen über den Markt abgewickelt werden, die vorher innerhalb einer Firma abliefen.

Ein weiteres Segment umfasst die Transaktionen, bei denen Unternehmen an Endkunden verkaufen (Business to Consumer, kurz B2C). Dieses Segment wurde vor dem Internetzeitalter von Versandfirmen dominiert. In diesem Bereich sind die spektakulären Internet-Erfolgsfirmen wie Amazon tätig, die wegen ihrer spektakulären Umsatzzahlen zeitweise Börsenlieblinge waren. In diesem Segment stellt Zustellung an Endkunden für die Logistik eine Herausforderung dar. Individuell und flexibel wählbare Zustellorte und Zustellzeiten sowie kurze Lieferzeiten sind gewünscht, denn die Qualitätsanforderungen an die Zustellung steigen. Ein Wachstum des B2C Segments führt zu einer steigenden Anzahl kleiner Sendungsgrößen. Sendungsgewichte nehmen ab und

Sendungen mit großen Losgrößen werden durch eine Vielzahl kleiner Sendungen substituiert, wenn Teile der Handelskette übersprungen werden. Zusatzaufwand entsteht bei Nichtzustellbarkeit und dem Retourenmanagement.

Im C2C-Segment sind Endkunden an beiden Seiten der Transaktion tätig. Internetauktionshäuser erschließen ein Marktpotential, das vorher auf Anzeigenblätter eher regional beschränkt war. Die Logistik für diese Transaktionen ist besonders komplex, weil die Güter uneinheitlich sind, und sowohl von einem Privathaushalt abgeholt werden müssen als auch zu einem Privathaushalt zugestellt werden.

Forrester Research hat insbesondere im B2B Bereich ein großes Wachstum prognostiziert (vgl. Abbildung IX.1).

Insgesamt wird durch E-Commerce mit gestiegenen Paketvolumen gerechnet. Die Deutsche Post AG rechnet bis 2003 mit einem durch E-Commerce zusätzlich ausgelösten Paketaufkommen von mehr als 200 Mio.

Im Einzelnen sind die Segmente durch folgende Entwicklungen gekennzeichnet:

a) B2B-Handel

In diesem Bereich verschwimmen die Grenzen zwischen den Aufgaben der Speditionen, denen der Kunden und der weiteren Dienstleister. Outsourcing aller Abläufe außerhalb der Kernprozesse ist im Zuge der just-in-time Produktion der Trend.

„Wie virtuell ist E-Commerce?"

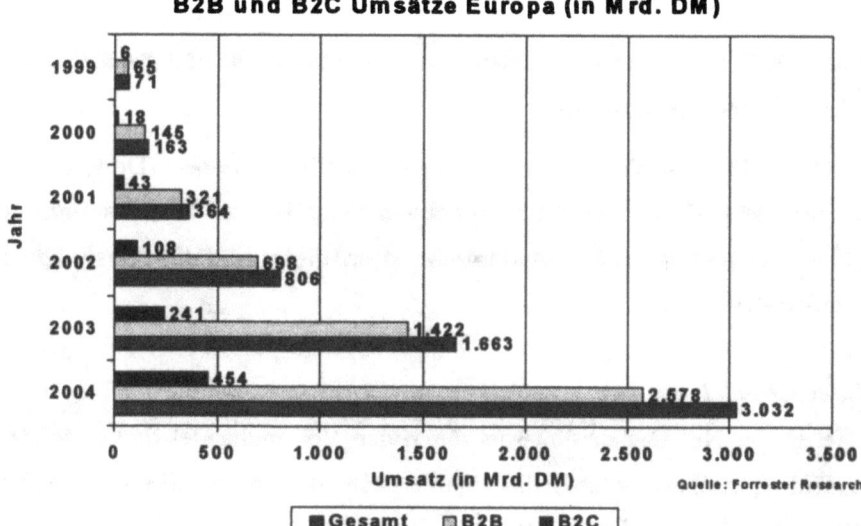

Abbildung 1: B2B und B2C Umsätze Europa (in Mrd. DM)

Transaktionen auf Faktormärkten laufen bereits seit längerem über EDI (Electronic Data Interchange) mit propriertärer Software und Punkt-zu-Punkt Kommunikation. Diese Transaktionen lassen sich jedoch genauso gut über das Internet abwickeln, sind jedoch dann viel billiger. Das Internet läuft mit einem offenen Standard. Daher sind die set-up costs gering.

Im B2B Sektor bleiben Transporttransaktionen ceteris parisbus erst einmal unverändert (egal ob über Internet oder EDI). Jedoch zeigt sich, dass B2B Handelsportale im Internet als elektronische ‚market maker' der Faktormärkte Angebotsketten reorganisieren und versuchen Märkte zu schaffen, die den Transfer von Gütern und Dienstleistungen innerhalb einer Firma ersetzen (Spezialisierung, Tendenz zur Desintegration). Bezieht man diese dynamische Entwicklung mit ein, wird der Bedarf einer verbesserten Transportinfrastruktur und logistischer Koordination steigen und sich auch die Anzahl der Transporttransaktionen erhöhen.

Die Automatisierung des Beschaffungsprozesses erlaubt Kostensenkungen vor, während und nach der Transaktion. Vorher lassen sich durch das Internet die Suchkosten nach Anbietern/Nachfragern sowie Preis- und Produktvergleichen reduzieren. Während einer Transaktion senkt das Internet die Transaktionskosten bzw. Kommunikationskosten zwischen und innerhalb einer Firma. Nach der Transaktion erleichtert das Internet die Überwachung und Verfolgung der Vertragserfüllung.

Frühe B2B Marktplätze waren beispielsweise ChemConnect (Dow, BASF). Die Handelsplattform befindet sich meist in Eigentum der Marktseite mit der größten Konzentration von Marktmacht, denn diese gibt die Preisfindungsmechnismen vor.

b) B2C-Handel

Neben der Nutzung des Internet durch den Versandhandel finden im B2C Segment Transaktionen über das Internet statt, die vorher über den traditionellen Einzelhandel liefen.

Vor allem die B2C Internetfirmen haben in der Öffentlichkeit für Furore gesorgt, allen voran Amazon. Die "Get big fast" Strategie von Amazon setzt auf Netzwerkeffekte. Zunehmend wurde der Reputationseffekt und die Bekanntheit der Marke nicht nur für Bücher, sondern auch für andere Artikel genutzt (Toys R us, CD's).

Amazon ist jedoch kein so virtuelles Unternehmen, wie man denken könnte: Amazon arbeitet mit 7 Distributionszentren, erledigt warehousing bzw. fulfillment selber und lässt in Deutschland von der DPAG ausliefern (vgl. Tabelle X.1). Ein Kostenvorteil gegenüber Buchläden ist, dass nur einige Exemplare jedes Produktes pro Distributionszentrum und nicht in dezentralen Läden vorzuhalten sind.

Angesichts hoher Zustellkosten bei einzelnen individuellen Zustellungen mit dem Handel im Internet Geld zu verdienen, erfordert eine Optimierung der logistischen Prozesse. Bei Internetbestellungen muss physischer Transport gewährleistet sein. Das Angebot von Zustellfenstern in den Abendstunden wird von anspruchsvollen Kunden erwartet.

Bei einem Preisvergleich zwischen online bestellten Waren inklusive Zustellungskosten und einem Einkauf im traditionellen Einzelhandel mit

Eigentransport des Kunden werden dessen Opportunitätskosten in der Regel nicht beachtet.

Ein weiterer kritischer Punkt im Endkundenmanagement sind Nachfrageschwankungen. Dem Kunden muss ein preisdifferenziertes Logistikangebot der Art Standard, Premium oder Express unterbreitet werden. Nicht zeitkritische Sendungen für geduldige Kunden werden bei längeren Lieferfristen günstiger transportiert, so dass diese Sendungen in auftragsschwachen Zeiten kommissioniert werden können (vgl. Varian, 1999). 1999 erreichten nur 64% der online bestellten Waren den Kunden rechtzeitig vor Weihnachten.

E-Commerce Enabler

Im B2C Geschäft treten neuartige Intermediäre auf den Markt, beispielweise Integratoren, die Güter, Informationen und Abwicklung bündeln. ‚LetMeShip' ist ein virtueller Paketdienst, der eine elektronische Integrationsplattform für Kurier-, Express- und Paketdienstleistungen anbietet. Kunden wird auf der Internetseite kostenlose Preis- und Leistungsvergleiche (Angebotstransparenz) von 40 Services von 7 KEP-Diensten angeboten. Ihr Vorteil ergibt sich aus der kostenlosen Vermittlung, der Optimierung des Versandbedarfs, eines einheitlichen Abrechnungssystems, klarer Übersicht und Kontrolle.

Angestrebt wird, einen einheitlichen Abwicklungsstandard in der Branche zu etablieren. LetMeShip gibt an in der Lage zu sein, die administrativen Kosten der Paketbranche um 40% zu senken. Der Vorteil der KEP-Dienste, einen solchen Integrator einzuschalten, liegt in einer 40%igen Kostensenkung. Für die KEP-Dienste stellt LetMeShip einen neuen Vertriebskanal dar und es ergeben sich Kosteneinsparungen bei Marketing, Customer Service und Billing. LetMeShip gibt die Endkundenpreise der KEP-Dienstleister an seine Kunden weiter, erhält jedoch einen prozentualen Abschlag beim KEP Dienstleister, für den sich dies wegen der Kosteneinsparungen bezahlt macht.

Die Vergütung ist damit für den KEP-Dienstleister auftragsabhängig und es entstehen keine fixen Kosten.

Daher erhält LetMeShip gegenüber dem Endkundenpreis vom KEP-Dienstleister einen prozentualen Rabatt, der sich für diesen wegen Kosteneinsparungen lohnt.

3. Das Zustellungsproblem auf der "letzten Meile"

Auf wenige Stunden genaue Lieferzeiten kann der Kunde bislang mit keinem Paketzustelldienst vereinbaren. Die "letzte Meile" zum Kunden bleibt eine Herausforderung.

Dieses Logistikproblem der letzten Meile im B2C Segment kann entweder angepackt werden, indem intelligente Zustelllösungen angestrebt werden oder aber die Zustellkosten dadurch gesenkt werden, dass der Endkunde auch bei E-Commerce Transaktionen in den Transport einbezogen wird:

a) Intelligente Zustellsysteme

Heute verwenden Transportdienstleister Barcodes zur Sendungsverfolgung. Getestet werden auch hauchdünne Transponder, die in den "Label" bzw. Frachtbrief der Sendung integriert werden können. Sie bestehen aus einem Mikrochip[1] und einer Antenne und können Information senden und empfangen.

Mit dieser Technologie ist interaktive Kommunikation im Retourenbereich möglich. Der Kunde kann beispielsweise eine alternative Zustelladresse via Internet angeben und im Depot kann eine automatische Reroutung stattfinden (Blue Tooth Technologie: Geräte kommunizieren ohne aktives Zutun untereinander).

---

[1] Dieser hat Lese- und Schreibzugriff auf sendungsrelevante Informationen mit noch begrenzter Kapazität (256, 512 Kb).

Problematisch sind jedoch zu hohe Kosten (bei aktiven Transpondern ca. 10 DM, bei passiven Transpondern ca. 1,- DM) und die geringe Reichweite von maximal 1,20 m der passiven Transponder, so dass diese Technik für hohe Sendungsmengen noch nicht als marktreif anzusehen ist.

b) Abholdepots

Ein ganz anderes Konzept wird mit der Vereinfachung der Zustellung und dadurch mit einer Senkung der Zustellkosten durch die Einrichtung dezentraler Abholdepots verfolgt. Solche automatischen Warentransfersysteme bieten dem Kunden die Möglichkeit, die Waren zu jeder Tageszeit in Empfang zu nehmen. Unternehmen bieten sie eine Transportkostensenkung durch die Nutzung von Mengendegressionseffekten. Die Warenströme können über längere Distanzen gebündelt werden. De facto wird so erreicht, dass die Zustellstruktur im B2C Segment sich der Struktur des B2B Segmentes annähert: Weniger Stops mit einer höheren Anzahl Sendungen pro Stop.

Dieses Konzept wird von der im August 2000 gegründeten PickPoint AG mit Sitz in Darmstadt verfolgt (60% Anteil DLogistics, 40% Vorstand der PickPoint AG). Das Kernprodukt sind Übergabepunkte, an denen im Internet bestellte Waren überall und zu jeder Zeit abgeholt werden können. Sie werden an Stellen eingerichtet, die gut erreichbar sind und ohnehin auf dem täglichen Weg des Kunden liegen (Fitness- und Sonnenstudio, Tankstelle, Kiosk). PickPoint hat bereits Kooperationsvereinbarungen mit Avia, Jet und Agip Tankstellen abgeschlossen. Bis zum Sommer 2001 sind bundesweit 1500 Abholstellen geplant.

An diesen Abholdepots mit langen Öffnungszeiten liegen die Pakete 10 Tage zur Mitnahme bereit. Der Kunde wird per SMS oder e-mail über das Eintreffen des Pakets am PickPoint informiert. Als Logistikpartner für den Transport der Ware zum PickPoint fungieren bislang (DPD Deutscher Paketdienst, TNT sowie UPS United Parcel Service). Unter den Partner-Webshops befindet sich beispielsweise Data Becker. Der Kunde entscheidet bereits bei der Bestellung im Internet, ob die Ware nach Hause oder an einen PickPoint geliefert werden soll.

Nur wenn für das Problem der letzten Meile kostengünstige und schnelle Transportwege gefunden werden, die dem Kunden keine Unannehmlichkeiten bereiten, wird E-Commerce im B2C Handel zum Geschäftserfolg.

4. Literaturverzeichnis

Brynjolfsson, Erik und Michael Smith (2000), "Frictionless Commerce? A comparison of Internet and Conventional Retailers", *Management Science*, Vol. 46 No. 4, April 2000, S. 563-585.

Coase, Ronald (1937), "The Nature of the Firm", *Economica* 4, S. 386-405.

Economist (2001), "Is there life in e-commerce?" und "We have lift-off", *The Economist*, 3, Februar 2001.

Klodt, Henning (2001), „Und sie fliegen doch: Wettbewerbsstrategien für die Neue Ökonomie", in: Juergen B. Donges und Stefan Mai (Hrsg.), *E-Commerce und Wirtschaftspolitik*, Stuttgart, S. 31-48 (in diesem Band).

Logistik heute 9/2000, Titelthema E-Commerce (Dot-com Backstage, Logistik Rodeo).

Logistik magazin 1/2000, Die Gewinner des E-Commerce.

Lucking-Reiley, David und Daniel Spulber (2000), "Business-to-Business Electronic Commerce", erscheint im Journal of Economic Perspectives.

Mueller, Steffen (2001), Lösungen des 21. Jahrhundert: Logistik und Sendungsinformationen als Erfolgsfaktor für e-Business Lösungen, Euroforum-Konferenz, Markt für Kurier- , Express und Post-Dienste, Frankfurt, 18.-19. Januar .

Pasternak, Jörn (2001), „Letmeship ermittelt online den günstigsten Preis", *Financial Times Deutschland*, Ausgabe vom 31.01.2001.

Picot, Arnold und Neuburger, Rahild (2000), „Prinzipien der Internet-Ökonomie", *Wirtschaftsdienst* 2000/X, S. 591-606.

Shapiro, C. und H. Varian (1999), Information Rules. A Strategic Guide to the Network Economy, Boston 1999.

Siebel, Lars (2000), *E-Commerce: Eine Herausforderung an die Logistik*, Fraunhofer Institut Materialfluss und Logistik, November 2000.

Siebert, Horst (2000), "The New Economy – What is really new", *Kiel Working Paper* No. 1000.

Tange, Benjamin (2001), Anforderungen eines Internet-Auktionshaus an KEP- und Logistik Dienstleister, Euroforum-Konferenz, Markt für Kurier- , Express und Post-Dienste, Frankfurt, 18.-19. Januar.

Varian, H. (1999), "Market structure in the Network Age", in: E. Brynjolfson und B. Kahin, *Understanding the Digital Economy*, Cambridge, Mass. MIT Press: 137-150.

Weizsäcker, Christian von, (1982), *Barriers to entry*, Springer Berlin, 1982.

Williamson, O. (1989), "Transaction Cost Economics", in: R. Schmalensee und R. Willig (Hrsg.), Handbook of Industrial Organization, Bd. 1, Amsterdam 1989.

Winkelmann, B. (2001), Kosten und Nutzen virtueller KEP-Dienstleister am Beispiel LetMeShip, Euroforum-Konferenz, Markt für Kurier- , Express und Post-Dienste, Frankfurt, 18.-19. Januar.

Dr. Cara Schwarz-Schilling
Regulierungsbehörde für
Telekommunikation und Post
Heussallee 2-10

D – 53113 Bonn
e-mail: Schwarz-Schilling@regtp.de

Tabelle IX.1: B2C-Shops und ihre Logistik

	Branche	Fulfilment				Distribution	
		Eigen regie	Dienstleister	Inhouse	Outhouse	Eigen regie	KEP Dienst
amozon.de	Bücher, andere Medien	•	-	-	-	-	Deutsche Post
bol.de	Bücher / CDs	-	Künnemann (BOL hält 50% an dem Dienstleister	•	•	-	Deutsche Post
buecher.de	Bücher / CDs	-	Georg Lingenbrink GmbH Hamburg	-	•	-	Deutsche Post
conrad.de	Elektronik	-	Conrad Electronic GmbH	•	-	-	Deutsche Post, Hermes
dell.com	Computer	•	-	-	-	-	UPS, DHL Für Server: Unidata und Walsh Western
einkauf24.de	Lebensmittel	•	-	-	-	-	-
fleurop.de	Blumen & Zubehör	•	-	-	-	•	In Ausnahmefällen werden Kurierdienste vor Ort beauftragt
ikea.de	Möbel	•	-	-	-	-	Lokal ansässige Spediteure
kaisers.de	Lebensmittel	•	-	-	•	•	-
markant-easyshopping.de	Lebensmittel	•	-	-	-	•	-
my-world.de (non-food)	sortimentsübergreifend	•	-	-	-	-	Deutsche Post / Spedition
my-world.de (food)	Lebensmittel	•	-	-	-	•	-
otto-supermarkt.de	Supermarkt	•	-	-	-	-	Hermes
rossman.de	Drogerie	•	-	-	-	-	Deutsche Post / UPS
schlecker.com	Drogerie	-	Logistik und Dienstleistungsgesellschaft mbH	•	-	-	DPD
tchibo-magazin.de	sortimentsübergreifend	•	-	-	-	-	Deutsche Post
winegate.de	Wein	•	-	-	-	-	Hermes, Alpha Hamburg, Alpha Berlin
zooplus.de	Tierbedarf	-	Rudolph Logistik	-	•	-	Deutsche Post / German Parcel

Quelle: **Logistik Heute 9/2000.**

Schriften zur Wirtschaftspolitik NF

zuletzt erschienen:

Bd. 7

Die Partei der Freiheit

Studien zur Geschichte des deutschen Liberalismus.

Von Prof. Dr. Ralph Raico, Buffalo/USA mit einer Einführung von Prof. Dr. Ch. Watrin. Übersetzt und bearb. von J. G. Hülsmann, G. Bartel, P. Weiß.

1999. 298 S., kt. DM 68,-/sFr 62,-. (ISBN 3-8282-0042-7)

Der Autor unterzieht die Fehlinterpretationen, die der deutsche Liberalismus des 19. Jahrhunderts erfahren hat, einer Revision. Für ihn ist Liberalismus nicht die Programmatik oder Ideologie einer politischen Partei, sondern ein Versuch, Antworten auf die ordnungspolitischen Fragen moderner Gesellschaften zu geben. Leitende Ideen sind die individuelle Freiheit unter dem Gesetz und die Begrenzung der Macht des Staates - den demokratischen Staat eingeschlossen.

Bd. 6

Die Rolle des Staates in einer globalisierten Wirtschaft

Herausgegeben von

Prof. Dr. Juergen B. Donges und Dr. Andreas Freytag, Köln.

1998. XIV, 320 S., kt. DM 72,- /sFr 62,50. (ISBN 3-8282-0058-3)

In dem vorliegenden Werk werden Themen, die in der Globalisierungsdebatte eine besondere Rolle spielen, aufgegriffen und wirtschaftswissenschaftlich analysiert. Die Verfasser dieses Bandes sehen die Globalisierung nicht als Schreckgespenst, sondern als Chance für eine zukunftsweisende Wirtschaftspolitik, die die Rahmenbedingungen für gesamtwirtschaftliche Dynamik und mehr Beschäftigung auf Dauer herstellt. Das gemeinsame Anliegen ist es, zu einer Versachlichung der Debatte beizutragen und in der Gesellschaft emotionalen Widerstand gegen Offenheit der Märkte abzubauen.

 *Stuttgart*

Ordnungspolitik als konstruktive Antwort auf wirtschaftspolitische Herausforderungen

Festschrift zum 65. Geburtstag von Paul Klemmer

Herausgegeben von Hans-Friedrich Eckey, Dieter Hecht, Martin Junkernheinrich, Helmut Karl, Nicola Werbeck, Rüdiger Wink

2001. X/543 S. gb. DM 138,-. ISBN 3-8282-0167-9

Dieser Band enthält im ersten Teil Beiträge zum räumlichen Wirtschaften. Im zweiten Themenkomplex „Umwelt und Nachhaltigkeit" werden die seit den 70er Jahren immer stärker wahrgenommenen umweltpolitischen Herausforderungen behandelt. Hier wird die ordnungsrechtlich ausgerichtete Umweltpolitik einer Kritik unterzogen, und es werden ordnungspolitisch ausgerichtete Alternativen aufgezeigt. Die Themengebiete „Innovation, Arbeit und Soziales" sowie „Recht und Politik", wo grundlegende rechtliche Fragen eines ordnungspolitischen Rahmens und Politikberatung diskutiert werden, runden die an den Arbeitsgebieten von Paul Klemmer orientierten Beiträge ab.

Wachstum, Strukturwandel und Wettbewerb

Festschrift für Klaus Herdzina

Herausgegeben von Helmut Walter, Stephanie Hegner, Jürgen M. Schechler

2000. XXXIV/587 S., DM 138,-. ISBN 3-8282-0146-6

Die Beiträge dieses Bandes behandeln aktuelle Probleme aus den nachfolgenden Gebieten:
- Wirtschaftliches Wachstum und Stabilisierung
- Sektoraler und regionaler Strukturwandel
- Wettbewerb und Globalisierung

Die thematische Spannweite reicht dabei vom Verhältnis zwischen Innovatoren und Imitatoren, den Problemfeldern der evolutorischen Ökonomik und der Beschäftigung über Megafusionen, Internet-Ökonomie, Umweltprobleme und Arbeitsplatzexport bis zum Aufschwung Ost und dem Systemwettbewerb zwischen Staaten.

  *Stuttgart*

Bei Fragen zur Produktsicherheit wenden Sie sich bitte an:
If you have any questions regarding product safety,
please contact:

Walter de Gruyter GmbH
Genthiner Straße 13
10785 Berlin
productsafety@degruyterbrill.com